思想觀念的帶動者
文化現象的觀察者
本土經驗的整理者
生命故事的關懷者

Psychotherapy

探訪幽微的心靈，如同潛越曲折逶迤的河流
面對無法預期的彎道或風景，時而煙波浩渺，時而萬壑爭流
留下無數廓清、洗滌或抉擇的痕跡
只為尋獲真實自我的洞天福地

【南嘉—心靈工坊　先鋒譯叢】

A MEETING OF MINDS
Mutuality in Psychoanalysis

心靈的相遇
精神分析中的相互歷程

路易斯·阿隆（Lewis Aron）——著

吳佳佳——譯

Routledge
Taylor & Francis Group

目錄

關係精神分析的里程碑之作

● 徐　鈞

國際自體心理學會會員

華東師範大學心理與認知科學學院碩士生導師

從 2010 年開始，我在閱讀學習精神分析文獻時，發現不少著作、論文對路易斯・阿隆博士（Lewis Aron, Ph.D）的作品多有引用，而他的觀點總是能夠在精神分析臨床問題的各類討論中閃耀出不同尋常的光芒，將某些艱難晦澀的觀點理解得淺顯易懂並呈現出來，讓人有耳目一新的感覺，因此就開始注意到這位作者。我後來逐步瞭解他是《精神分析對話》期刊主編，也是關係精神分析的重要代表人之一，在關係精神分析發展運動中起到了很大的推動作用。我於是和國際精神分析自體心理協會（IAPSP）通訊主編布拉爾博士（Doris Brothers, Ph.D）、挪威心理學學會心理治療專業委員會前主席斯雷特佛德博士（Jon Sletvold, Ph.D）、精神分析複雜性理論代表人寇本博士（William Coburn, Ph.D）幾位交流，言談之中說起路易斯・阿隆，他們也讚譽有加。於是我詢問他們阿隆是否有哪部著作最值得閱讀，他們都不約而同的推薦了這本《心靈的相遇：精神分析中的相互歷程》。我獲得《心靈的相遇》，一讀之下，發現作者阿隆其實是關係精神分析重要的親身參與

者，所以對關係精神分析的產生和發展歷史十分清晰明白，而且對關係精神分析的各類觀點的索引性討論和比較也十分全面。因此我聯繫一些出版社希望讓此書的中譯本得以出版。但由於各種原因，多家出版社一直沒有能出版，所以此書就這樣很可惜地擱置了多年。

2019 年在王浩威醫師牽線下與心靈工坊徐嘉俊總編輯聯繫出版《體驗的世界》、《精神分析複雜性理論》等書之後，2021 年我向徐嘉俊主編推薦《心靈的相遇》，並探討中譯本出版的可能性。雖然國內對關係精神分析瞭解並不多，同時也擔心出版後的市場反應，但從當代精神分析的學術發展意義，以及中譯本對中國各地區精神分析臨床工作者以及學習者的學習和研究價值來考慮，我還是決定使用我建立的南嘉出版基金來贊助這部重要著作的中譯本出版。而心靈工坊的徐嘉俊總編輯也積極承當此書的出版難事。於是在 2021 年末我們確認了《心靈的相遇》中譯本的出版。所以，此書的出版要感謝心靈工坊及徐嘉俊主編的支持，同時感謝譯者吳佳佳博士的努力。

關係精神分析的產生緣起於美國紐約的懷特研究所以及其奠基者之一蘇利文（Harry Stack Sullivan, M.D）的人際關係學派，同時受到霍尼（Karen Danielsen Horney）、佛洛姆（Erich Fromm）等社會人文精神分析觀點的影響。在 1952年，懷特研究所的學者聯合紐約大學共同創辦精神分析博士後專案。此項目的成熟發展導致 1980 年前後關係精神分析思潮得以出現。在 1980 年前後的關係精神分析的發展初期，懷特研究所的講師史蒂芬・米契爾（Stephen A Mitchell, Ph.D）對

此起到了重要的理論啟發和推動作用。

　　本書的作者阿隆即米契爾的學生以及被督，也是 1980 年加入此項目的博士後受訓者。他也在之後極大地推動了關係精神分析內外的持續對話和發展。關係精神分析對古典精神分析基於病人內在幻想的單人心理學模型提出了挑戰，他們從蘇利文的人際關係學派觀點出發，提出臨床精神分析實踐中的人際關係性，並據此拓展了人際關係學派的觀點，發展為關係精神分析，進一步認為精神分析臨床實踐中內在幻想、情感等等是病人和分析家共同具有的，而且是相互影響的。因此精神分析的臨床實踐關係是雙人心理學的共同社會建構過程。這一轉變很大地衝擊了精神分析的傳統理論和實踐的架構，在傳統精神分析視角之外提供了新的理論和實踐視角。這一視角主義的轉變，同時引起了對之前理論中所涉及的反移情、自我暴露、分析家主體性表達等概念的廣泛反思和討論。例如客體關係理論所認為的主體－客體關係，在關係精神分析的視角看來，這是以分析家為中心的單人心理學的看法，而實際的情況是主體－主體的關係的對話；又如對分析家主體性的運用，關係精神分析認為這是分析家在與病人關係中建立相互性的重要尺規，喪失主體性的分析家不能很好地在與病人的工作中幫助來訪者獲益等等。關係精神分析集合了眾多紐約大學博士後專案中關係取向學者的貢獻，同時也在美國許多州的精神分析家那裡得到呼應，如生活在紐約的一些自體心理學家，加州的奧格登（Thomas Ogden, Ph.D）、葛羅斯坦（James Grotstein）等後克萊因學派、後比昂學派學者，紐約的哈里斯（Adrienne Harris, Ph.D）等的關係自我心理學等學者，紐約的班傑明

（Jessica Benjamin, Ph.D）的女性主義精神分析學者等等。

在關係精神分析蓬勃發展的同時，自體心理學在自身發展的同時也作為關係精神分析的合作支持者之一，積極參加了關係精神分析的發展。因為當時關係精神分析和自體心理學都下意識地試圖擺脫自己剛誕生時孤立無援的社會場景。但是在關係精神分析思潮發展和自體心理學在成熟過程中，自體心理學家開始感受到來自關係精神分析中的某些暗在的推力。例如批評參與關係精神分析運動中堅持驅力理論的某些自我心理學家的觀點，也批評寇哈特的自體心理學派為一人心理學模型，史托羅洛（Stolorow）的主體間（互為主體）學派的視角雖然和關係精神分析形成呼應，但因其堅定的情境主義視角經常被誤解為後現代虛無主義，而米契爾等代表的懷特研究所等紐約學派的觀點，則明確提出無法容納任何古典精神分析的模型痕跡。所以這使得參與關係性精神分析運動的各類學者，包括寇哈特學派的自體心理學家、史托羅洛等主體間性臨床思想的支持者，逐步從與關係精神分析早期你我不分的合作形式，逐步轉變一種相互支持但又相對獨立的發展關係，形成了「關係性精神分析」的陣營。

在國內最初接觸時，我幾乎無法區分這一差異，直到一天我與寇本聊天時，他給我介紹了其中我們中文讀者不太著意的差異，即第一個字母 R 大寫的關係精神分析（Relational psychoanalysis），是描述以紐約懷特所及米契爾等學者代表的關係精神分析，也包括阿隆、班傑明等等學者；第一個字母 r 小寫的關係性精神分析（relational psychoanalysis）代表與自體心理學、主體間精神分析、某些自我心理學、後客體關係

理論等等相關的理論觀點，從早期的寇哈特、史托羅洛的觀點，到後來的利希藤貝格（Joseph Lichtenberg）、布蘭特沙夫（Bernard Brandchaft, M.D）、寇本、布拉爾、馬基德（Barry Magid, M.D）、珊恩（Estelle Shane, Ph.D）、哈格曼（George Hagman）、保羅（Harry Paul, Ph.D）、季莫曼（Peter B. Zimmermann, Ph.D）、奧格登、哈里斯等等。關係性精神分析的發展，近二十年也還有格拉茨－萊維（Robert M. Galatzer-Levy）、寇本等發展了複雜性系統理論，成為當代精神分析的前沿之一。如果排除關係精神分析（大 R）與關係性精神分析（大 r）在傳承上的差異外，他們也會共用許多精神分析概念。但他們在臨床理論和實踐上存在差異。關係性精神分析臨床中強調共情－內省、臨床的情境主義、分析家－來訪者內在幻想等，而關係精神分析則更強調臨床實踐中的雙向人際關係過程、真實性關係等。雖然這一簡單區分有可能是稍顯粗略的，不過部分反映了他們實踐上的差異，雖然也有部分學者並不在意這樣的區別。而由關係精神分析和自體心理學合作發展而來的關係性自體心理學，史托羅洛等的主體間性模型和自體心理學的整合則發展出了主體間性自體心理學。而以大 R 作為標誌的關係精神分析目前也經歷了第一代、第二代，目前正進入第三代的發展，在某些方面也受到來自小 r 作為標誌的關係性精神分析的影響。

　　另外，關係精神分析也和精神分析諸多主體間思想重疊交織在一起。關係精神分析大致將主體間思潮作為自身發展的一部分，但從精神分析主體間思想支持者的一些立場來看，他們認為自己有來自歐洲現象學、存在主義哲學與精神分析對話的

發展。因此他們對待被劃歸到關係取向中是十分謹慎的,他們會更加相對獨立地看待自己的研究。如果按照這樣的視角,就其中最有代表性的模型來劃分,基本可以劃分為源自胡塞爾的現象學、海德格爾的存在哲學,以史托羅洛等臨床思想為主的主體間性模型;源自哈伯馬斯哲學,以班傑明等臨床思想為主的主體間性模型;源自馬丁·布伯等存在哲學,並結合兒童心理研究的,以波士頓變化過程臨床思想為核心互為主體形式模型和以畢比(Beebe)等兒童和成人治療的主體間性模型。

《心靈的相遇》在關係精神分析的發展歷史上是一部里程碑式的著作,它囊括了 1980 到 2000 年之間關係精神分析發展中的各種思考和討論,對瞭解精神分析當代重要發展之一的關係精神分析具有重要的意義。作者阿隆以其自身淵博的學識、豐富的親身經驗、超人般對理論的把控能力完成了這一艱鉅的任務,實屬難能可貴。其中譯本的出版,也讓中國各地區的精神分析實踐者、研究者、愛好者等,得以瞭解關係精神分析諸多思想發展的豐沛過程。除了學習和研究,閱讀本書時候與諸多關係精神分析作者思想的相遇,不管是共鳴的相遇,還是不同的辯論,也都是一種美好的心靈享受過程。

徐　鈞

2023 年 3 月 18 日於上海

非岐出者，乃敢言者

● 張凱理

台齡身心診所主治醫師

　　這不只是推薦序，或對關係學派的批評，這是對精神分析史的思索。

　　這本書，路易斯・阿隆（1952-2019）於 1996 年所作之《心靈的相遇：精神分析中的相互歷程》，是散篇論文結集，非成完整一家之言。

　　這符合關係學派的命格，因為關係學派啟始者史蒂芬・米契爾（Stephen Mitchell，1946-2000），過世甚早，復甦人際精神分析，初創事業，留給其他同仁緒之，其中關鍵操盤者，就是路易斯・阿隆。這有點像，寇哈特（Heinz Kohut）過世後二、三十年，鞏固自體心理學之後續操盤者，為柯柏格（Arnold Goldberg, 1929-2020）。意思是說，阿隆和柯柏格主要完成的，是事業經營苦壯，非原創理論。差別是，關係學派沒有嚴格意義上的父親，他們「沒有活在米契爾的影子的不自由的命格」，自體心理學，符合一般精神分析學派的宿命，則有「活在寇哈特的影子的不自由的命格」。這點可以說明，米契爾中壯猝逝，是一種瀟灑，釋放了其同輩和後起之秀的創造力。

我不打算，對這本書，各篇論文，分別細究。我打算，藉此序言，說明我對精神分析史的想法。

　　起因是，「史蒂芬‧米契爾從費爾貝恩（Fairbairn）那邊，特別得到啟發」（Steven Kuchuck, 2021, pp. 9-10）。

　　米契爾的新觀點源自於把（尤其是費爾貝恩的）**客體關係理論**（關於內化的客體與其相關的內在心理現象，像是德米特里耶維奇〔Dimitrijevic〕在 2014 年的文章中所討論的）融到**人際關係精神分析**（Mitchell & Black, 1995; Stern, 2017）中，變成一種比起談潛意識幻想，更強調人際關係、此時此刻、治療室內動力的學派，同時也加入了女權主義、酷兒、性別議題與其他社會、哲學議題，以及最近的政治議題、跨文化議題與依附理論。這種新的且擴展的觀點被稱做「大寫 R」的關係取向精神分析，用以區辨米契爾原本對於關係這個詞的用法。

　　「**尤其是費爾貝恩的**」，這個看法，須要檢索米契爾和葛林伯格 1983 年文章（Mitchell & Greenberg, 1983），以及米契爾之後諸作，再細究之。

　　但是再想下去，既然關係學派視費倫齊（Ferenczi）為祖師爺，那麼他們應該，會特別喜歡費倫齊謫傳弟子巴林特（Michael Balint）；而且也會喜歡費爾貝恩的傳人岡粹普（Harry Guntrip）；溫尼考特（Winnicott），則人人都喜歡，且與岡粹普有涉。意思是說，總體而言，關係學派「會喜歡中間學派」。另外，關係學派也喜歡依附理論，這符合我先前講法，「自體心理學、中間學派、依附理論，三者是精神上的好

兄弟。」意思是說，關係學派理應也會喜歡自體心理學，但偏偏他們必須跟自體心理學保持距離，才能發展出自己的說法，因為這兩者都位在美國，都長年籠罩在自我心理學話語權主導下，而且時間太近。1983 年關係學派復甦之際，寇哈特才剛過世兩年；接下來十年，自體心理學本身，也尚在站穩和鞏固中；1990 年代，關係學派開始茁壯成長，最迫切的，是找到自己的聲音，無遑他顧；到了兩千年前後，後寇哈特的發展已進入遲緩，只有互為主體性理論和特異性理論兩個說法，比較重要，這兩者與關係學派都有可以互相參照的意涵，但是關係學派嘴硬，不買這個帳，以大雨傘自居，以為可以遮住所有前來避雨的他者。你要理解，硬頸者寧可淋雨，也不欲躲雨，雙方的關係，二十年來，遂沒有關係。至於近幾年珊恩（Estelle Shane）開始講關係自體心理學（Relational Self Psychology），則頗有遞投名狀之嫌，此舉失節，讓人遺憾。

但是，米契爾選費爾貝恩，是有道理的，因為費爾貝恩和蘇利文（Sullivan），都是二〇到三〇年代，敢講出與生物本能是根本動機的不同的想法的少數作者（另一個例子，就是佛洛姆）。

意思是說，費爾貝恩一句話，「人是尋找客體（object seeking），而非尋找逸樂（pleasure seeking）」，就顛覆了佛洛伊德。

蘇利文似此，一句話，「人是關係的，關係成就了人」，也顛覆了佛洛伊德。

這兩者，之後命運有異，前者促成了英國客體關係諸理論的發展，後者則種下一顆種籽，半個世紀後復甦茁壯，與其間發展出來的精神分析諸理論交錯，遂衍成當今的關係學派。

我認為，這兩個人，非嚴格意義上的岐出者，他們與佛洛伊德本人，或古典精神分析的關係，沒有第一代佛洛伊德派（如費倫齊、蘭克〔Otto Rank〕）那麼深，他們像是「比較正常的讀者」，讀出既有理論的問題性，遂逕提出自己的想法。

　　意思是說，與精神分析諸學派距離太近者，「不是正常的讀者」，即使他們讀出既有理論的問題性，也不敢提出自己的想法，通常作法是，扭扭捏捏，拐彎抹角，搞了半天，不過在原有架構上錦上添花。

　　你現在可以理解，精神分析的歷史，就像近代中國史，為什麼如此不堪了罷。意思是說，我們有幸，還能見證異議革命，是因為有人誠實，有人敢言；有人不怕流放，成為他者；有人不怕荒野，被野獸吞噬。

　　而且你現在，應該也可以理解，精神分析諸理論，往往始於一念，遂衍為一說，「那啟始一念，就是它的前提（assumption）」，費爾貝恩和蘇利文當年的勇敢，就是直言對古典精神分析理論的前提的質疑，今天我們讀關係學派，需要的也是，對關係學派啟始一念的質疑，那一念的名字，叫做關係本體論（Relational Ontology）。

　　簡單講，關係本體論，認為二優先於一，有二才有一，我先前曾費了好大的勁，說明「自體無法歸約回去關係」，意思是說，一畢竟有其無法歸約於二的自由的可能，意思是說，那個無法歸約於二的一，仍在荒野流浪，偌大自然，悠長歷史，才是他的家，風雨中來，風雨中去，那把傘不是他的家。

張凱理

2023 年 3 月 30 日

精神分析的美麗新世界

● 魏與晟

諮商心理師

▌學習精神分析的矛盾

　　學習精神分析的歷程會有種矛盾感，一方面會渴求嚴峻的理論，像是伊底帕斯情結、投射認同、防衛機轉，用這些知識來解釋棘手的臨床現象，好像獲得了什麼答案一般欣喜；一方面得靜下來傾聽與感受，承受當下難以言喻的經驗，察覺各式各樣正向與負向的情感，而在之後獲得深深的感動。初學者們也許會被這兩面性搞得很糊塗，精神分析似乎艱澀、嚴峻甚至有點刁鑽，同時又蘊含著豐富的情感與人性。

　　之所以會有這樣的矛盾感是因為精神分析理論一直在改變與發展。由於精神分析不是一言堂，幾乎所有精神分析的論文都是在做內部對話，每個人都試著提出自己的看法，有時甚至在批判相近學派的論述。學習精神分析的知識像是歷史學或人類學的考究，得集結各方論述而沒有標準答案，沒有既定通用的公式法則，這對於初學者來說，無疑相當令人挫折。

　　也正因為如此，我們才能掌握人類心智的複雜與美麗，就像是文學作品不會有終結的一天，人類的內在永遠論述不

完，有各式各樣的經驗面向等待我們去發現，而我們最終發現我們只能用「自己」這個人去工作，在經驗中掙扎著載浮載沉，從各家論述中摸索出自己的認同。

▌雙人心理學的意義

當代精神分析最大的特色就是從單人心理學邁向雙人心理學，無論您是那種取向，說出「你／妳」總是比說出「我們」要來得簡單許多。因為對一個心理師來說，說出「我」這個詞，就代表自己在心理治療的過程中現身了。無論是否是精神分析學派，只要自己出現在諮商或是治療中，我們就不能用事不關己的理性態度去面對案主，我們得面對各式各樣的自身情感，被檢視甚至被批判，我們現身後就再也逃不掉，變成了「參與的觀察者」而非「旁觀者」，這聽起來雖然很感人，但在實務上卻有著十足的張力。

精神分析時常討論關係，這個關係不只僅是人際關係（interpersonal），而更是心智與心智間，或心智與心智內部的關係；精神分析不只是處理人際議題，更是處理人內在與外在各式各樣情感元素之間的互動。這些元素放在案主－治療者兩人之間，就變成了一個複雜的二元系統，就如同量子力場一樣，擁有各種引力，讓我們在經驗的洪流中探險。

▌關係取向簡史

美國精神醫學界曾處在精神分析的霸權文化中，當時所有

的精神科醫師都得接受精神分析的訓練，令人嚮往又具有宰制性。之後美國開始有各式各樣的反對聲浪出現，抵制精神分析的霸權結構，與精神分析自我心理學派（ego psychology）所塑造的刻板印象（例如空白螢幕、冷漠、只能給詮釋、過度忠於結構理論與內在衝突）站在對立面。美國的精神分析跟民族性一樣，走過革命與民主的歷史。

國內精神分析的脈絡與美國大不相同，從外國引進的精神分析思維在過往思想箝制的臺灣，象徵著解放與自由，吸引了一批「文青」精神科醫師與心理專業人員前輩，花了許多心力開疆闢土，撐出了一片思考各式各樣議題的空間。但由於國內精神分析的臨床訓練較偏向歐陸的系統，反而對關係取向這類偏美陸的知識較為陌生。我們不需走過美國抗爭與革命的歷史，而是讓關係取向精神分析跟我們原本就擁有的知識，無論是傳統精神分析或是較為折衷的思維，都能有融合、對話的空間，激發出新的視野。

▌後現代與精神分析

由於知識系統已經趨於飽和，各家學說都朝著所謂的後現代思潮邁進，我們很難再以某個特定的理論道統自居，而是在大量閱讀的過程中截長補短，找出自己的認同。關係取向精神分析納入了許多後現代的概念，包括去中心化、社會建構、女性主義、互為主體、敘事理論等等，但在此同時，又保留著精神分析對於人類內在世界的關注，而非單純把問題指向外在社會。

擁有思考空間一直是精神分析的標竿，後現代的精神分析擁抱多元性與批判性，讓它成為能夠不斷檢討自身並跟進時勢的學科。能夠放下成見並超越自戀，接受與傾聽與自己不一樣的意見並不容易，擁抱差異並關懷這個世界，是我們對自己的期許。

　　本書作者路易斯・阿隆是精神分析關係學派的代表人物，參與了美國當代精神分析一連串改革的過程，創立了多元對話的空間。本書的內容也體現了這點，作者溫潤的言語娓娓道來關係取向這一路走來的歷程，如同阿隆本人的和氣，聽見並包容每個不同的聲音。

去發現有關病人的真相，這個過程往往不僅是為他且與他一道去發現，同時也是為我們自己且關於我們自己而發現的過程。它是發現彼此之間真相的過程，因為有關人類的真諦是在相互關聯中顯示出來的。雖然這聽起來很陌生，也許還過於具有想像性，但這只是用非技術性的術語來闡述佛洛伊德對移情精神官能症及其在分析中的意義有關的深刻想法。

——羅華德（Loewald, 1980, pp.297-298）

不過，一個不尋常的事實是，除非病人感受到被理解，否則我們會感到自己並沒有完全理解他。理解似乎是一種涉及某種相互參與的行為，一種心靈相遇的特殊形式。

——羅華德（Loewald, 1980, p. 382）

序

　　似乎在被圍困得最厲害的時候，精神分析才得以茁壯成長。著實令人好奇的是，就在批評家們如此肯定地宣告精神分析死亡之時，精神分析師們正享受著令人振奮的知識增長和臨床發展的新時期。精神分析已經變得越來越多樣化和多元化；而最令精神分析界的學生和從業者振奮的是，我們的學科在史上第一次強大到足以容忍理論觀點的多元化，能作為一個統一而非同質的精神分析科學和專業並團結一致（Wallerstein, 1988, 1995）。在精神分析內部產生發酵作用的要素包括：具有競爭性的精神分析模型的激增，以及對傳統理論中那些長期被珍視的基本假設仔細地作了重新審視和重新表述，有時甚至是完全摒棄。為了與後現代敏感性盡可能保持同步，精神分析已作出革新，能夠容納多種聲音和多種自我，並能讓這些聲音和自我保持持續的對話和辯論，不去消除、驅逐或隔離其中的任何一種聲音。精神分析似乎有能力改變和重塑自己，以回應當代知識和文化的需求。精神分析作為一門學科，正是其所具有的多變性賦予了它自身活力，能夠在不斷被宣告死亡或過時的情況下得以存續。

　　獨特的關係取向精神分析方法的出現和擴展是當代美國精神分析領域最重要的發展之一。關係取向將人類關係，而不是生物驅力，作為理論的核心。關係視角以辯證的方式對待一些

傳統的區別，試圖在內部和外部關係、真實和想像的關係、心理內部和人際間的關係、主體內和主體間（intersubjective）[1]、個人和社會之間保持平衡。關係理論借鑒並試圖整合當前精神分析學派的全部思想，包括客體關係理論、自體心理學、人際精神分析、新克萊恩理論，以及當代佛洛德思想中的某些潮流（後自我心理學）。關係理論基於古典觀點向關係性觀點轉變。古典觀點認為精神分析研究的物件是病人的心靈（心靈被認為是獨立自主地存在於個人邊界內部）。關係性觀點則認為心靈本質上是動態的、社會的、互動的和人際的。從關係性的角度來看，在研究心靈時，分析過程必然需要對主體間領域進行研究。有關心靈和分析過程的古典觀點和關係性觀點之間的這種區別，經常在從單人心理學到雙人心理學的轉變這一有問題的標題下被討論。

　　古典觀點[2]將最佳的分析描述為一個單向影響的過程，即分析師影響並改變病人，一般來說反之則不然。而關係性觀點則強調病人和分析師之間相互和互惠的雙向影響是不可避免的。在本書中，我追溯了關係精神分析的形成和擴散，並且認為關係取向最核心和獨特的地方就在於強調了精神分析關係中的各種相互性（mutuality）維度。

1　【編註】台灣多將 intersubjective 譯為「互為主體的」，但也可譯為「主體間的」（本書譯者原採此譯）。本書經譯者同意多將此字譯為「互為主體的」，但在行文脈絡有「之內、之間」的對比意涵時，保留「主體間的」的翻譯方式。

2　這裡的古典觀念指的是在 1950 年代和 1960 年代在美國精神分析占主導地位的佛洛德自我心理學傳統。

我所說的相互性是什麼意思呢？本書詳細研究了相互性的各個方面，但最好還是從這個術語的常識性、日常的含義入手。根據完整版《韋伯字典》（第二版），「相互性」和「互惠性」（reciprocity）是同義詞；然而，「相互性的獨特含義指的是，各方透過交換同一行為而聯合起來；如，相互的契約。互惠性的獨特含義指的是，一方的行為是對另一方先前所做事情的回報和回應；例如，互惠的善意」。當使用「相互」一詞時，其含義可以被替換為「之間」或「共同」。例如，一個相互的協議指的是我們之間的協議；一個相互的朋友指的是我們共同的朋友。相互性這個詞的本質似乎是一種共同的分享，或人與人之間的分享。如果我們感到相互或對等的仇恨，那麼我們就分享了我們的仇恨，我們有著共同的仇恨，或者也可以說我們之間有仇恨。相互性意味著互惠和共同體，以及透過互換實現統一。相比之下，缺乏相互性則意味著差異和分離，即一種分享的缺失。雖然我強調精神分析中的相互性維度，但我們應該認識到，精神分析需要一種辯證的關係，一方面是相互性，另一方面是分離性、差異性和自主性（autonomy）。如果沒有一些自主性的概念，那麼相互性的意義將退化為融合或混淆。

相互性的定義並不包括對稱或相等。當兩個人互相推崇或分享互惠的鏡映和理想化時，可以說他們之間已經形成了一個相互欽佩的共同體。然而，當我們使用相互一詞時並不需要假設一種數量上的相等或功能上的對稱。一個老師和一個學生可以相互欽佩，而無需認為他們的欽佩在品質或數量上是相等的，或他們的角色和功能是對稱的。母親和嬰兒在某些互動中

相互施加影響，這並不意味著他們以相等或相同的方式影響對方（Beebe, Jaffe, and Lachmann, 1992）。

　　相比之下，對稱性指的是分界線或分介面的兩邊在形式或安排上的對應。例如，在數學中，我們把一個等式兩邊可以互換而不影響其有效性的方程式，認定為是對稱的。對稱性意味著雙方具有一定程度的相似性和數量上的相等，而相互性指的是一種共同性和共用性，其形式、數量或程度對雙方來說都可能有很大的不同。

　　本書的核心目的之一是探索相互性在精神分析關係中發揮作用的諸多重要方式。在本書的撰寫過程中，我發展、闡述並區分了相互性一詞所指的多種含義：相互結盟（alliance）、相互共情（empathy）[3]、相互阻抗（resistances）、相互退行（regressions）、相互移情（transferences）[4]、相互情感捲入

3　【編註】Empathy 在台灣多被譯為「同理心」，也又有譯為「神入」者。美學家朱光潛曾譯為「移情」，可稱適切。台灣學者宋文里認為此字強調的是以心會心，因此「同理」是一種偏斜的理解。本書譯者將此字譯為「共情」，在行文中能流暢融入，若依台灣慣例改為「同理」，則有數處與文脈中不甚相容。基於上述，本書採譯「共情」。（參考《重讀佛洛伊德》，pp. 31-32；《成為一個人》，p. xvii 註腳，卡爾・羅哲斯著，宋文里譯。）

4　【編註】Transference 在台灣常見的中文譯法是「移情」，但也有譯為「迻換」、「傳會」、「傳移」者。台灣學者宋文里曾表示「移情」是朱光潛於 1930 年代對 empathy 的譯法，屬美學用語，不宜重複用於 transference，並認為以「傳移」來翻譯 transference 是最中肯的。本書引介者、心理學家徐鈞則

（affective involvement）、相互參與（participation）、相互共演（enactments，或譯為活現）、相互生成資訊（generation of data）、相互分析（analysis）、相互協調（regulation）和相互認可（recognition）。我發展出這樣的觀點：精神分析在許多方面是一個基於相互關係的相互過程。然而，我自始至終認為，這種關係必須同時且不可避免地保持一種相對的非對稱性。我所謂相對的非對稱性指的是，雖然分析師和病人共用了大量的內容，雖然彼此的影響和協調是雙向的，但這種影響並不一定是同等的，並且病人和分析師也不具有同等或相應的角色、功能或責任。因此，精神分析是相互的，但又不可避免是非對稱的。之所以說不可避免，是因為向分析師尋求幫助的是病人，來到分析師的辦公室並向分析師付款的也是病人；而分析師是專業人士，因此被賦予了某種權威和責任。

此外，我還想強調，協調的相互性或雙方的協調必須始終結合自我協調進行考量。相互性作為一項原則，需要由自我協調或自主性來平衡。我詳細說明這一點，以便發展出一種更精確的方式來談論精神分析作為單人或雙人心理學的問題。這種對單人和雙人心理學之間、對自主性和相互性之間，以及能動性和共用性之間辯證關係的強調（Bakan, 1966），可以追溯到桑多爾·費倫齊（Sándor Ferenczi）和奧托·蘭克（Otto Rank）工作中初具的關係精神分析源起。

認為採譯「傳移」可能困惑兩岸讀者，建議還是採譯為大家已經習慣並能理解其意的「移情」。（參考《重讀佛洛伊德》，pp.31-32，佛洛伊德著，宋文里選文、翻譯、評註，2018。）

在臨床應用方面，關於精神分析情境的關係視角，摒棄了認為分析師對病人的心理或精神動力有著更優一等認識的想法。相反地，借用溫尼考特（Winnicott, 1971a）的術語，關係視角更認同的觀點是把分析情境視為一個「潛在的空間」（p. 47），以便相互地對意義進行創造性地共同建構。在分析情境中，意義不是由分析師對被分析者的聯想進行理性（層級）處理而產生的；相反地，意義被看作是相對的、多重的和不確定的，由分析師和被分析者共同進行持續且不間斷的詮釋產生。意義是以關係和對話的方式產生的，換言之，意義是經過協商共同建構的。意義是透過「心靈的相遇」達成的。

比昂（Bion, 1990）寫道：「在精神分析實踐中很難墨守成規。首先，我不知道精神分析的規則是什麼。」（p. 139）是否存在有關精神分析實踐的規則？或者指導方針？我們現在把分析師看作是分析中的參與者，但分析師應該如何參與呢？如果分析不可避免地是一種相互投入的過程，那麼分析師又應該在多大程度上展現他們的主體性（subjectivities）？在多大程度上進行自我揭露（self-disclose，或稱自我披露）？在多大程度上與病人一起捲入到治療行動中？在多大程度上參與到共演（活現）和互動（interaction）中？如果沒有規則，沒有確定性，沒有基準，我們又如何維持我們的倫理責任？我們對病人採取了更加平等的立場，但精神分析過程究竟具有多少相互性？多少對稱性？多少平等性？這些都是本書努力解決的問題。聚焦於精神分析的最新發展，特別是對關係性和社會建構主義（social-constructivist）論點的闡述，我探究了一些基本的臨床原則，看看它們是如何被保留和轉變的。

正如意義是在分析情境中相互建構的一樣，精神分析理論也是在精神分析師群體中以對話的方式共同建構的，而正是這些理論的實際結果決定了它們的「真諦」。米契爾（Mitchell, 1993a）寫道：「歸根究底，正是精神分析從業群體在日常的臨床工作中在各個層面為精神分析理論化的相關性和有效性提供了關鍵的試驗場」（p. 65）。

本書是我與外部和內部他人進行持續對話或交流的一部分。我在本書中所寫的每一部分都試圖與各類分析思想家坐而論道。我也認識到，他們在這個過程中成了我自身在外部的代表和容器。撰寫精神分析理論一直是我與自己進行辯論並思考各種立場的一種方式。本書的標題「心靈的相遇」在某種程度上意味著我試圖下定決心調和自身內部的對立傾向，化解我自身對於各種精神分析論點的衝突和矛盾心理。也許更有益的做法不是達成和解並消除差異和衝突，而是建議與自己進行持續的對話。對於本書所討論的大多數問題，我的想法不止一個，而且，在寫完本書之後，我的觀點也不再統一或一致了。儘管如此，即使在我相互衝突的立場中，但願也能有諸多的連貫性。

第一章我首先介紹了關係取向，因為它近年來已經成為美國精神分析理論和實踐的主流方法之一。根據我在紐約大學心理治療和精神分析博士後學程專案——關係取向在該項目中首次被制度化——以及我參與《精神分析對話：關係視角期刊》（Psychoanalysis Dialogues: *A Journal of Relational Perspectives*）的個人經驗，我會講述關係取向如何發展和成長的故事，並探究它的一些基本原則。在第一章中，我考察了

一些廣泛的社會運動，包括女性主義和後現代主義對精神分析的影響。

第二章我開始探索關係理論的邊界。什麼是關係理論，以及它與其他傳統的和當代的精神分析取向有何不同？關係取向與人際理論、自體心理學、客體關係理論以及當代佛洛伊德理論之間有什麼關係？當前在關係理論內部和關係精神分析學家之間有哪些爭論和分歧？在此我要問的是，我們所說的單人和雙人心理學是什麼意思？關係理論是一種雙人心理學，還是同時包含了單人和雙人心理學？這些概念如何影響分析技術？

第三章我探討了各種分析理論家所理解的互為主體性[5]。我關注病人對分析師主體性的體驗。我所說的主體性是什麼意思，以及分析師的主體性和反移情之間有什麼聯繫？病人對分析師的主體性瞭解多少？病人又應該瞭解多少？探索病人對分析師主體性的體驗如何能促進病人對分析的興趣？這些理解如何改變我們的臨床實踐？

第四章我重新評估了關於詮釋的概念，並認為詮釋以及其他分析介入（intervention，或稱干預）往往是分析師主體性的表達。什麼是詮釋？從關係角度來看，該治療行為的性質是什麼？詮釋完全依據由病人提供的資訊，還是依據病人和分析師之間相互產生的精神分析資訊？分析師如何以及為何將他們的主體性要素轉化為詮釋？在有關詮釋的交流和洞察的分享中存在多少相互性？

第五章我考察了精神分析情境中相互性的臨床方面。我所

5　請參考註解 1。

說的相互性是什麼意思？與精神分析工作有關的相互性的各個維度是什麼？在這裡，我將考察相互移情、相互阻抗、相互退行、相互參與，特別是相互認可和相互調節。

第六章透過追溯佛洛伊德和費倫齊之間，以及佛洛伊德和蘭克之間的對話和辯論，我研究了精神分析中自主性和相互性（單人和雙人心理學）之間的辯證關係。我呈現了當代關係理論如何可以追溯到費倫齊和蘭克的早期貢獻。費倫齊的貢獻在於對雙人關係中相互分析的關注，蘭克的貢獻在於對產生自我的創造性分析過程的關注，兩位思想家都強調了直接的情感體驗和參與在分析中的重要性。我將使用阻抗的概念來說明這兩位思想家的貢獻如何產生出對臨床情境的現代看法，即阻抗被視為一種相互創造和肯定的人際交往。

第七章我著眼於已成為最新被接受的精神分析術語，即互動和共演（活現）的概念。我探討了共演、互動和投射性認同（projective identification）之間的關係。為什麼創造新的技術性術語是有必要的？這些術語對我們的臨床概念化有何幫助？這些關於共演和互動的理解對於我們如何進行精神分析有何影響？我對共演的研究也將突出各類分析理論之間的一些微妙差異。我利用共演的概念來區分關係分析師和當代自由派或「左翼」（Druck, 1989）佛洛伊德派分析師，尤其是被我認定為是佛洛伊德互動主義者的子群體。

第八章我又回到了分析師主體性的問題，這次是更直接地詢問分析師如何、為何、在何時以及在何處向他們的病人直接揭示他們的體驗是合適的或在臨床上是有用的。在這裡，我們要討論的也許是當代精神分析中最具爭議性的話題，即有關

自我揭露（self-disclosure）或自我揭示（self-revelation）[6]的問題。我把自我暴露的問題放在病人和分析師相互衝突的背景下，這涉及到想要瞭解對方和被對方瞭解的渴望，以及想要躲避和避免與對方接觸的心理。這也許是病人和分析師之間相互性最深刻的方面：病人和分析師對隱私和安全以及肯定和接觸持有相互衝突的需求。

在結語中，我提出了關係取向對分析師的倫理、價值和責任的影響有關的更多問題，以及在精神分析臨床實踐中如何處理這些問題，以此來結束本書。如果我們接受在分析過程中存在著某種內在的相互性，並且在某些方面病人可能需要充當其分析師的治療師，那麼我們如何在倫理上保護病人不受剝削，如何知道我們什麼時候是在放縱自己的需要而非關注病人的需要。鑒於後現代對基礎提出批判，那我們的倫理選擇、價值和責任又將基於什麼？在精神分析師的權威和道德方面，關係精神分析又將我們置身何處？

6　【編、譯註】Self-disclosure 和 self-revelation 在本書所指意涵無明顯差異，前者譯為自我揭露，後者譯為自我揭示。

致謝

　　個人與群體、主動與共融、自主與相互這些重大的兩極性是本書的主題。我應該承認,本書中的觀點是在與關係精神分析師群體的持續對話中產生的,因此,在某些方面可以說,它們不是個人的思想,而是在公共空間中發展起來的,屬於這個群體。即使從字面上看也確實如此,在與同事進行思想上的熱烈對話或小組討論之後,要說出是誰想到了某個特定的想法,誰首先提出了這個想法,這是幾乎不可能的;這些想法是因為有個體之間的過渡空間而得以發展的。

　　然而,與此同時,這裡闡述的想法在很大程度上是我自己的;它們屬於我,沒有其他人以我這樣的方式提出過這些想法;我對它們有著個人化的傾注,並且我願意為它們承擔全部責任。因為思想不可能完全是任何人的專屬財產,所以我們永遠不可能確定自己沒有從別人那裡竊取思想。然而,我已經盡力在全書中註明個別的個人貢獻。貢獻最大卻無法明確歸功的群體,當然是我們的病人,他們值得被感謝;我對他們以及我的學生和接受督導者表示感謝。

　　我的觀點是在一個特定的精神分析團體中形成的。在過去的十六年裡,紐約大學心理治療和精神分析博士後學程專案一直是我在知識和專業領域方面的家園。我想感謝整個博士後群體的幫助。我很幸運能從所有取向(佛洛伊德式、人際

式、關係式和獨立式）的教師、督導師、學生和被督導者那裡學習。我知道世界上沒有其他專案能代表如此廣泛的分析視角，並以如此深入和全面的方式教授它們。我為自己能成為這個社群中的一員感到真的很幸運。

史帝芬・米契爾（Stephen A. Mitchell）一直是我的老師、督導師、導師、同事和朋友。他從我寫第一篇分析性論文時就在寫作方面幫助我，我很高興他現在正式成為我的編輯。我總是從史帝芬那裡有所學習，而且他的慷慨大方讓我覺得我也在教他。在尊重對方自主權的同時實踐相互性的方面，沒有比他更好的典範。在《精神分析對話》的編輯會議上，我為能與史帝芬以及這樣一個令人難以置信的、有思想的、富有成效的編輯部一起工作而持續地深感榮幸。這個小組中的每個人都在某處閱讀並評論了本書的某些部分，我從與他們的合作中得到了極大的成長。我感謝奧爾特曼（Neil Altman）、巴斯（Anthony Bass）、布隆伯格（Philip M. Bromberg）、戴維斯（Jody M. Davies）、迪門（Muriel Dimen）、根特（Emmanuel Ghent），以及 Adrienne Harris。

唐納德・卡普蘭（Donald Kaplan）博士是我尊敬的老師、督導師和同事。在我接受佛洛伊德博士後專案精神分析培訓的那些年裡，他是我的榜樣和嚮導。唐納德和我就本書中涉及的所有問題都進行了持續的對話和辯論。可惜他沒能活著看到這個案子的完成，這對我來說是巨大的悲哀。卡普蘭死後的論文集最近剛剛出版（Kaplan, 1995）。

有太多的個人（甚至機構）值得我鳴謝。很抱歉，我只能以團體的方式一併感謝他們。本書中的許多觀點最初是我在全

國各地的美國心理學會精神分析協會（39）的地方分會中進行的演講，以及在該協會的年會上發表的演講和論文中得到發展和闡述的。我感謝精神分析三十九分會為我提供了一個全國性的論壇，讓我在其中發展這些思想。

潔西卡·班傑明（Jessica Benjamin）和史都華·皮茲爾（Stuart A. Pizer）仔細閱讀並評論了本書的大部分或全部定稿，並在我準備使其保持原樣的時候，幫助我對其進行了微調。

卡爾·榮格（Carl Jung）會把這稱為「共時性」。就在我完成這本書並正在考慮它的封面時，我收到了一份大衛·紐曼（David Newman）的繪畫藝術目錄。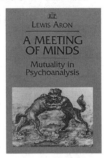它是由約瑟夫畫廊（Joseph Gallery）、希伯來聯合學院－猶太宗教學院（Hebrew Union College-Jewish Institute of Religion）舉辦的名為「打破藥丸：大衛·紐曼的作品」（Breaking the Tablets: Works by David Newman）的展覽一起出版的。目錄的封底是名為「相互分析」的一幅畫。我從目錄的藝術家傳記中瞭解到，大衛除了是一名很有成就的藝術家之外，還是曼哈頓精神分析研究所的一名精神分析候選人。於是我很快就安排與大衛見面，並獲得他的許可，在本書的封面使用這幅作品。

大衛的畫經常涉及詮釋學和文本詮釋的主題。我發現自己被他的鳥類和動物撕毀羊皮紙和聖經卷軸的圖像所吸引。這裡的「相互分析」這幅畫，同時強調了相互性中具有的情欲性和攻擊性。我特別喜歡大衛描繪了相互性中的陰暗面，而且是以

幽默的方式來描繪的。

　　本書的部分內容基於或收錄了我與他人合作出版的早期作品。我感謝哈里斯（Adrienne Harris）博士允許我使用我們在「桑多爾·費倫齊的遺產」這一介紹性文章中的段落（L.Aron and A.Harris [1993], *The Legacy of Sandor Ferenczi*, Hillsdale, NJ: The Analytic Press），以及我們即將發表在《精神分析探索》（*Psychoanalytic Inquiry*）上的文章〈費倫齊的符號學理論：後現代主義的預演〉（Ferenczi's semiotic theory: Previews of postmodemism）。我感謝瑞根（Therese Ragen）博士在編寫本書第六章時提供的幫助，並允許我使用我們早期作品〈被遺棄的工作：費倫齊的相互分析〉（Abandoned workings：Ferenczi's mutual analysis, In: The Legacy of Sandor Ferenczi,ed. L. Aron & A. Harris. Hillsdale, NJ: The Analytic Press, pp. 217-226）。我還要感謝曼納克（Esther Menaker）博士對我在第六章中關於費倫齊和蘭克想法的互補提供的幫助和鼓勵。

　　第二章包含的材料最初是〈單人和雙人心理學以及精神分析的方法〉（1990）這篇文章，發表在《精神分析心理學》第七期上（One-Person and Two-Person Psychologies and the Method of Psychoanalysis. Psychoanalytic Psychology, 7:475-485）。第三章包含的材料於 1991 年最初發表在《精神分析對話》上，題為〈病人對分析師主體性的體驗〉（The patient's experience of the analyst's subjectivity. Psychoanalytic Dialogues, 1:29-51）。第四章包含的材料最初發表於 1992 年，題為〈作為分析師主體性表達的詮釋〉（Interpretation as Expression of the Analyst's Subjectivity. Psychoanalytic Dialogues, 2:475-

507.）。為了本書，以上所有這些材料都被進行了大量地改寫和再加工。

感謝斯迪潘斯基（Paul Stepansky）博士、考布林（Eleanor Starke Kobrin〔Lenni〕）、賴格（Joan Riegel）以及分析出版社（The Analytic Press）的工作人員，感謝他們為完成本書提供的所有幫助。最重要的是，我想向我的妻子珍妮（Janie）和我的孩子班傑明（Benjamin）、拉斐爾（Raphael）和克雅（Kirya）表達我的愛和感謝，他們是我生命中的快樂源泉。如果沒有珍妮的持續支持，並願意在她自己繁忙的職業生活之外承擔家庭責任的負擔，我便不可能完成這本書。

【第 1 章】

關係取向：引言

　　在當代美國精神分析的舞台上，關係取向精神分析已成
為取代古典理論的方法，佔據主導地位。[1] 雖然在精神分析學家
中，一直存在著創造性的思想家和特立獨行的個人主義者，他
們也發展了各自的觀點，但在二十世紀六〇年代之前，美國的
精神分析機構絕大多數都兼具獨特性和統一性；其中，佛洛伊
德的結構理論和自我心理學（ego psychology）方法佔據主導
地位。從 1960 年代開始，更多是在 1970 年代，自我心理學傳
統之外的精神分析流派被引入美國。分析師們開始聽聞英國的
新克萊恩派精神分析的發展（該學派強調反映在潛意識幻想中
的內射和投射機制）；英國中間團體或獨立學派的客體關係理
論（該學派特別關注早期的母親環境和分析師的反移情）。在
美國，海因茲・寇哈特（Heinz Kohut）開始闡述他的自體心
理學學派（在自戀方面引入了更不帶有道德判斷的基調，並將

1　由於當代的古典理論也在逐漸轉向關係取向，因此將「關係理
　　論」與「古典理論」進行對立似乎是錯誤的。當前的古典理論
　　家們可能會說他們的古典理論版本確實是關係性的或帶有關係
　　的概念。即使如此，在本書中我依然認為哪怕是主流的古典理
　　論中最為當下的版本，其在概念上和臨床實踐上都與本書中提
　　到關係理論的版本大相徑庭。

讓精神分析的治療對象擴展至更為脆弱的病人）。

即使在主流的自我心理學傳統中也出現了一些新的觀點，更強調關係方面的考慮，並對普遍存在的實證主義認識論提出了挑戰，譬如漢斯・羅瓦爾德（Hans Loewald）和羅伊・沙夫（Roy Schafer）的工作。前者將驅力重新概念化為關係現象；而後者利用詮釋學來批判古典精神分析的後設心理學（metapsychology，或稱元心理學），並強調個人的主動性。

基於哈里・史塔克・蘇利文（Harry Stack Sullivan）、埃里希・佛洛姆（Erich Fromm）、凱倫・霍尼（Karen Horney）、佛里達・佛洛姆－瑞奇曼（Frieda Fromm-Reichman）和克拉拉－湯普森（Clara Thompson）等修正主義者們在強調人際關係、社會和文化力量方面作出的貢獻，美國人際關係學家在幾代人的時間裡一直在建立另一種豐富而全面的精神分析願景。

然而，在自我心理學典範（paradigm，或稱範式）的主導下，人際關係理論一直被列在主流精神分析範圍之外。隨著自我心理學家對精神分析的長期壟斷被打破，這促使精神分析界越來越多地接受人際關係傳統及其在當代的表達方式。尤其是愛德格・列文森（Edgar Leveson, 1972, 1983）的著作，引人入勝的寫作風格將人際關係敏感性帶入精神分析界，受到更為廣泛的關注。

二十世紀八〇年代出現新的思想流派，並自然而然地形成了多元的精神分析模式。同樣毋庸置疑的是，這些新的思想流派反映出當代詮釋學、後現代主義、後結構主義、社會建構主義等思想發展的影響，尤其是各種女性主義。為了與

後現代趨勢保持一致，精神分析也從連貫和單一轉變為多樣和多元。作為引領主流精神分析界的代表人物，羅伯特・沃勒斯坦（Robert Wallerstein, 1995）將這些發展看作是「所謂的古典自我心理學在美國不容置疑的霸權地位」受到瓦解（p. xiv）。他認為關係的發展（從桑多爾・費倫齊開始，特別是當它們在英國客體關係理論中得到闡述時）滲透到美國主流精神分析中，導致了他所說的後自我心理學理論的「巨變」（p. 535）。沃勒斯坦令人欽佩地描述了二十世紀五〇年代存在於美國的自我心理學共識，及其近幾十年來的逐漸解體。他探討了這種朝向觀點多元化的趨勢與關係性（relational）和互動性（interactional）觀點在當今精神分析界擴散，這二者之間的關係。

在美國，關係精神分析取向是在古典理論霸權的瓦解中發展起來的。雖說它的成長仍在進行中，並且在關係取向群體中仍存在著大量激烈的不同觀點和爭議，但關係典範依然可以被看作是一種新的精神分析概念和方法的整合，以勢如破竹的架勢取代古典精神分析理論。更為明確地，我想說的是，雖然近年來古典或主流理論明顯地朝著越來越關係化的方向發展，然而在古典理論的當前版本和被稱為關係精神分析的理論之間，仍然存在著巨大的差異。

若要我解釋關係理論在當代精神分析中的意義和重要性，最好方式就是描述它對我的個人意義。個人經歷的描述也許最能最傳達關係視角為何能在該領域中創造出如此多的興奮和熱忱。我在這裡講述的是過去十年中關係理論在美國出現的故事。儘管我把它作為紐約市某個研究所的地方歷史的一部

分來講述，但它也是關係理論如何在整個美國全國普及的故事。尤其是，在美國心理學會精神分析分支（39）會議以及全國各地的 39 分支的地方會議上，關係理論都受到廣泛傳播。事實上，關係精神分析可以被認為是一個獨特的當代美國精神分析學派。關係取向在紐約大學博士後學程中的發展歷史，可以作為精神分析理論在紐約及其他地區得以發展的一個縮影。

當然，透過描述我個人在發展理論觀點方面的主觀經驗這種方式來展開這本關於關係模式的書，並非偶然。史托羅洛和艾特伍（Stolorow and Atwood, 1979）已經探討了心理學知識的主體性，尤其是關於普遍的後設心理學敘事在主觀上的源起。在我看來，一部基於關係原則的作品，一開始就把理論家的思想發展定位在歷史和人際關係的背景下，是非常恰當的。雖然本書隨後觀點的有用性或實用性最終必須根據它們本身的優點，而非根據它們的主觀或歷史政治的淵源來判斷，但只有把它們作為特定的、地方的、文化的、歷史的和社會環境的產物，它們才能被理解。

我個人所接受的正式精神分析培訓是 1980 至 1985 年間透過紐約大學心理治療和精神分析博士後學程專案（紐約大學博士後）進行的。紐約大學博士後學程的歷史與 1980 年代在那裡出現的關係取向直接相關，因此我將提供一些背景訊息。[2] 我

---

2 對此我並沒有說關係視角是以任何排他性的方式起源紐約大學心理治療和精神分析博士後專案。例如，我們也可以很好地追溯關係視角在紐約威廉·艾倫森·懷特研究所的發展。我之所以強調它在紐約大學博士項目中的出現，既是因為我曾親自參

的目的是描述關係取向最初出現的方式，以及它如何成為美國精神分析的一個重要的新典範。

精神分析在知識性的學科中是獨一無二的，因為它是在大學系統之外成長起來的。也許這一發展根源可以追溯到本世紀之初佛洛伊德與大學之間關係搖擺不定的維也納時期。[3] 在美國，精神分析是在私人培訓機構被教授的，其中最正統、最官方的機構隸屬於美國精神分析學會（American Psychoanalytic Association）。這些官方機構不屑於佛洛伊德對培訓非醫學分析師的承諾，在很大程度上僅限於錄取醫學候選人。然而，特殊情況下，也有獨立的機構存在於這個系統之外，並經常鼓勵那些不那麼正統的精神分析方法，並培訓非醫學的受訓者。

早在 1952 年，一小群心理學家們，如伯納德・卡林科維茨（Bernard Kalinkowitz）、埃爾文・辛格（Erwin Singer）和阿夫魯姆・本－阿維（Avrum Ben-Avi），就向紐約大學提出

與該機構的工作，也因為我相信該專案的「分軌體系」（track system）迫使它形成了特別鮮明的輪廓。這是基於我個人在該機構作為一名預科生（或候選人），一名畢業生，以及該項目關係課程的教師和導師的經驗。我積極地參與了這個分軌課程的形成過程，並從一開始就參加了各種指導委員會。此外，我在本報告中非常依賴作為該專案創始人和長期主管的伯納德・卡林科維茨（Bernard N. Kalinkowitz）所寫的筆記和通訊文章。就該專案對關係精神分析的影響方面，我大量借鑒了根特（Ghent, 1992a）的觀點。

3 佛洛伊德對大學態度的搖擺不定也許是因為維也納大學對佛洛伊德作為猶太人的態度搖擺不定。

了一個有關精神分析博士後學程方案的建議。當時他們是威廉·阿蘭森·懷特研究所（William Alanson White Institute）的預科生；懷特研究所並不隸屬於美國精神分析協會，卻是人際關係理論之「家」。雖然這一群人很感激他們在懷特研究所接受的培訓，但他們仍希望藉由開啟一個全新的專案來解決諸多問題。首先，他們在懷特研究所並沒有安全感，因為對於懷特研究所是否會繼續培訓心理學家總是存在疑問。懷特研究所內部存在著一股壓力，試圖加入美國精神分析協會；如果研究所朝這個方向發展，那麼心理學家將不得不從培訓項目中退出。事實上，二十世紀五〇年代，在懷特研究所接受培訓的少數心理學家們並沒有像那些接受過相同培訓的醫學同事們那樣獲得作為精神分析師的證書。相反地，這些心理學家收到的文憑上寫的是他們完成了臨床心理學的課程，儘管他們在幾年前已經完成了臨床心理學的博士學位。

儘管如此，懷特研究所的情況還是比那些更保守的醫療機構，即那些隸屬於美國精神分析協會的機構來得好。在那些年間，以及之後很長一段時間裡，很少有心理學家被醫學研究所錄取，而那些被錄取的人也是以研究為基礎的，並被要求宣誓他們不會以精神分析師身分執業。當然，這種要求是完全虛偽的，因為這些心理學家們期望從事臨床精神分析的工作，而且每個人都以「非官方」的形式知道這一點。因此，在心理學系開啟一個博士後學程的初衷就是試圖為心理學家／精神分析師建立一個家，在那裡他們會感到安全，可以成為正式的精神分析師，並可以利用他們作為心理學家的學術和研究背景為他們的精神分析研究提供資訊，而且在那裡有更多的心理學家可以

接受培訓（因為其他研究所的錄取人數極其有限）。

　　由於這些心理學家們來自學術界，有著大學的背景，因此他們希望有一個立基於大學的精神分析課程，使其與學術傳統和心理學的經驗性、開放性方法保持一致。出於對學術思想自由的承諾，他們希望在大學的環境中發展出一個秉持著允許各種觀點公開討論這一悠久傳統的學程；希望建立一個不忠於任何方法或創始人的精神分析中心，能秉持尊崇自由探索、鼓勵知識表達和辯論、促進理論比較和差異對照的學術價值觀，並致力於整合與融合，以擴大而非限縮不同的方法和研究。

　　1961 年，當時已經成為紐約大學臨床心理學博士學程主任並從懷特研究所畢業的伯納德・卡林科維茨開始主持精神分析和強化心理治療（Intensive Psychotherapy）的博士後專案。添加「強化心理治療」這幾個字是一個帶有政治頭腦的舉動，其目的是向紐約州教育部證明，一個由大學贊助的培訓專案有意願保證心理學家們會承擔將心理學家培訓為心理治療師的責任。在那之前（二十世紀五〇年代末），該州沒有一個博士課程方案願意保證他們的博士畢業生是為心理治療的獨立實踐而接受培訓的！

　　紐約大學博士後學程是第一個設在心理學系並成為心理學家／精神分析師家園的學程方案。該學程是一個致力於促進多元觀點和學術自由的精神分析專案。儘管該項目基本上受到了醫療機構成員的抵制，但最終還是組建了一支包括精神病學家和心理學家在內的傑出的教師隊伍。

　　該方案的課程設置體現了當時思想的多樣性。所提供的課程包括來自佛洛伊德、蘇利文和佛洛姆的傳統，以及其他跨學

派觀點的科目。其體現的一個原則是，學生不必宣稱自己忠於某一種觀點，而是被鼓勵保持著不受拘束的狀態，不帶偏見地自由探索各類課程。當然，如果學生確實想專注於某一觀點，並遵循一種更為「狹窄」或「深入」的方法，他們也同樣可以自由地選擇這樣做。與當時以及後來的其他研究所存在的情況形成鮮明對比的是，該博士後課程的設計從一開始就是要促進比較研究和高水準辯論，並對各種精神分析觀點的基本假設進行批判性地檢驗。

儘管有這樣一個充滿希望的開端，但要讓不同精神分析學家們在一個屋簷下各司其職，又不出現兩極分化，並不容易。到了 1960 年代末，學生們開始抱怨他們很難上到好的課，而某些特定課程卻花費大量的時間來批評和貶低其他方法。也許更為重要的是，許多學生和教師都有這樣一種感覺，他們希望能夠忠於某一種觀點，並能更深入、更嚴格地學習該方法。這種需要導致一個雙軌制體系在 1970 年得以建立，其中包括佛洛伊德的分軌課程，以及人際關係－人文主義（Interpersonal-Humanistic, I-H）的分軌課程。I-H 分軌課程的名稱是將代表蘇利文理論遺產的人際關係標籤與佛洛姆應用於他自己觀點的人文主義術語連在一起。對於作為創始人兼主任的伯納德・卡林科維茨來說，該專案不得不以這種方式一分為二徹底令人失望。將兩個分軌課程分割得如此之深，有悖於他促進整合、綜合、公開辯論和比較研究的初衷。

當我在 1980 年開始接受培訓時，這兩個分軌課程已經很成熟了，而且還存在著第三個中立的分軌課程，後來被稱為獨立分軌課程，它由一個獨立於其他團體以及任何單一理論立場

的小型教師團隊組成。雖然該分軌的許多學生確實感到與兩個主要分軌中的任何一個都不相干，但這個中立的分軌並沒有龐大的教師隊伍，提供的課也不多，在整個博士後方案中也沒有什麼政治權力。而佛洛伊德分軌和人際關係－人文主義分軌這兩個課程體系的主要群體，他們彼此之間的距離也越來越大。他們傾向於開展各自獨立的會議和座談會；他們分別開設獨立的課程，使用不同的學術語言，並傾向於閱讀不同的期刊。在這種僵化的兩極分化和缺乏跨軌對話的氛圍中，我們中的許多人都感到，我們沒有被鼓勵去思考，而是被要求在黨派之間做出選擇。

我記得在 1980 年代初，一位佛洛伊德學派的教員在開始他的課程時告訴學生，如果有人想就某個話題提出人際關係派的觀點，他將歡迎他們發言，但他自己無法對討論做出貢獻，因為他在過去二十年裡都沒有讀過任何「有關它們那派」的著作。這對於一個為促進開放和自由的思想交流而建立的機構來說，是多麼諷刺和悲哀啊！

但是在我們的精神分析圈周圍，有趣和令人鼓舞的發展也在持續發生。自體心理學正作為一個新的精神分析典範出現。寇哈特（1971, 1977, 1984）的工作正在被兩個分軌上的每個人激烈地討論著。自體心理學正在擴大能被進行精神分析的病人的範圍。它對自戀問題重新概念化，並避免以貶義的語氣談論有關自戀的道德問題。隨著自體心理學的發展和擴大，它對古典的後設心理學提出了重要的質疑；而且，透過將精神病理視為對父母共情（empathy）失敗的反應，它開始越來越關注與他人的關係所帶來的作用。在臨床上，透過指出分析性共

情的失敗，自體心理學找到了一種有限的（但在當時是令人耳目一新的）方法來關注分析師對移情的貢獻。

佛洛伊德派的教師對寇哈特的貢獻抱持相當矛盾的態度；雖然有些人對自體心理學不屑一顧，認為它背離了分析原則，但許多佛洛伊德派的教師對自體心理學在理解困難的治療人群方面作出的努力印象深刻，認為其觀點可以與佛洛伊德理論相結合。用馬丁‧伯格曼（Martin Bergmann, 1993）恰當的措辭來說，他們認為寇哈特是一個「修正者」，而不是一個「異端」。另一方面，其他佛洛伊德派的教師對寇哈特理論提出了極大的批判，認為它遠離了驅力和身體，強調發展停滯而非衝突，減弱了對阻抗的詮釋，並且過度強調外部社會的影響。簡而言之，對許多佛洛伊德派來說，隨著自體心理學朝著自己的方向發展，它確實被證明是異端。

在 I-H 陣營中也存在過一場類似的鬥爭。一些 I-H 教員對自體心理學的發展持積極態度；他們認為寇哈特及其追隨者們對古典的後設心理學發起的攻擊在許多方面與他們自身的社群成員長期以來對其持有的批評相類似。另一方面，也有許多 I-H 教員認為自體心理學依然是一種「單人心理學」，移情在其中被理解為是基於病人心靈內在結構而發展的，因此並沒有考慮到人際關係中其他人的影響，即分析師的影響。這些人際關係派的批評者認為，寇哈特的自體客體（selfobject）這一核心概念沒有認識到自體客體事實上是人們生活中的真實他人。此外，自體心理學家繼續主張在進行分析時以保守的方式使用自體。而人際關係派在共情這個術語中看到了另一種技術上的束縛，就像他們之前對中立性概念的看法一樣。總之，對

許多人際關係派的分析師來說，寇哈特的自體心理學走得不夠遠，與他們正在教授和發展的東西不相容。（我們將在後面的章節中看到，在過去的十年中，自體心理學有了很大的發展，使得以上所有這些論點變得有些過時。）

我們所在的紐約大學博士後學程旨在鼓勵能思考、辯論和批評的學術自由。這個新的自體心理學流派應歸屬或包含在哪個部門？它既被佛洛伊德和人際關係分軌接受，又被兩者拒絕。也許它能很好地融入不結盟的獨立取徑，而且它確實在這個方向上有過一些嘗試。但是獨立課軌本身在項目中也沒有什麼政治權力來批准課程、教師和導師。此外，這個方向的教師為了教學目的，盡可能不與任何單一的精神分析傳統結盟。（我記得我個人對「不結盟」的反應是，這名字聽起來總讓我感覺到要多重結盟，而當這個名字被改為「獨立」時，我同樣感覺到它要多重依賴各種理論立場，而非相反）。

隨著對英國客體關係理論興趣的日益普及，諸如巴林特（Balint）、費爾貝恩（Fairbairn）、溫尼考特（Winnicott）、岡粹普（Guntrip）、鮑比（Bowlby）以及屬於這一獨立傳統的當代理論家們也面臨著類似的困境。雖然這些思想家的理論在佛洛伊德課軌中有著一定的位置，但是當年我還在這個項目時，佛洛伊德課軌並沒有提供關於這些思想家的課程。他們對佛洛伊德精神分析傳統的貢獻程度有多少，或者他們被視為異端的程度有多少，在這兩者之間再次出現莫衷一是的局面。客體關係學派強調心理病理在前伊底帕斯階段的發展起源，特別是早期的母嬰關係。在臨床上，這些理論家經常關注非語言現象、退行狀態，以及非詮釋性的介入，所有這些都被認為是對

經典理論和技術的挑戰。當然，溫尼考特更容易被看作是古典理論的修改者和擴展者，因為他繼續使用古典理論的術語；而費爾貝恩和岡粹普則更容易被看作是基進者和異端，因為他們更加直言不諱地背離正統的古典理論。

在人際關係分軌課程上也出現了類似的現象。I-H 學派內部有些人對於英國學派作出的貢獻表示歡迎。他們認為這些貢獻與他們自己對經典理論的攻擊是一致的，因為人際關係派一貫批評古典分析師賦予伊底帕斯階段以中心地位，也一貫貶低其使用詮釋作為唯一治療工具的做法。另一方面，許多 I-H 教員也對客體關係學派提出諸多批判，如對驅力這一過時概念的堅持，繼續使用佛洛伊德派的術語，主張移情中的退行，並過度專注於內部結構（「內部客體」）而沒有關注真正的人際關係。就像寇哈特及其自體心理學一樣，這裡再次出現的問題是：這些理論家在佛洛伊德派和人際關係派群體之間過度兩極分化的關係中處於什麼位置？

1985 年，當我從這個課程方案畢業的時候，上述這些都是當時的熱門話題！當我們開始聽到更多關於新克萊恩主義者的創造性工作時，也隨之發展出進一步的興奮和爭論。譬如約瑟夫（Betty Joseph）作為新克萊恩派，他使用投射性認同的概念（這一概念已被比昂〔Bion〕、梅爾澤〔Meltzer〕、羅森費爾德〔Rosenfeld〕等人修正）開發出一種用以研究病人和分析師之間微妙互動的技術方法。當時我們還接觸到新一代的英國獨立派分析師（包括波拉斯〔Bollas〕、凱斯門〔Casement〕、克塔特〔Coltart〕和克魯伯〔Klauber〕）以及來自歐洲大陸的獨立派分析師（如麥克道格〔McDougall〕

和葛林〔Green〕），他們擴大了我們對反移情的理解以及對分析師主體性的臨床應用。此外，我們當時也開始閱讀拉岡（Lacan）及其後繼者的工作。透過以語言學的術語將潛意識概念化的方式，他們找到了將文化引入精神分析談話的方法。除此之外，我們當時開始關注嬰兒研究方面的新發現（Stern, 1985），這些發現似乎對我們這些從業的分析師有很大的啟發。最為重要的是，我們當時接觸到了女性主義和後現代文化對所有這些理論的批判，它們提出要對精神分析理論和實踐進行重新的概念化。所有這些影響推翻了雙軌制僵化框架的邊界。

當時的我主要跟隨佛洛伊德派的教師和導師進行學習，因此畢業時我認為自己是佛洛伊德派的分析師。但我對這些新的發展和當代人際關係理論的演變很感興趣，特別是反映在愛德格・列文森（Levenson, 1972, 1983）工作中的理論發展。對他來說，在精神分析中被談論的東西總是在參與者之間同時被共演（enacted）的。

我們當中的許多人都在尋找一個過渡性的理論空間，一個能夠整合這些新貢獻並突出其共同點的軌道，一個我們能夠期盼精神分析的未來，而不是繼續爭奪其過去的理論家園。在我和我的許多同事看來，所有這些學派都在朝著一個相似的方向發展：更多關注自我－他人關係；分析師的立場不那麼專制；對情感而非驅力感興趣；在臨床上關注病人與分析師之間的關係，並且關注微妙的互動和共演（enactment）如何主導臨床情境的方式。這些就是導致關係取向的取徑得以建立的背景性事件。值得注意的是，這些發展都不是紐約大學課程專案

所獨有的。相反地，類似的爭論正在整個精神分析界以各樣的形式進行著。然而，由於分軌體系的存在，這些爭論有了特別具體的表達方式，使得對出現一個新典範的追蹤變得更加容易。讓我們來看一下在八〇年代中期流行的一些核心觀點。

在葛林伯格（Greenberg）和米契爾（Mitchell）（他們兩人後來都成為關係學院的成員）有影響力的著作《客體關係和精神分析理論》（*Object Relations and Psychoanalytic Theory*, 1983）中，他們區分了兩種不同的精神分析理論取向：驅力－結構模型和關係－結構模型（或稱為關係模型）。根據他們的論點，精神分析的理論立場不可避免地嵌入於基本的社會、政治和道德背景中。驅力理論視角和關係視角基於兩種本質上不同的人性觀，因此在根本上是不相容的。驅力理論所基於的哲學傳統把人本質上看作一種個體性的動物，並把人的目標和欲望本質上也看作是個人的和個體的。相比之下，關係理論所持有的哲學立場認為人是一種社會性的動物，人類只有在社會群體中才能實現自我滿足。根據葛林伯格和米契爾的說法，儘管許多人試圖透過整合不同的理論來彌合這兩種世界觀之間的差距，但這些努力都沒能成功地調和兩者內在的不相容性。葛林伯格和米契爾將克萊恩、費爾伯恩、溫尼考特、巴林特、蘇利文、佛洛姆、寇哈特和羅華德（Loewald）等不同的思想家歸在一起，發展出廣義上的關係模型。

莫頓‧吉爾（Merton Gill, 1982, 1983a, b, 1984）長期以來被認為是美國自我心理學的領導者。在他的一系列著作中可以看出，他越來越認可精神分析人際關係學派的貢獻，並逐漸轉向人際關係的觀點。但是，他不想把他所提出的觀點稱為是人

際關係的，因為他認識到這個標籤與蘇利文和懷特研究所對人際關係持有的更為狹隘的觀點聯繫太緊密。同樣，把它稱為自體心理學的觀點，又會使它與寇哈特的觀點過於片面地一致。吉爾（1983a）把能量釋放的觀點與他所謂的有關人的觀點（the person point of view）進行了對比。透過這種方式，他對比了他所認為的兩種後設心理學最基本的兩個方面：一邊是能量釋放模式，或者說後設心理學中更為機械性的方面；另一邊是有關人的觀點，即對人與人之間的聯結持有更不機械化、更為人性化的概念。吉爾將溫尼考特和羅華德描述為是這種更加以人為本方法的先驅者。吉爾考慮的不僅僅是後設心理學層面。在臨床實踐層面上，吉爾與他的合作者霍夫曼（Gill, 1982; Gill and Hoffman, 1982）提出了對移情涵義的重新概念化，這大大增加了對分析師在人際關係所發生之作用的關注。

霍夫曼（1983）擴展了他一開始與吉爾的工作。他區分了針對空白螢幕模式（blank-screen model）的保守批評者和基進批評者。他表明，在精神分析中出現了一種新的典範，一種基進的社會或人際視角，該視角似乎跨越了特定的佛洛伊德派、克萊恩派或人際學派的傳統。他把吉爾、列文森、雷克（Racker）、西爾斯（Searles）和瓦赫特爾（Wachtel）等分析師都包括在這個群體中。這些不同思想家的共同之處在於他們對移情的理解，認為移情並非僅僅出現或展開自病人內部的扭曲，也並非與分析師的實際行為和個性無關。相反地，分析師被視為分析的參與者，他的行為在人際關係方面對移情的共同創造或共同建構發生了影響。霍夫曼（1991，1992a, b, 1993, 1994）後來將這些想法擴展為他所謂的社會建構主義觀點。

同樣，史托羅洛和他的同事們（Stolorow, Atwood, and Ross,1978; Stolorow and Atwood, 1979; Stolorow, Brandchaft, and Atwood, 1987）也支持一種互為主體的（intersubjective）精神分析取向，強調對精神分析情境採取一種二元配對系統（dyadic systems）的觀點，這在方法論和認識論上對精神分析思想的修正具有根本的意義。在另一次理論整合的嘗試中，後來成為關係取徑成員的莫里斯－伊格爾（Morris Eagle, 1984）對當前的各種理論進行了研究，試圖將依附（attachment，或稱依戀）和關係置於精神分析核心中。

　　在二十世紀八〇年代中期，有關投射性認同的話題也非常流行，我在談到新克萊恩主義者的貢獻時已經提到過。雖然這個概念是有問題的（在第七章會進一步討論），但值得一提的是，美國的奧格登（Ogden, 1979）和英國的新克萊恩主義者分別發展了這個概念，由此它成為了一個核心概念，將心理內部與人際關係、內部客體關係與外部人際行為聯繫起來。鑒於投射性認同的概念在這些不同的話語領域之間發揮了橋樑作用，它在促進人們對關係取向的興趣方面也發揮了關鍵作用。

　　現在，讓我們回到紐約大學關係取向發展的故事。當時的專案將精神分析的理論和實踐領域清晰地劃分為佛洛伊德派和人際關係派。我們中的許多人，包括候選人、畢業生和教師，越來越覺得我們不適合這兩個陣營中的任何一個。於是，在佛洛伊德派和人際關係派的世界觀之間出現了一個作為「過渡」的「潛在空間」。直到 1988 年，一個新的取徑或方向得以建立。五位最初的教員（菲利浦・布隆柏格〔Philip Bromberg〕）、伯納德・費德蘭德〔Bernard Friedland〕、

詹姆斯・福賽吉〔James Fosshage〕、伊曼紐爾・根特〔Emmanuel Ghent〕、史蒂芬・米契爾〔Stephen Mitchell〕）開會考慮如何稱呼這個方向。這是一個重要但並不容易的決定，因為這個名字需要反映出他們正試圖發展一個在精神上具有包容性的寬泛的傘狀取徑（umbrella track），還要體現出正在該領域出現的共識。雖然他們可能喜歡「人際」這個詞，因為它的字面意思很吸引人（他們都在很大程度上關注人與人之間的發展、心理病理及其治療），但他們還是要將自身與已經存在的、其定義更為狹隘的人際關係取徑區分開來，而後者對這個新團體所做的事情也持有相當矛盾的態度！（正如我們所看到的，人際關係學派對自身與其他傳統的結盟持有各種反對意見。人際關係取徑的教師們決心保持自身觀點的純潔性，而不是冒險透過擴大自己的立場來稀釋他們的獨特貢獻）。更重要的是，反對使用「人際」這個詞的一個核心意見認為，不巧的是該詞只包含了人與人之間的外部關係；而這個新團體正在發展的分析立場不僅強調外部的人際關係，還強調心理內部的、內在的、幻想的和想像的關係。正是由於人際這一術語的局限性，葛林伯格和米契爾（1983）在他們的書中引入了另一個術語「關係性」（relational）[4]。

4　【編註】在關係取向精神分析的展歷程中，曾經出現過大寫R 關係（Relational）和小寫 r 關係（relational）兩種概念，兩者意涵有所重疊也有所不同。中國大陸有用「關係」來表示 Relation、「關係性」來表示 relation，以示區隔的做法。但本書內容不論及大寫 R 與小寫 r 之分，作者也多以小寫的 relational 作陳述，故譯文未特作區別。文中「關係」或「關係

這個最初的教師小組也很喜歡強調自體觀點的想法。這批教師中的一些人確實高度受到了寇哈特及其自體心理學發展的影響。然而，如果把這個方向稱為「自體」取徑，這會使他們與寇哈特學派及其衍生方法過於狹隘地結合起來。他們考慮過將該方法稱為客體關係方法。然而，這樣做也會造成混亂，因為它沒有區分各種客體關係方法（考慮到克萊恩、費爾貝恩和溫尼考特之間存在顯著的差異），還因為一些教師更傾向於人際關係或自體心理學學派，而非英國客體關係學派。他們還考慮了吉爾的以人為本的觀點，但「人的」取徑或方向聽起來很不悅耳。互為主體這個術語也很有吸引力，但它已經被確定為由史托羅洛及其同事創立的特殊取向的用詞，該取向也被視為自體心理學的一個版本（也許不完全正確）。事實上，史托羅洛的互為主體取向和關係取向有很多共同之處。

　　最初的教員們對關係性這個詞進行了妥協，從葛林伯格和米契爾（1983）的書中借用了這個詞。起初，沒有人對這個詞感到滿意，因為它似乎把自體的作用和人格的生物成分都降到了最低。然而，它的優點也在於同時借鑒了客體關係、人際關係和自體－自體客體關係的傳統；而且它似乎明顯得區別於驅力理論的觀點。於是，「關係性」這個術語被採用了，關係課軌或關係取向也就此誕生了，並在 1988 年得到博士後學程的批准。最重要的問題不是這個方向的名稱，而是努力實現共同的理論假設和臨床敏感性的過程。這個過程一直持續到現在。

　　我在 1989 年開始在關係分軌部門授課，那時它已經取得

　　性」並不對應大寫 R 與小寫 r 的意義差異。

了巨大的成功並激發了相當多人的熱情。其他一些出版活動也在我們的社群內引起了更大的興奮。米契爾（1988a）見證了他的第一本個人著作《精神分析的關係概念》（*Relational Concepts in Psychoanalysis*）的出版。在這本書中，他具說服力地闡述了他自己關於精神分析的整合關係取向。透過在書名中聚焦關係性的概念，他使人們越來越關注這一觀點。（第二章介紹了米契爾對關係取向的貢獻）。

潔西卡・班傑明（Jessica Benjamin, 1988）也是關係學派的成員，她出版了《愛的紐帶》（*The Bond of Love*），該書不僅發展了女性主義精神分析方法，還強調了精神分析理論需要同時包含心理內和主體間的觀點。班傑明的書只是與紐約大學關係課軌相關的一大批女性主義精神分析學家眾多出版物中的一本。這一點很重要，因為女性作為個體，女性主義作為一種知識運動，對關係理論的發展有著重要的（但常常未被承認的）影響。（我在第三章中更詳細地回顧了班傑明的觀點）。

1988 年的另一個出版事件也很關鍵：被壓制了半個多世紀的《桑多爾・費倫齊的臨床日記》（Ferenczi, 1932）英文版發行。該作品記錄了費倫齊在他生命的最後幾年進行相互分析的臨床試驗。這部有爭議的作品使分析界注意到費倫齊的思想對當代精神分析思想的重要性。費倫齊對那些在精神分析中發展出關係性觀點的許多精神分析學家都產生過重要的影響，因此，隨著費倫齊作品重新被發現，那些在這之前覺得彼此不相干的分析師群體發現他們有一個重要的共同先驅。這導致關係分析師之間產生出更大的認同感（Aron andHarris, 1993）。（在第六章中，我回顧了桑多爾・費倫齊的貢獻，他和曾經最

好的朋友及合作者奧托‧蘭克〔Otto Rank〕一起，被認為是
關係理論的先輩）。

1989 年，在許多方面作為紐約大學關係小組領導者的根
特發表了《信條：單人和雙人心理學的辯證法》（*Credo: The
Dialectics of One-Person and Two-Person Psychologies*），強調
在精神分析的關係模式中同時需要單人和雙人的觀點。根特接
著發表了幾篇論文，在很大程度上借鑒了溫尼考特的工作，
由此發展了他自己獨特的關係視角（Ghent, 1990, 1992a, b, c,
1993, 1994, 1995）。

這就是在紐約大學開啟關係取向的起源故事。任何研究精
神分析史的學生都應該清楚地看到其與二戰期間在英國發生的
事情的相似之處（King and Steiner, 1991）。正如二戰和戰後
時期，英國精神分析界在安娜‧佛洛伊德派和克萊恩派之間
存在觀點的兩極分裂，從而導致了所謂的英國中間學派的出
現，後來發展為分析師的獨立團體，紐約的精神分析界也是如
此，特別是在紐約大學，美國自我心理學傳統和人際關係學派
之間彼此分裂。這種分裂在過去幾十年裡相當穩定，但隨著新
的理論發展出現，它變得越來越兩極化和不穩定，直到產生足
夠的張力促使一種新的典範，即關係取向，得以創造性地出
現。沿著這個思路，斯佩扎諾（Spezzano, 1995）甚至把這一
新的取向稱為「美國的中間學派」（p. 23）。

隨著《精神分析對話：關係視角期刊》（*Psychoanalysis
Dialogues: A Journal of Relational Perspectives*）的創建，關係
分析師們的身分認同得到進一步的鞏固。該期刊在精神分析界
一夜成名，不僅因為其普世性的方法和較高的文學性和理論性

的品質，還因為人們對關係觀點的興趣大增，以及該期刊願意呈現辯論的觀點並鼓勵各種方法對話。

另一個傳播關係方法的重要平台是美國心理學會（American Psychological Association）精神分析分會的年度會議及當地分會的演講。這個精神分析社群本身也是最近才發展起來的，新的關係取向對於許多成員都具有廣泛的吸引力。雖然第 39 分會有許多古典的分析師，但許多成員持有多元的、非古典的取向，而關係理論為他們提供了一個更為統一的身分。在第 39 分會的各種研討會上，關係理論的概念和視角已經成為非常普遍的現象。如果美國精神分析學會的會議仍然是唯一的全國精神分析論壇，這種情況是不可能發生的，雖然直到二十世紀八〇年代中期和後期都是如此。在該分會成立後開始接受培訓的心理學家和分析師可能不瞭解該分會的會議改變了美國精神分析的面貌，它為美國精神分析協會提供了一個替代方案，並在美國心理學會的主持下為心理學家／精神分析師提供了一個公認的論壇。

▋什麼是關係理論？

那麼，什麼是關係理論？什麼是關係派分析師？我已經對精神分析的「政治」或社會學做了介紹，但其主要內容是什麼呢？在這裡，我想簡要介紹一下關係理論的實質，並繼續記錄關係取向形成的過程，它受到一些分析之外的社會和文化力量的影響，特別是女性主義和後現代主義。在下一章，我們有機會進一步詳細研究關係理論的實質，並描述關係理論與其他當

代精神分析觀點之間的界限。

首先我們透過引用根特（1992a）的一段話作為開始是很有用的，因為正是這段話為關係取向的產生提供了平台。

> 沒有所謂的關係派分析師；分析師們的背景可能大不相同，但都共用一個廣泛的觀點，即在性格和精神病理的形成過程，以及在精神分析治療的實踐中，特定的、獨特的人類關係起著首要的作用。
>
> 關係理論家們對心理內部和人際關係都有興趣，不過他們認為心理內部主要是由人際關係經驗的內化構成的，而人際關係經驗又受到生物組織的運作模式和界限束縛的調節。關係理論家們也傾向於贊同這樣的觀點：諸如現實和幻想、外部世界和內部世界、人際關係和心理內部，在人類生活中都扮演著極其重要的互動角色。關係理論家們並沒有用天真的環境主義來替代驅力理論。而是對個人在互動中帶來的東西給予了應有的重視：如氣質、身體事件、生理反應、獨特的調節模式和敏感性。與早期驅力理論的批評者不同，關係理論家們並沒有將身體或性行為在人類發展中的重要性降到最低。關係理論家們繼續對衝突的重要性感興趣，儘管衝突通常被視為發生在對立的關係配置之間，而不是發生在驅力和防禦之間。關係理論本質上是一種心理學理論，而不是生物學或準生物學理論；它主要關注的是動機和意義的問題，以及它們在人類發展、心理病理學和治療中的變化（p.xviii）。

根特繼續指出，在他的思維方式中，心理內部不是一個與人際關係相對立的概念，相反地，心理內部和人際關係是互補的。心理內部指的是內在心理經驗或組織結構化或模式化的一種方式。根特認為，「關係這個詞更深刻的意義在於，它不僅強調了外在的人和事之間的關係，也強調了內在人格和表徵之間的關係」（p. xx）。因此，關係取向是一種嘗試，它試圖將那些在傳統上只強調內在客體關係或外在人際關係、先天因素或環境因素、單人心理學或雙人心理學其中一方的理論連接起來。

　　我在前面提到，史托羅洛的互為主體方法與紐約大學發展的關係方法之間有很多共同之處。請看下面兩個描述，即米契爾（1988a）所描述的關係方法的基本論點，與史托羅洛及其同事所描述的互為主體方法。米契爾將關係模式描述為「一種替代性的觀點，它認為精神生活的基本內容是與他人的關係，而不是驅力」（p. 2）。

　　　在這一觀點中，研究的基本單位並不將個體作為一個欲望與外部現實發生衝突的獨立實體，而是將個體作為一個互動的領域，個體出現在其中並努力接觸和表達自己。欲望總是在關聯的情境下被體驗到的，而正是這種情境決定了欲望具有的意義。而心靈也是由關係性配置組成的。個人只有在過去和現在關係的交織中才能被理解。分析性探究需要參與到這些關係及其內部表徵中，並對其進行觀察、揭示和轉化（p. 3）。

讓我們把以上說法與艾特伍和史托羅洛（1984）對互為主體方法要點的定義進行比較：

在最一般的形式中，我們的論點……是，精神分析試圖照亮出現在一個特定心理領域中的現象，該領域由兩個主體性——病人的主體性和分析師的主體性——的交叉點構成……在此，精神分析被描繪為有關互為主體的科學，側重於觀察者和被觀察者這兩個不同組織的主體世界之間的相互作用。觀察的立場總是存在於互為主體的場域內，而非其外……（p. 41-42）。

臨床現象……不能脫離使之出現的互為主體情境來理解。病人和分析師共同構成了一個不可分割的心理系統，而正是這個系統構成了精神分析調查的經驗領域（p. 64）。

史托羅洛、艾特伍和布蘭特沙夫（Brandschaft）（1994）指出，精神分析中醞釀已久的新典範有多個名稱，包括關係模式理論、二元系統視角、社會建構主義，以及互為主體理論。這些模式中的每一個都強調對相互作用的主體性、關係配置、社會建構或共同建構、互惠和相互影響、移情－反移情整合的連鎖性質進行研究。拉赫曼（Lachmann, 1993）總結了這一典範轉變。他指出，如果說古典精神分析的貢獻在於對潛意識動機的識別，那麼最新的取向識別了體驗的互動組織。

鑒於自體心理學和互為主體理論之間的關係，關係取向和史托羅洛的互為主體取向之間的相似之處沒有得到承認，或者

至少被低估了。雖然紐約大學的關係小組中包含了一些自體心理學家，但這個小組的大多數成員受人際關係理論的影響更大。對於米契爾和葛林伯格來說尤其如此，他們是該小組中最為多產的作家。人際關係學家對自體心理學頗有微詞，認為它是一種單人的心理學。我認為正是這種態度導致一些關係派的分析師忽略了他們自己的關係模型與史托羅洛的互為主體模型之間的相似之處。直到最近，史托羅洛（1992）才明確表示，儘管互為主體理論受到了自體心理學極大的影響，但它並不產生於自體心理學，而是與其平行發展的。互為主體理論和關係理論是相似的，但它們的術語和隱喻分別反映了它們獨立的起源，也分別反映了它們與其他精神分析學派、自體心理學和人際關係理論之間的關聯。

因此，關係理論本質上是一種當代的折衷理論，其立足點是將關係（包括內部和外部關係，現實和想像的關係）視為核心。在被認定為是關係取向的廣泛方法中，實際上有許多不同的觀點，這在紐約大學尤其明顯。米契爾的關係理論與根特的關係理論不同，前者的核心在於試圖整合蘇利文、費爾貝恩和溫尼考特的理論；後者可能更偏重溫尼考特的理論，強調個體渴望放棄假裝的虛假自我。而兩人的觀點與傑·葛林伯格（Jay Greenberg）的理論又各不相同，後者的理論受自我心理學最新發展的影響更大，強調普遍存在的、對安全和效用的前體驗性（preexperiential）需求。菲利浦·布隆伯格（Philip Bromberg）的立場與潔西卡·班傑明的也不同。前者發端於人際關係理論，並採納了客體關係理論，特別強調退行和意識解離狀態的重要性；後者使用溫尼考特的術語來闡述互為主

體間性理論，突出相互認可的重要性。另外，桃莉絲‧西爾弗曼（Doris Silverman）提出多模型方法；詹姆斯‧福斯賽吉（James Fosshage）提出當代的自體心理學和互為主體理論；莫里斯‧伊格爾（Morris Eagle）提出以依附為重點的廣泛整合；麥可‧艾根（Michael Eigen）對溫尼考特、比昂和拉岡理論進行獨特的整合。埃德里安‧哈里斯（Adrienne Harris）的理論借鑒了她在發展心理學、心理語言學、女性主義理論和費倫齊研究方面的背景；碧翠絲‧畢比（Beatrice Beebe）的理論植根於她開創性的嬰兒研究和自體心理學理論；尼爾‧奧爾特曼（Neil Altman）指出了關係理論與將精神分析擴展到種族、階層和文化研究方面的相關性；唐納爾‧史騰（Donnel Stern）運用高達美（Gadamer）的詮釋學來擴展他對於人際關係理論的強大認同。我之所以特別提到這些理論家是因為他們都曾一起活躍在紐約大學關係學院中，並且都曾發表過大量關於精神分析理論的文章或書籍，他們也都是廣義上的關係主義者，儘管他們每個人都持有相當獨特的理論立場。

在比較精神分析的學術努力中，將精神分析的各個流派作為獨立的不同類別來對待是有嚴重問題的，但似乎又是不可避免的。在其他地方（Aron, 1993b），我把這種對分析理論進行分類的方式與精神病學診斷的分類方法進行比較，發現前者試圖把分析理論歸入離散的類別，如佛洛伊德學派、克萊恩學派或關係學派。我認為，依據寬泛的維度對分析理論進行分類會比這種分類更有用。

對前面列出的分析師工作的研究顯示，他們幾乎不屬於一個同質的群體。關係性精神分析不是一個統一或綜合的思想學

派，也不是一個單一的理論立場。相反地，它涉及的是一組關注個人、個體內部和人際關係的不同理論。對發展和治療關係層面的強調貫穿了所有當代的精神分析學派。然而，在本書中，我確實將這些不同的理論都稱為關係理論。我這樣做是帶著某種矛盾心理的，因為我意識到這樣做似乎存在著在精神分析領域建立一個新的學派、門派或教派的危險。然而，將這些理論歸入關係精神分析範疇是有教學意義的，因為它有助於展示美國精神分析在過去二十年間的某種趨勢和發展。

在本章中，我一直在描述關係理論在兩個不同層面上的發展，即精神分析思想在地方機構層面和國家（甚至是國際）層面的發展。我詳細關注了紐約大學博士後課程方案中關係取向的形成，並將其作為整個精神分析界發展的一個微觀縮影。現在我將轉向宏觀視角，關注精神分析思想中更為普遍的轉變，並對兩個分析圈外廣泛存在的文化和知識潮流進行考察，它們對關係理論的發展有著決定性的作用，但該作用卻未被承認。這兩個知識潮流分別是：女性主義和後現代主義。在關係取向成為當代精神分析討論的主流過程中，這兩大思想史上的潮流常常處於背景地位。

▍女性、女性主義與精神分析

大量女性進入心理治療和精神分析領域，以及隨之而來的女性主義思想和婦女運動的影響，不僅對專業實踐，且對精神分析理論本身，都產生了重大影響。伊琳・菲利浦森（Ilene Philipson, 1993）記錄了過去二十年間在心理健康領域發生的

巨大轉變。大量女性進入心理治療行業，而新進的男性數量卻在不斷減少。菲利浦森認為，從驅力模式到關係模式的轉變，深深地根植於該領域的性別重構中。雖然關係派分析師的大部分文章都沒有直接承認性別的影響，但隨著關係模式在精神分析領域中的上升，可以看到性別對這一重大轉變的影響。

在過去十年間，許多關於關係理論和實踐的文章都間接地受到女性主義以及女性加入心理健康行業的影響。更多關注病人和分析師之間的相互性，並承認治療的互為主體性維度，這些貢獻很可能受到了女性主義意識及其對平等主義強調的影響。而關注雙人心理學、社會建構主義，以及將分析師放入其所研究的系統內部進行概念化，這些貢獻至少間接地受到女性主義批判客觀科學中的男性理想及其調查物件缺乏參與性的影響（Keller, 1985; Flax, 1990）。強調依附是臨床精神分析的一個核心方面，並認為聯結和共情與獨立和自主（autonomy）同樣重要，這一觀點同樣間接地受到了女性主義批判我們文化中對獨立和孤立自我的理想化的影響。將重點從以伊底帕斯情結為中心地位的移情轉向前伊底帕斯現象，這一發展也受到傳統精神分析中女性主義對伊底帕斯理論進行大量有力批評的影響。

然而，那些直接關注女性主義理論、參與女性運動，並將重要思想引入精神分析，尤其是精神分析技術中的臨床精神分析學家並不常見。此外，他們的貢獻往往局限在與女性主義直接相關的領域，如對性別和性行為的研究，或男性和女性病人與男性或女性分析師合作的臨床意義。

讓我們來聽聽下面這段引文在描述從古典模式向關係模式

轉變中體現的性別標誌：

> 將節制、疏離和客觀作為激發挫折感、焦慮感和洞察力的
> 方法，這一傳統是建立在分析師和被分析者之間的權威關
> 係上的。治療師是不容置疑的權威人物，他以其有威望的
> 受訓背景和卓越的洞察力來治癒疾病。他透過及時進行縝
> 密的詮釋，巧妙地識別和消除病人的阻抗，從而讓病人允
> 許記憶浮現，並放棄其幼稚的願望。然而，關係模式的治
> 療師摒棄了這種權威關係，轉而支持治療師和病人之間存
> 在的「真實關係」。治療師遠遠不只是一名觀察者，而是
> 治療過程中的參與者。她不僅將自己的反移情看作治療中
> 必要的組成部分，而且還將其作為一種理解病人體驗的手
> 段。她並不強調詮釋，而且認為治療關係的許可權在於其
> 治癒性而非天然的等級性（Philipson, 1993, p. 115）。

雖然這種對古典理論和關係理論的比較顯得過於兩極
化，也許對兩種立場作了有意的誇張，但其目的是提醒我們注
意這些理論模型中的性別問題。思考一下本書中提出的許多概
念，以及伴隨著關係模式的興起在過去幾十年間精神分析界
的變化，有多少是與以下事實相關聯的：幾十年前，分析師
是以男性為主的職業（醫學），並被賦予了很高的地位；而
在今天，分析師更可能是以女性為主的職業（心理學和社會工
作），其地位也有所下降。

對於男性們（請注意，男人的含義也已經發生了變化，並
且已經變得不穩定了），值得記住的是，我們教授和督導的物

件主要是女性，我們撰寫文章和書籍的受眾也主要是女性，而這些女性受眾們正在治療的也主要是女性病人。這些實質性的現實與女性主義作為一項知識事業對所有當代知識的影響是並存的。雖然在同時影響了女性主義和精神分析的文化中肯定湧動著更大的知識潮流，然而女性主義本身就對精神分析產生了直接的影響，而這種影響往往沒有被承認。菲利浦森（1993）直截了當地指出，除了《精神分析對話：關係視角期刊》的作者和讀者之外，很少有關係理論家承認女性主義對精神分析關係理論的影響。與紐約大學關係課軌相關的女性主義精神分析小組顯然也在例外之中。

從西蒙‧波娃（Simone de Beauvoir）的《第二性》（*The Second Sex*, 1949）開始，女性主義者確定了一些被她們認為是厭惡女性的佛洛伊德核心概念，諸如陰莖嫉妒、生物決定論，以及與女性被動、自戀和受虐有關的想法。隨著二十世紀六〇年代的解放運動和七〇年代女性主義的發展，貝蒂‧傅瑞丹（Betty Friedan）、舒拉米斯‧費爾斯通（Shulamith Firestone）、凱特‧米列（Kate Millet）和吉曼‧基爾（Germaine Greer）等女性主義者們一致同意將佛洛伊德作為共同的目標。她們認為，女性的社會地位及其無力感是由社會構建的，而不是由她們的生物屬性造成的。

引人注目的是，當代精神分析女性主義正是起源於這段挑戰和攻擊佛洛伊德的歷史。隨著女性主義理論的發展和成熟，女性主義者們（重新）轉向佛洛伊德概念和精神分析理論。在英國，茱麗葉‧米契爾（Juliet Mitchell, 1974）反對當時流行的女性主義者對佛洛伊德的攻擊。相反地，她提出，

佛洛伊德的見解，尤其是經拉岡對佛洛伊德的解讀過濾後的見解，對女性的解放至關重要。二十世紀七〇年代和八〇年代，在美國的南茜・喬多羅（Nancy Chodorow, 1978, 1989）提出，性和性別在精神分析類別中的中心地位使其特別適合作為女性主義理論的來源。她認為，由於在我們的文化中，母親的工作幾乎完全由女性完成，男性和女性的自我往往趨向於以不同的方式被建構。女性的自我是在與母親的關係中被建構的，而男性的自我則更多基於防禦性邊界的建構，以及對自我－母親聯結的否認，因而更加疏遠和疏離。茱麗葉・米契爾將她的論點建立在拉岡理論的基礎上，而喬多羅則將她的貢獻建立在客體關係理論的基礎上，儘管她堅定地承認它們也起源於凱倫・霍尼的政治性和理論性工作。

在將客體關係理論和由喬多羅開創的女性主義進行整合的持續項目中，由潔西卡・班傑明、穆里爾・迪門（Muriel Dimen）、佛吉尼亞・戈德納（Virginia Goldner）和埃德里安・哈里斯（她們都與紐約大學博士後專案的關係課軌有關）領導的一群女性主義精神分析師們既單獨又聯合地對那些與關係取向緊密結合的女性主義精神分析版本進行了發展、闡述和傳播。在「關係」取徑中存在著一大批女性主義精神分析師，這使得這批分析師比其他精神分析團體更容易接受女性主義的貢獻。[5]

5　另一個在臨床實踐中做出重大貢獻的女性主義心理治療師團體位於威爾斯利學院（Wellesley College）的史東中心（The Stone Center）。有趣的是，這個團體也把自己稱為「自體－

在當代女性主義理論中，最重要的貢獻之一是女性主義／後現代主義者對實證主義認識論和知識權威中蘊含的權力關係的批判，以及對客觀性概念本身的挑戰（Flax, 1990; Nicholson, 1990）。我現在要談的正是女性主義和後現代主義的這一交集。

後現代主義、建構主義與視角主義

如果說女性主義意識是關係理論擴散的主要背景因素之一，那麼後現代意識則是另一個因素。在這裡，我將社會建構主義作為後現代話語的一個變體來研究，它對當前的精神分析思想產生了廣泛的影響。

佛洛伊德把精神分析理解為一門客觀的科學，這一做法最有害的副作用在於，他試圖從分析情境中消除「主觀因素」（cited by Grubrich-Simitis, 1986, p.271）。佛洛伊德堅信，他發展出的分析過程會帶來一致的、可複製的觀察結果，這些觀察結果一旦被編譯和系統化，就會相應地產生有關心靈、發

關係」理論或簡稱為關係理論的支持者（e.g. Surrey, 1985）。他們的工作受到簡・貝克・米勒（Jean Baker Miller, 1976）著作的影響，後者也是受人際派影響的分析家。他們對「相互共情」的強調將在第五章進行討論。我在這裡提及他們是為了提醒讀者，儘管這個團體的工作也被稱為「關係」理論，但它與本書所涉及的關係理論體系並無緊密關聯。在我看來，無論存在什麼樣的共同點，它們主要是基於源自南茜・喬多羅（1978）早期工作中的一些觀點。

展、精神病理學和治療的科學理論。分析儀器，就像顯微鏡一樣，必須不受到歪曲的影響，這樣觀察結果就可以被任何能夠正確使用該儀器的觀察者複製。「主觀因素」等同於任意性。如果分析師將他們自己的個性引入他們的臨床工作中，那麼他們就不能聲稱其所得出的結論是客觀的或科學的。

佛洛伊德消除主觀因素的決心反映出十九世紀科學和學術思想的特點。在尋找一般的、普遍的規律和包羅萬象的原則時，學者和科學家們努力達成一種客觀的觀點，而不表達個人化的特定視角。佛洛伊德對分析師中立性、匿名性和節制性的堅持反映出科學的疏離原則，該原則堅持在觀察者和被觀察者之間劃出嚴格的界限。於是，分析師作為觀察者／科學家就被排除在了所探究的世界之外，而不是置身於其中。因此，可以假定的是，分析師獲得了一個客觀的觀點，一個「不屬於任何地方的觀點」（Nagel, 1986），這也意味著一個無所不包的客觀性，一個同時來自任何地方的觀點。

近年來，後現代主義的影響在整個社會科學和人文科學中回盪。[6] 從廣義上而言，後現代主義者反對不加批判地接受哲學

6　我對後現代主義進行簡短評論是為了將精神分析的最新發展置於更廣泛的知識背景中。關於後現代主義的易讀的介紹性文章，見 Sawp（1993）、Best 和 Kellner（1991），以及 Resenau（1992）。關於精神分析、女性主義和後現代主義之間相互關係的精彩介紹，見 Flax（1990）。關於女性主義、後現代主義和精神分析，見 Weedon（1987）。關於心理學和後現代主義的有趣的著作集，見 Kvale（1992）。關於後現代主義和精神分析的更多內容，見 Barratt（1993）。關於後現代主

的基礎主義（foundationalism）；反對強調推理和理性的啟蒙運動遺產；反對現代科學的方法論假設。在一個後現代的世界裡，理論並不被認為是單純的或超脫的，真理也不被概念化為中立的或客觀的。真理的主張常常被看作是權力鬥爭的產物，在這種鬥爭中真理服務於最高權力擁有者的利益。因此，後現代主義者以更基進的形式削弱了真理和宣教之間的區別。後現代的真理是帶有視角性的、多元的、零碎的、不連續的、萬花筒式的，以及不斷變化的。後現代話語拒絕十九世紀現代主義總體化的後設敘事或主導敘事，這些敘事聲稱自身是科學和客觀的。相反地，後現代話語推崇多元的、去中心化的詮釋性敘事。後現代理論提供了一種對「表象論」（representation）的批判，後者相信我們的思想和理論映照或反映了我們的生活。相反地，後現代主義採取的是「相對主義」的立場，認為理論只提供了有關其物件的部分觀點，並強調我們的理論是以歷史和語言為仲介的。各種各樣的後現代理論都試圖從建構主義和語境主義的角度來理解現實，關注在視角下的現實社會和語言構建。此外，這些理論對理性的和統一的主體概念持批判態度，被談論的反而是一個在社會和語言層面去中心化和碎片化的主體。

　　雖然後現代主義在學術界產生了廣泛的影響，但我在本書中所討論的那些具有貢獻的精神分析師，都沒有接受更為極端的後現代主義形式。雷森諾（Resenau, 1992）在討論後現代主

　　義對精神分析的價值和局限的熱烈討論，見 Chessick（1995）和 Price（1995）。

義對社會科學的影響時，對後現代主義中廣泛存在的兩種一般取向做出了有益的區分（儘管過於簡化和二分化）：一種是更為極端的、持懷疑態度且憤世嫉俗的後現代主義；另一種是更為溫和的、持肯定態度且樂觀的後現代主義。更為極端的、持懷疑態度的後現代主義者們往往受到歐洲大陸哲學家的影響，特別是海德格和尼采，他們強調後現代主義的黑暗面、絕望、主體的消亡、作者的終結、真理的不可能、基進的不確定性，以及現代性具有的破壞性特點。而更為溫和的、持肯定態度的後現代主義者們傾向於更為本土化的盎格魯‧撒克遜美國文化，更多地朝向過程，強調一種非教條的、試探性的、非意識形態的知識實踐。

> 然而，這些（肯定論的）後現代主義者們並不迴避對倫理的肯定，也不迴避做出常規的選擇，甚至努力建立針對特定問題的政治聯盟。許多肯定論者認為，某些價值選擇要優於其他的選擇，這種推理方式可能會招致懷疑論後現代主義者們的反對。（Resenau, 1992, p.16）

簡而言之，懷疑論的後現代主義者們將這些論點發揮到極致，並帶領我們朝向一種具有絕對不確定性和極端相對主義的惡性循環；而肯定論的後現代主義者們則不太關心絕對認識論的嚴格性，而是更為溫和地提供一種修正性和積極更新的實質性貢獻。雖然對這兩個群體的區分極度過於簡化了，但這種區分在此處對於我們理解後現代主義對美國關係派分析師的影響是有用的。

史密斯（Smith, 1994）試圖採取一種「針對後現代主義的合理立場」（p. 408），提出人文主義（humanistic）心理學家可以放棄邏輯實證主義，擁抱社會建構主義，接受文化主義和語境主義的批評，甚至採納詮釋學的框架，與此同時並不放棄科學作為一種社會性事業的構想，該構想致力於達成的理想是認為真理能夠以實用的方式被評估。肯定論的後現代主義者認為，人們可以認真對待這些批評，並且不用放棄努力朝向真理和善的渴望。無論後現代主義在多大程度上影響了當前一代的美國關係派分析師，正在產生這種影響的顯然是更溫和的、肯定和樂觀的後現代主義版本。可以說，這種更溫和的、肯定性的立場被歸為批判現代主義傳統的一部分可能更好，而不是後現代主義的一部分。

　　在幾篇精彩且極具影響力的論文中，霍夫曼（Irwin Z. Hoffman, 1983, 1987, 1990, 1991, 1992a, b, c, 1993, 1994, 1995; Gill and Hoffman, 1982）闡述了他稱之為「社會建構主義」的精神分析視角。雖然這一視角沒有明確地被定義為一種後現代理論，但它顯然傳達了一種獨特的、持有肯定論的後現代敏感性。霍夫曼強調，分析師在分析過程中的個人參與是不可避免的。根據霍夫曼的觀點，病人對分析師的體驗和理解，以及分析師對病人的體驗和理解，都是建立在他們的個人歷史和個性組織模式，以及他們對彼此參與的看法基礎上的「建構」。我們不應該以正確或錯誤、準確或歪曲、移情或真實的關係來判斷這些建構，而是最好將它們看作是貌似可信的建構，是組織經驗的眾多方式之一。

　　霍夫曼的精神分析社會建構主義與一個更廣泛的知識運

動有著鬆散的聯繫，該運動有各種名稱，包括社會建構論（social-constructivism）和社會建構主義，並由與後現代轉向相關的認識論發展組成。在當代心理學中，社會建構主義（Berger and Luckmann, 1966）表達了這樣一種認識：人們在社會情境中積極地建構關於自己及其體驗和行為世界的觀念。[7]霍夫曼（1991）既區分了後設心理學層面從驅力理論向關係取向的轉變，又區分了認識論層面從實證論向建構論的轉變。他（1991, 1995）反覆強調，這兩個層面需要區分開來，因為一個理論可能既是關係性的，但又保持著客觀主義和實證主義的認識論。正如我們將在下一章看到的，霍夫曼的社會建構論對當代關係理論家們產生了巨大的影響，並被米契爾（1988a, 1993a）納入他關於精神分析理論的整合性關係方法中。

借鑒米契爾和霍夫曼的著作，我一直使用關係－視角主義（relational-perspectivism）和關係－建構主義（relational-constructivism）這兩個術語來體現我試圖將從實證主義到建構主義的認識論轉變，以及精神分析後設心理學從驅力－釋放、能量、單人模式到關係性或雙人視角的轉變聯繫起來的努力。我贊同霍夫曼的觀點，這些原則在概念上是不同的，而且在實踐中並非所有的關係理論家都採取了建構主義或視角主義的立場。然而，我想說的是，視角主義是任何互為主體或雙人心理學都具備的潛在價值。只要你在一定程度上確實認為，在分析二元配對（analytic dyad）中存在著兩個獨立的主體性，

7　關於它們的異同，及其觀點背後的知識歷史的描述，見 Gergen（1994）。

那麼就存在關於互動的兩種視角——而不是存在著一個主體和一個客體，一個非理性的病人和一個理性的權威，也並不是一方在移情層面歪曲現實，另一方在判斷什麼是真實，而是兩個人中的每一方都有自己的主體性，都是兩個觀察的參與者（Hirsch, 1987）——在這個程度上，雙方各自關於精神分析的互動都持有一個合理的視角。因此，這兩個看似分離的維度並不是完全獨立的；它們不是「互相垂直」的維度。正如吉爾（Gill, 1995）指出的，關係精神分析的觀點可能是建構主義的，也可能不是，但古典精神分析的觀點肯定是實證主義的。

我更傾向於使用「關係性」這個詞，而不是「社會性」這個詞，因為「社會性」這個詞帶有太多「社會心理學」的包袱，意味著一種行為層面或淺層的分析水準。因此，詆毀早期人際關係學家們的典型的批評觀點認為，他們提倡的是一種「社會性」的心理學。「社會性」一詞常常被認為指的是外部關係，而與「關係性」一詞相關聯的是那些同時關注內部和外部關係的理論家們，他們關注的是作為心理體驗的關係，而不是行為上或從外部觀察者的角度發生的關係。

視角主義和建構主義這兩個詞經常被互換使用。視角主義是一種哲學觀點，認為外部世界可以透過不同的概念和信念系統來理解，並不存在權威的獨立標準來確定哪個系統比另一個系統更有效。視角主義強調，現實總是龐雜而模糊的，每個人都持有自己對現實的合理觀點，所有的知識都是視角性的，總是存在著不同於自己的其他視角。按照這些思路，我認為精神分析的「中立性」指的是分析師對新的觀點持開放態度，願意認真對待其他觀點，拒絕將任何詮釋視為完整的，或拒絕將任

何意義視為詳盡的。

列文森（1972）將視角主義引入精神分析，作為其人際關係方法的核心要素。雖然，關係主義者和人際主義者在認識論立場上有所不同，特別是他們對視角主義持有基進或保守的程度有所不同；但是，就他們共同強調臨床感知和詮釋具有情境性質而言，他們都共用了一個視角主義的認識論（Fiscalini, 1994）。近年來，隨著後現代主義和解構主義在學術界和更廣泛的文化話語中的影響越來越強，大多數關係和人際派分析師持有的視角主義也變得越來越基進。正如菲斯卡利尼（Fiscalini, 1994）和米契爾（1995a）所提出的，更基進的視角主義或建構主義觀點與傳統的人際關係觀點似乎是相抵觸的，後者強調透過詳細的調查來確定病人人際生活中發生的「現實」。具有諷刺意味的是，儘管列文森（1972, 1983 年）比其他任何理論家都更大得促進了精神分析中的視角主義，但由於他熱衷於更為傳統的（現代主義的）人際關係觀點，即強調發生在人們身上的「真相」，這使他遭到不同的批評。來自葛林伯格（1987）的批評是，他認為列文森過於依賴客觀主義；而霍夫曼（1990）則挪揄列文森的觀點是一種「已被拋棄的特殊的實證主義」（p. 296）。（關於對這一批評的回應，見列文森〔Levenson, 1990〕的文章）。

另一方面，李瑞（Leary, 1994）批評社會建構主義是非歷史主義的（ahistoricism），主張當代精神分析在實證主義和後現代主義之間保持一種辯證的立場。他寫道：「雖然對敘事的重新概念化（reconceptualizations）認可具有歷史性的原因，但是這些都被重新詮釋為對現今的講述。在關鍵方面，後現代

主義清除了分析情境中努力克服歷史的需要，以及與曾經存在並產生影響的事物打交道的需要」（p.457）。李瑞令人信服地論證了關係性、互動性、互為主體性和社會建構主義的精神分析概念與後現代理論之間的一致性。然而，由於她將這些趨勢描述為是在鼓勵分析師採取極端的、「怎麼都行」的姿態，並認為分析師所能知道的是基進的不確定性和相對性，她嚴重誤讀了霍夫曼的思想。雷森諾（1992）區分了基進的，以及溫和或肯定的後現代主義者。承認這種區別可能有益於李瑞的批評。而李瑞卻將關係主義者、互為主體主義者和社會建構主義者的論點與更極端的後現代主義者的論點混為一談，而沒有認識到那些更溫和的、肯定性的後現代主義觀點。

我傾向於使用「視角主義」（perspectivism 或 perspectivalism）一詞而不是「建構主義」（constructivism 或 constructism）一詞，是因為基進的建構主義與懷疑論的後現代主義的含義產生了混淆。正如霍夫曼（1992c）和吉爾（1995）所提議的，他們並不打算暗指一種對外在現實存在的確定性提出質疑的基進建構主義，而只是認為我們對現實的理解不過是我們對現實的一種建構。「即使我們不能說現實是什麼，建構也會受到現實的限制。」（Gill, 1995, p. 2）唐納爾·史騰（1992）在人際精神分析中宣導一種建構主義的方法。他同樣認為，僅僅因為我們聲稱病人和分析師在建構他們一致認為的真理方面發揮著實質性的作用，我們也不需要否認現實本身有它自己的結構，而不是我們強加給它的結構。

即使關於基進建構主義和批判建構主義之間的區別已經作出了全面的提醒，即使諸多文章都提及建構主義不一定滑向相

對主義的斜坡，歷史上發生的事情也並非不重要，在我看來（與奧蘭治〔Orange, 1992〕的觀點一致），建構論和建構主義這兩個詞持續誤導著人們。儘管我很認同霍夫曼（1992c）的觀點，即建構論（constructivism）這一術語更加強調人們對其人際世界的主動建構，並突出了病人和分析師在塑造其互動方面的共同責任。綜上所述，我更傾向於避免建構主義這一術語所造成的混亂，因此我更多地使用「關係－視角主義」一詞。社會建構主義是米契爾（1988a, 1993a）所闡述的整合性關係立場中的一個重要成分。在此，我對其進行了擴展，這一點我在第二章談論米契爾的貢獻時會進一步探討。

應該澄清的是，我在這裡對關係取向發展的敘述是一種個人化的，尤其是社會政治化的敘述。到目前為止，我只是暗示了一種新的理論或工作方式。在本書中，關於理論和實踐我有很多內容要講。但我必須強調的是，我認為精神分析的發展史必須放在地方政治和個人層面上加以理解。作為一種思想上的投入，精神分析是人與人之間持續對話的一部分。一項理論工作必須始終被理解為是針對某人或回應某人而寫的觀點的一部分。無論是理論性的還是臨床性的文章，都不能脫離其人際背景之外而被理解。

從社會建構主義的角度來看，理論知識是社會關係的產物（Gergen, 1994），因此科學哲學在知識議程上已基本上被知識社會學所取代。我在本書一開始就主張用關係性的或社會性的方法來教授和理解精神分析理論的發展，也許也就不足為怪了。在下一章，我將更詳細地研究關係理論的實質及其與其他學派的界限。

第 2 章

關係理論及其邊界：
單人和雙人心理學

▍史蒂芬‧米契爾的關係取向

　　因著對關係精神分析取向的熱情，美國精神分析家們構成了一個龐大的社群。正如我們在第一章中所看到的，關係性精神分析與其說是一個統一的理論體系，不如說它代表了一個擁有共同臨床和理論敏感性的精神分析師群體。目前精神分析中被闡述的關係模式有很多，許多分析師即使不把自己看作關係派，在他們的思維中也使用著關係性的概念。近年來，在提出的各種精神分析模式中，在美國影響最廣的關係取向是史蒂芬‧米契爾（Mitchell, 1988a, 1993a, 1995; Greenberg and Mitchell, 1983）的模式。在當代分析師提到或批評關係理論時，他們想到的通常是米契爾的工作。我在此特別介紹米契爾的貢獻，因為我認為他的工作是各種關係理論整合中最為系統、全面、引人注目的，而且他的工作對我個人的思考和實踐產生的影響也是最大的。

　　米契爾的關係－衝突模型代表了精神分析中一種複雜且折衷的方法。米契爾可以自由地將廣泛的分析理論家納入他所建

立的關係框架中，即使這些理論家自認為屬於其他精神分析傳統。因此，他借鑑了馬勒（Mahler）等人的貢獻，雖然他們一般來說保持了對驅力概念的忠誠，但在米契爾看來，他們也發展出了可以在很大程度上取代驅力理論的觀點。另外，他還借鑑了溫尼考特和羅華德等人的著作，後者雖然在著作中使用了驅力模型的語言，但也重新定義了驅力概念，或在其理論中把驅力放在一個不太重要的位置。當然，他的關係框架中還包括了像蘇利文和費爾貝恩這些人的貢獻，後者明確脫離了驅力理論的框架。

不論一名理論家將自己認同為是佛洛伊德主義者、人際主義者、客體關係主義者，還是自體心理學家，對米契爾來說並不重要，因為他試圖建立的是一個整合的關係取向。他對關係概念的使用獨立於產生這些概念的來源。米契爾並不否認重要的生物性衝動在我們生活存在，但他反對將這些「驅力」視為心理學的基石，或視為精神分析理論最終的解釋性概念。米契爾認為，人們可以對驅力理論進行批評，但並不是就得因此降低先天的、生物的、性的或身體的重要性。他的批判只是將驅力從其在精神分析解釋系統中的核心位置移開。

米契爾（1993a, b）認為精神分析中的關係轉向是革命性的。關於精神分析的最新發展，他寫道：

> 我把這些發展描繪成革命性的。我這樣做的目的是在故意挑釁。我想強調不連續性，因為我相信對傳統主義的過度關注阻礙了對近幾十年來發生在精神分析思想中的那些令人震驚的變化進行認識、研究和解決（Mitchell, 1993a, p.

8）。

帶著這樣的基調，米契爾促成了這樣的想法：關係理論是一個異端，是與古典傳統截然不同的，是精神分析中的一個新的流派。我非常贊同米契爾在同一段後面的言論：「雖然我深愛並尊重精神分析的傳統，但最好有一個框架來平衡連續性與不連續性，保守與改變，並帶著開放的視角繼往開來」（p. 8）。我認為，當米契爾切換於不同立場之間時，他盡可能辯證地保持了關係理論作為革命性和作為演化性之間的張力。[1]

關係理論在過去十年間的成功，很大程度上可以歸功於米契爾出色的綜合策略。他認為，多年來，領頭的精神分析理論家對佛洛伊德工作的某些方面表達了不滿。一旦分析師們的異議太大，主流精神分析就把他們逐出分析師群體。於是，每個持不同意見的人都建立了他或她自己的精神分析異端學派，各自都有一些重要的貢獻。但是他們彼此孤立，沒有任何一個理論可以全面到足以令人信服地替代佛洛伊德的理論。然而，米契爾處理的是之前似乎沒有人注意到的問題，即這些不同的學派似乎都共用了一些關鍵的想法。許多修正主義學派的共同點在於，他們傾向於以自己的方式批評佛洛伊德的驅力理論，並強調關係在人與人之間，真實與想像之間，內部與外部之間的中心地位。不過，這一共同點並不明顯，因為每個學派都是在與其他學派相對隔離的情況下發展起來的，產生的歷史情況往

1　米契爾（1993b）仔細考察了精神分析中那些革命性和演化性改變策略的優缺點。

往不同，不僅在地理上出自不同的地點，而且在文化和語言環境方面也各不相同。他們傾向於創建各自的術語和期刊，一個學派的追隨者往往對其他學派的文獻不甚瞭解。米契爾的觀點是，這些學派中沒有一個能單獨取代佛洛伊德思想所具有的全面性，但如果把他們的見解彙集在一起，一個綜合的關係理論所具有的全面性可能就足夠提供一個替代古典框架的可行理論。當然，米契爾並沒有聲稱自己已完成對一個完整理論體系的構建；相反地，他試圖闡述的是一種能使分析界開始實現這樣一個體系的取向。

關係取向使用的是關係矩陣的概念，即用自我和他人之間的關係網作為一個總體框架，將各種精神分析概念都涵蓋其中。由此，米契爾可以把不同的理論家都集中在一個模型裡，包括強調自體的理論家，如溫尼考特和寇哈特；強調客體的理論家，如費爾貝恩和克萊恩；以及那些強調自我和他人之間人際空間的理論家，如鮑比和蘇利文。透過闡述自我和他人的關係矩陣，米契爾能夠把來自不同流派的概念結合起來，而這些概念在諸多其他方面是矛盾和不相容的。

米契爾達成的成就可以用這樣的方式來看待，就好比他透過統一不同的國家而建立起一個多國聯盟。這些國家在其他問題上存在利益衝突，但米契爾把它們聯合起來對付一個共同的對手（古典理論）。他把各種各樣（非古典的）替代性分析學派帶入一個關係聯盟中，即使它們各有各的不足，也希望它們聯合在一起就能共同戰勝古典理論。為此，他願意忽略和儘量減少這些團體之間的差異，以推進聯盟的目標。年輕一代的分析師們，沒有像以前那樣陷入忠誠和效忠的衝突之中，也沒有

像以前那樣被民族主義的衝動所牽引，而是願意暫時把各自的分歧放在一邊，提出一個替代古典傳統的統一理論。當然，在每個團體中都會有一些人拒絕在除了自身團體以外的任何他人旗下作戰，希望以此保持他們的團體獨立性。（這些軍國主義的比喻是為了捕捉理論和政治分析陣營之間的鬥爭和衝突，儘管如此，它們並不是為了描繪敵對的動機）。我相信，雖然各個流派之間存在著某種健康的競爭和對抗，但各種立場之間的善意和對話的意識也在不斷增強。

　　米契爾所做的不僅僅是將不同的關係理論結合起來以形成一個鬆散的聯盟，他還在其中加入了自己認為的重點和敏感性，並按照一定的思路構建了他自己的理論。米契爾所作的理論綜合超越了任何一個單獨的關係理論。整體大於各部分之和。在彙集這些理論時，米契爾透過添加兩個重要的原則對其進行了修正，這兩個原則中沒有任何一個必然是關係性的：一個是對衝突與能動（agency）[2]的關注，另一個是社會建構主義認識論。

▌衝突與能動

　　首先，借鑒經典傳統，米契爾（1988a）在他的方法中一貫強調衝突。然而，與驅力模型不同的是，「在關係－衝突

2　【編註】Agency 或譯為「自主」，但譯者吳佳佳認為「能動」
　　更能表達此字內涵，並和本書另一重要的字 autonomy（譯為
　　「自主」）作區隔。

模型中，與核心的心理動力衝突對立的是關係性的構造」（p. 10）。米契爾對衝突的強調是為了保留古典傳統中沒有受到之前的許多關係理論家足夠重視的一個方面。一些關係理論家強調了發展缺陷或發展停滯，卻忽視了個人的衝突。消除了對衝突的關注，個體往往被描述為童年創傷的被動受害者。於是，分析師就扮演了「重新作為父母」的角色，為他們提供補償性的體驗，作為一種「替代療法」（Guntrip, 1971, p.191）的形式，以彌補他們童年缺失的部分。因此，米契爾將這一「關係缺失」方法與他自己的「關係衝突」方法區分開來。在他的關係綜合法中，米契爾並不想降低個體在其生活中的能動性。米契爾既受到古典模型的影響，特別是被羅華德和沙夫（Schafer）改造過的模型，也受到存在主義傳統的影響，他嘗試建立一種強調個人的衝突、意志和能動的關係綜合法。

古典理論的批評家們在這方面大大誤解了米契爾。巴尚、林奇和理查茲（Bachant, Lynch, and Richards, 1995）寫道：「在米契爾的觀點中，明顯減少了對衝突的心理內部維度的理解，以及對那些由生命最初階段的潛意識願望和恐懼所產生的個人內部因素的理解，這些因素與環境的體驗方式相互作用。」（p. 77）同樣地，威爾遜（Wilson, 1995）寫道：

> 米契爾認為他的理論是一種衝突理論，因為它規定了個體與其所處環境之間的衝突。這與大多數當代分析師所定義的心理內部衝突是非常不同的。也就是說，心理內部衝突是心理元素之間相互抵制的意識衝突，而不是一種粗枝大葉的人類生活理論（p. 18）。

然而，這些有傾向性的解讀忽略了米契爾的主要觀點。在米契爾的關係－衝突理論中，個體不可避免地存在衝突，不僅在面對生活中對於不同人之間忠誠的難以抉擇，而且在對生活中每個人的各方面感受和認同上也有分歧。此外，延續了費爾貝恩的觀點，米契爾明確指出這些衝突是被內化的，並使個體的自我持續分裂，從而使得內在世界由各種相互衝突的內部結構所構成。〕

仔細閱讀巴尚、林奇和理查茲（1995），以及威爾遜（1995）的批評，可以發現他們的問題在於，他們對衝突的看法與米契爾的不同。正如任何理論的建構一樣，「衝突」在不同的理論語境中會有不同的含義。鑒於佛洛伊德的衝突概念嵌入在一個驅力框架中，因此那些作者提出疑問，米契爾對「潛意識願望和恐懼」的強調在哪裡？事實上，米契爾非常強調潛意識願望和恐懼（他於 1993 年出版的《精神分析中的希望與恐懼》〔*Hope and Dread in Psychoanaysis*〕一書的標題就體現了這一強調），但米契爾的理論所強調的是這些願望和恐懼的關係性背景，而不是它們在生物驅力中的起源。對米契爾來說，各種關係的構成彼此之間產生衝突，是其核心。類似地，巴尚、林奇和理查茲還提出的疑問是，這些因素處於「個體內部」的哪裡，「衝突的心理內部維度」在哪裡。若在米契爾的方法中尋找這些術語，就是在對問題進行預先判斷（Mitchell, 1993b）。米契爾貢獻的重點在於，他提出最好不要把衝突視為「心理內部」或位於「個體內部」，而是把衝突概念化為關係性的（即，同時存在於個人內部和人際之間）。衝突是精神分析的核心，其在人類生活中是不可避免

且普遍存在的。米契爾（1988a）版本的關係理論指出，「衝突是關係中固有的」（p. 160）。其他關係理論家（Greenberg, 1991; Hoffman, 1995）也在他們自己的理論觀點中討論了衝突的核心地位，並相當明確地發展和闡述了他們對此的看法。

在當代佛洛伊德派對米契爾作品的批評中，[3] 我們遇到了一個障礙，使定義關係取向變得非常困難。這個障礙就是，在很大程度上，關係理論被定義為古典理論或美國自我心理學的反面或延伸。而問題的微妙之處就在於，我們不清楚古典理論是否正是以關係理論家們的描述方式來理解驅力，也不清楚古典理論是否真的沒有關注個人關係。事實上，我們清楚的是（正如米契爾所承認的），古典理論家們一直認為個體與他人的關係，即客體關係，是至關重要的。因此，問題就變成了：與他人的關係對於關係理論家而言的重要性，是否與其對於古典理論家的重要性有明顯的不同？即使古典理論以驅力理論為基礎，即使它確實不太強調人際關係，然而，它顯然已經取得了進步和發展，因此，當代佛洛伊德理論可能包含了對這些方面的強調。這些論點導致古典理論家們反對關係理論家將他們自己的理論與過時的、扭曲的古典理論相比較。

古典理論的實踐者們感到他們被誤解了；他們反對關係派的批評者樹起一個可攻擊的稻草人。雖然我確實可以理解，古

3　我在這裡討論佛洛德派對關係取向的批評時很大程度上參考了精神分析心理學期刊關於「當代結構精神分析與關係精神分析」一文的部分內容（Sugarman and Wilson,1995; Wilson, 1995; Bachant, Lynch and Richards,1995）。

典分析師們會覺得受到挑戰，甚至受到關係典範在美國精神分析中越來越受歡迎並佔優勢的威脅，但他們沒有理由對米契爾和其他關係理論家進行尖酸刻薄的批評。在嘗試任何精神分析比較時，雙方都會覺得他們的立場受到了不公平地諷刺，這也許是在所難免的。然而，非常清楚的是，米契爾仔細研究了古典的和當代佛洛伊德派的文獻，也廣泛引用了這些文獻，並深受佛洛伊德派的影響。相反的情況則不然，針對關係理論的佛洛伊德派批評家們幾乎沒有閱讀過關係派的文獻，因此他們對關係理論的熟悉程度充其量是膚淺的。他們斷章取義地對待關係理論，幾乎沒有證據表明他們認真地研究過關係理論。人們可能不同意葛林柏格和米契爾（1983）對佛洛伊德理論的解釋，但人們很難說它不是嚴肅的學術性研究。至少到目前為止，針對關係模式的批評者們還沒有帶著可比較的或適當的嚴肅目的來對待它。

社會建構主義

現在讓我們回到對米契爾關係整合的概述，米契爾在斟酌不同概念以烹製出一道關係理論的佳餚時使用的第二個催化劑，是詮釋學和建構主義認識論。正如我在第一章所討論的，這些後現代認識論趨勢批評了考古學式的（archeological）及其重建模式（reconstructive model）的精神分析。後現代認識論不把精神分析方法看成是對隱藏在表面之下被深埋部分的挖掘，而是將其看成是將進入這獨特的精神分析模式的內容予以組織的一種特殊方式。「我們說人類經驗從

根本上是模糊的，這是在說它的意義不是固有的或明顯的，而是指向多種理解和多種詮釋。」（Mitchell, 1993a, p.58）米契爾在這裡受到了斯賓塞（Spence, 1982）和沙夫（Schafer, 1983）等人的影響，他們運用詮釋學——對詮釋原則的研究——來重新表述精神分析理論。

根據詮釋學哲學家呂格爾（Ricoeur, 1970）和哈伯瑪斯哈貝馬斯（Habermas, 1971）的觀點，佛洛伊德在將精神分析視為一門自然科學時遭到了「科學主義的自我誤解」。在這些理論家們看來，精神分析根本上是對意義的研究，而不是對因果關係的尋找。[4] 斯賓塞（1982）認為，精神分析過程不是考古學式的重建，而是對病人生活敘事的主動建構。在精神分析理論的基礎上，分析師對病人的生活進行連貫的描述，這種描述是一種「敘事性的真實」，而非「歷史性的真實」。從斯賓塞的詮釋學角度來看，病人和分析師是模式的製造者，而不是模式的發現者。同樣，沙夫（1983）強調，現實總是以敘事為仲介的，而精神分析中形成的敘事是基於分析師的理論而被建構的。這並不是說理論指導分析師「揭開」病人頭腦裡的「潛意識」中已經存在的東西。相反地，而是分析師的理論指導分析師塑造和組織病人自由聯想的材料。

在第一章中，我介紹了霍夫曼（1991）所闡述的社會建構主義的一般原則。雖然霍夫曼（1983）對蘇利文最初的人際關

4　關於詮釋學價值的批判性討論，見 Grunbaum (1984)，Messer, Sass,Woolfolk (1988) 的合集，以及以「分析師知道什麼？」（1993）為主題的由兩部分構成的研討會。

係理論和列文森更為現代的人際關係理論都提出了批評（見霍夫曼〔1990〕和列文森〔1990〕之間的辯論），然而，社會建構主義在許多方面與人際傳統的臨床敏感性相容，並且確實可以被看作是對蘇利文和列文森工作的延伸（以及也許更重要的是拉克爾〔Racker, 1968〕的新克萊恩主義貢獻）。正是霍夫曼的社會建構主義與人際關係理論之間的這些相容性，使得霍夫曼的方法對米契爾如此具有吸引力。由於霍夫曼的貢獻在米契爾關係取向的發展中發揮了重要作用，我想把霍夫曼的觀點與沙夫、斯賓塞等人的觀點區分開來，後者長期以來一直主張把精神分析修改為一種詮釋學或敘事學的事業。像他們一樣，霍夫曼提議放棄把實證主義作為精神分析的基本典範。實證主義或客觀主義所鼓勵的是這樣的觀點，即分析師可以消除他或她自身主觀性的影響，從一個超然的角度觀察科學性的調查物件，從而在系統之外發現可靠地獨立於觀察者主觀性的「客觀真理」。而建構主義強調的是，觀察者在被觀察的事物塑造、建構和組織中發揮著作用。「社會性」一詞強調治療是一個社會性的、兩個人的過程；而且更重要的是，所有的知識都是在社會層面產生的。

霍夫曼的立場顯然比沙夫或斯賓塞的立場更為基進。霍夫曼的貢獻是獨特的，他從根本上強調了分析師持續性的個人參與。沙夫和斯賓塞更傾向於強調分析師的理論發揮著持續的影響，而霍夫曼的論點則更強調分析師的個性如何發揮持續的影響。霍夫曼（1992a）認為沙夫和斯賓塞等人的論點代表了一種「有限的建構主義觀點」（p.290）。霍夫曼在這方面對沙夫持批評態度，是因為沙夫（1983年）仍然堅信，通過「對反

移情的持續審查」可以獲得一種淨化了個人因素且不受分析師主觀性汙染的「分析態度」。但霍夫曼（1992a）的社會建構主義觀點認為，「具有持續性的正是反移情的流動，而不是對它的審查」（p.291）。

布魯納（Bruner, 1993）在這方面也同樣批評了斯賓塞。就像沙夫的著作一樣，斯賓塞的著作表明，如果將分析師的主觀性、理論偏見和文化背景加以考量就能得到事實。布魯納指出斯賓塞（1993）作品中存在這一基本假設，並把他稱為「封閉的實證主義者」（Bruner, 1993, p. 12）。霍夫曼將沙夫描述為「有限的建構主義觀點」，與布魯納稱斯賓塞為「封閉的實證主義者」一樣，兩者都是對斯賓塞和沙夫所持信念的反應，後者認為只要對反移情進行足夠得分析，只要對分析師主觀性影響進行足夠得剝離，就可以「客觀地」達成類似「事實」的東西。

讓我們再次回到米契爾的關係－衝突模型，他（Mitchell, 1988a）的理論綜合將廣泛的關係理論家們聚集在一起，其中一些人強調自體，一些人強調客體，還有一些人關注自我和他人之間的互動。他把這些理論家們的觀點彙集在一起，無論他們強調的是缺失還是衝突，實證主義還是建構主義；他把他們重新組合成一個複雜的綜合體，保持對衝突（以及與衝突相關的個人能動性），對視角主義、詮釋學和建構主義，以及對一個總體的雙人（場域理論）視角的持續強調。基於在這些早期工作，現在又加入了更廣泛的關係派分析師群體的貢獻，米契爾（1993a）綜合了最近精神分析思想中的兩個廣泛存在的革命：一個是關於病人需要什麼的理論革命；另一個是關於分析

師可以知道什麼的認識論革命。關於病人需要什麼，米契爾認為在最近的精神分析理論中（在從驅力理論轉向關係理論之後），側重點已經從洞察和放棄嬰兒期的願望，轉向對意義和本真性的發展。關於分析師能知道什麼，後現代的影響（包括社會建構主義）使我們對客觀普遍的知識持懷疑態度，而強調對所有深深嵌入在我們自身主觀性中的各種故事和理論的掌握。

▌關係理論及其邊界

對米契爾和其他關係取向的人進行批評的不僅僅是佛洛伊德主義者。來自人際關係、客體關係和自體心理學視角的純粹主義者們也提出了反對意見。一些人指責米契爾的綜合方法是不相容的。米契爾強調人際學派和客體關係學派之間存在共同點，而薩默斯（Summers, 1994）則認為這兩個學派之間存在著鮮明的分歧。他認為，客體關係理論家傾向於強調早期關係在組織心靈內部結構化中的作用，而人際理論家或者無視心理發展，或者把心理發展僅僅看作是一系列的關係。薩默斯寫道，「在治療過程的概念化方面，相比那些在客體關係理論中提出互動延伸的理論家們，人際主義者更強調分析師在塑造互動方面的作用。」（p. 337）此外，從薩默斯的客體關係理論角度來看，人際理論不僅弱化了心理發展問題，還弱化了心理病理學概念。根據薩默斯的觀點，由於人際主義者們把所有的個人困難都看作是內在於關係中的，所以他們傾向於輕視對心理病理學的概念化。此外，人際理論摒棄了所有內部結構的概

念，因此無法描述心理病理學的結構性基礎。由此，薩默斯反對米契爾的關係綜合論，因為他認為米契爾採納了太多人際理論的局限性。簡而言之，薩默斯贊成純粹的客體關係觀點，強調客體關係理論和人際理論的混合是存在缺點的。

薩默斯極大地誇大了人際關係理論的不足之處。例如，史騰（Stern, 1994）廣泛地記錄了人際理論家們使用結構性概念的諸多方式。然而，薩默斯的批評實際上與米契爾和其他關係主義者自己對人際關係理論的批評是類似的。事實上，正如我們前面所討論的，米契爾主張把這兩種理論放在一起的主要原因之一，正是因為他認為在人際理論中被弱化的結構和發展概念可以由客體關係的概念來補充。就其強調人際理論中存在的困難而言，薩默斯傾向於保持一種更為純粹的客體關係理論。而正因為人際理論和客體關係理論各有其局限性，米契爾傾向於把它們結合起來，用其中一個理論來糾正另一個理論的缺陷。

人際理論和客體關係理論之間確實存在重大差異，就像自體心理學與人際理論，以及自體心理學與客體關係理論之間存在巨大差異一樣。就這一點而言，這些思想流派沒有一個是同質的。人們可以指出費爾伯恩和溫尼考特的客體關係理論之間，當代自體心理學眾多版本之間，以及蘇利文和佛洛姆的人際理論之間的重大差異。這些流派都建立在某些選擇和假設之上；它們是不同的建構。米契爾從未弱化人際理論和客體關係理論之間的差異。他明確承認，它們在某些方面是不相容的。

強調關係理論之間的相似性大過它們之間的差異，這有什麼好處和風險呢？我自己的感覺是，強調它們的相似性在戰略

上是有用的。藉由這樣做，我們在精神分析中創造了一場運動，使不同學派的分析師認識到彼此的共同點，即從對驅力理論的關注，更多轉向對關係的考慮。學生們對一種廣泛的精神分析方法產生了興趣，這種方法可以作為經典模型的替代。一旦我們共用的部分得到了承認，對共同點的認識並不妨礙我們去研究彼此間非常有趣的差異。

我的一個更大的觀點仍然是建構主義的。人們側重哪一方面是個人的選擇。我們可以：（1）建構一個強調古典理論和關係理論之間尖銳差異的模型；（2）我們可以強調不同關係模型之間的差異；或者（3）我們也可以強調古典理論始終是一種關係理論。我的實用主義傾向表明，與其問哪一個方式更真實或有效，不如問以這一種而非另一種方式構建我們的理論有什麼實際後果。[5] 顯然，我相信米契爾的策略在這一方面是非常有用的。構建一個替代古典模型的關係模型，這在該領域的知識上引起了令人難以置信的興奮。當然，任何「學派」的建立都會帶來一些困難，我們將在未來很長一段時間內處理這些問題。

莫頓・吉爾（Merton Gill, 1994）認為關係理論本質上是人際理論的衍生品，我在很大程度上同意這一觀點。就像

5　正如羅蒂（Rorty）所闡述的那樣，威廉・詹姆斯（William James）提出，真理是「對我們來說最值得相信的東西」，而不是「對現實的準確表述」。或者，不那麼具有挑釁性的觀點是，它們向我們表明，「準確表述」的概念只是我們對那些成功地幫助我們做我們想做的事情的信念的一種自動和空洞的讚美（p. 10）。

人際理論一樣，關係理論把重點放在真實的和想像的人際關係上。然而，列文森作為也許是當代人際理論最重要的代言人，同時也是米契爾的主要影響者，卻一直對米契爾的關係綜合法頗有微詞。列文森（1991, 1992）批評其為「新的精神分析修正主義」。這一批評似乎與他的信念有關，即他認為關係取向與他自己的人際取向不同，前者對人類生活中的重要動機和發展進行了概括化甚至普遍化。他把自己的人際取向描述為一個唯一關注個人生活特殊性的精神分析學派，而沒有在普遍的發展理論之基礎上進行概括化。

列文森（1991）的論點與另一位主要的人際理論家赫伯特・札克（Herbert Zucker）的論點非常相似，後者也對在關係理論的保護傘下進行理論綜合的嘗試提出了極大的批評。札克（1989）認為，無論是英國的客體關係學派還是美國的自體心理學派，關係理論家們都把單一的驅力作為人類動機的基礎，並把這個單一的驅力上升為解釋一切的原則。在札克看來，儘管關係理論將重點從古典的性和攻擊的驅力轉向尋求客體的驅力，但它在方法論上仍與古典理論保持著許多共同之處。這兩種理論都將人類的複雜性還原為單一或有限的解釋原則。札克認為，將近乎完全的解釋力賦予某一特定類別的動機，這是任何類型的驅力理論在方法論上的弱點。

請看下面這個例子，它說明了跨越精神分析思想體系進行對話的微妙性和複雜性。正如我們在第一章所討論的那樣，這個例子體現出如何能夠在歷史上有意義地理解到關係理論產生於佛洛伊德派和人際派之間的辯證關係。在當代佛洛伊德派對關係理論提出的批評中，威爾遜（Wilson, 1995）聲稱，關

係理論家們提出的解決方案有可能將分析師鎖定在一個只強調環境的立場上。他寫道：「以這種方式繪製心靈地圖的臨床醫生只局限於針對外部的介入，很少或沒有對內部的錨定。關係因素的取捨對他們來說是首要的，而心靈則從視野中消失了。」（p. 17）但是，正如我們之前針對衝突提出的質疑，到底是關係理論忽略了衝突，還是衝突的概念化方式發生了變化？同樣，到底是心靈從視野中消失了，還是心靈的本質以新的方式被思考了？正如我們所看到的，正是由於擔心人際理論被錯誤地用來支援這種只關注外部關係而非內部關係的環境主義立場，才產生了關係小組。具有諷刺意味的是，古典分析師在這裡對關係派分析師的批評恰恰是關係派分析師對人際理論的批評。米契爾（1988b）的觀點是，客體關係概念之所以可以對人際理論進行補充，正是因為它貢獻了關於個人的內在世界如何被組織的想法。

　　另一邊，像札克（1989）這樣的人際主義者則批評關係派分析師過多地使用了有關內在組織的概念，如「內部客體」。對札克來說，「即使作為一個隱喻，這個概念也讓人想起古典的方法論，想起伊底（id）和自我（ego），想起被賦予內部能量的獨立的能動性在自我和意志之外機械地運作」（p.411）。札克擔心這樣的理論會導致內部客體取代體驗。在比較來自佛洛伊德派和人際派的批判時，我們開始看到，當關係派分析師試圖從理論譜系的兩邊獲取有價值的部分時，反而使自己容易受到來自兩邊的攻擊。精神分析理論的發展只能透過對話來理解，因為它是從持續的對話中發展出來的。而佛洛伊德派、客體關係理論家、人際主義者和關係主義者

往往很難相互理解，因為他們有著如此不同的歷史，並且生活在不同的精神分析文化中。對於像威爾遜（Wilson, 1995）這樣的當代結構理論家來說，關係主義者似乎專注於外部的社會關係，而忽略了衝突和內在組織的原則。而對於像札克（Zucker, 1989）這樣的人際主義者來說，關係主義者過於糾結於諸如內部客體這樣的內部組織概念，因而容易忽視人際關係的體驗。每一種觀點都是在與對方的關係和反應中發展的。只有當每個人對他人的歷史、文化、語言和傳統有更多的瞭解時，他們才能開始相互交談。做精神分析比較所要求的學術類型（Schafer, 1983），是需要長期深入地沉浸在其他精神分析傳統的不同文化中的，而不是帶著一雙發現缺陷的眼睛快速流覽他人的著作。

我們已經看到，對於佛洛伊德派的批評者來說，關係理論與人際理論過於相似，因為它忽視了衝突（正如他們在驅力和防禦之間對衝突進行定義的那樣），並且迴避了對內在心理組織的描繪。同樣，對於像薩默斯（1994）這樣的客體關係理論的宣揚者來說，米契爾和人際理論家一樣，忽視了心理組織的結構，因此也放棄了心理病理學的理論。對於人際主義者來說，關係理論的問題在於它不夠遠離古典的方法論。雖然它擺脫了佛洛伊德派關於性和攻擊的雙重驅力理論，但它仍然保留了一個狹隘的解釋系統，一方面關注對客體的尋求，另一方面又保留了自體的概念。從本質上講，雖然關係理論家認為他們之間的共同點以及他們與古典理論的區別，正是他們對驅力理論的拒絕，並取代以對人際關係的關注，但人際派的批評家指出，關係派分析師基本上還是保持了一種驅力理論的形式。儘

管該形式與佛洛伊德派的不同，但仍然降低了人類行為所具有的巨大的複雜性。他們進一步指出，由於保持了這種還原論的方法論，關係派分析師們沒有強調分析師與被分析者之間互動性的現實，而是過分強調了幻想、內部客體和心理現實。

　　這是一個具有挑戰性的批評，但我相信這些人際理論家們忽略了的一點是，他們在一定程度上也必須利用概括化（generalization）來降低人類行為複雜性的程度，而關係理論家在一定程度上也確實關注到了分析中的人際互動。因此，存在的一個問題是，列文森和札克都錯誤地將米契爾及其同事們最新提出的關係性整合與傳統客體關係理論的先驅混為一談。正如薩默斯（1994）所指出的，當代關係理論家關注的是把移情－反移情作為一種相互的共同建構，而古典的客體關係理論家從未這樣做過。另外，列文森和札克都沒有意識到關係派思想家在建立他們的新模型時，使用了多少人際理論的內容。有趣的是，來自佛洛伊德派的批評，來自客體關係派的薩默斯的批判（其認為關係理論過於接近人際理論），以及來自人際派列文森和札克的批判（其認為關係理論過於接近古典／客體關係），共同造成了關係理論持續掙扎的緊張感。

　　當我們研究其批評者提出的反對意見時，關係理論的複雜性就會以一種最有趣的方式顯現出來。關係派分析師們對於各種批評並沒有無動於衷。近年來，一些領頭的關係派分析師們試圖將一個連貫的動機理論概念化，從而不將行為還原為一個單一的動機性要素。例如，葛林柏格（1991）闡述了單一動機系統的危險性。他認為，像寇哈特和費爾貝恩這樣的理論家隱含提出的是一種單一驅力（single-drive）的系統，這些系統根

據單一的動機對行為進行解釋。在這些系統中，心理內部的衝突確實被弱化了，因為如果只存在一個單一的驅力，那麼衝突只能由個人和外部環境之間的不相容性導致。因此，葛林柏格提出了一個新的雙驅力（dual-drive）理論，並建議將行為理解為是由兩個廣泛的動機系統之間的相互作用產生的，其中一個是對效能感的需要，另一個是對安全感的需求。透過提出一個純粹的心理雙驅力理論，葛林柏格可以繼續對心理內部衝突的不可避免性進行解釋。

霍夫曼（Hoffman, 1995）對葛林柏格的提議進行了批評性的回顧，反對其將基本動機簡化為只有兩種驅力。相反地，他認為我們最好採用一種包含了各種極性（polarities）的多驅力理論。這樣我們就可以擁有一個包含了幾個獨立軸的驅力理論。例如，包含效能與安全，愛與恨，以及尋求客體或依附的需求與分離的需求。這種多驅力框架將保留沿著生活中的最大極性進行思考的好處，從而將保持對衝突的臨床關注，其優點是不會武斷地將所有衝突還原為某個基本的主題。

另一位領先的關係主義者伊曼紐爾・根特（Ghent, 1992a）提出了另一個驅力理論作為生活中核心的極性。安亞爾（Angyal, 1965）區分了自治性（使事情發生的驅力、主張、能力和掌握力）和同源性（將自己交給比自己更大的東西的驅力）的雙重傾向。早些時候，布伯（Buber, 1947）在這些雙重傾向之間做了區分，提出了「創造的本能」（製造事物的需要）和「共融的本能」（參與相互性的需要）（在第五章，我將更仔細地研究布伯關於相互性的想法）。基於這些廣泛的動機類別以及蘇利文（1953）對安全需求和滿足需求的區

分，根特（1992a）提出，在所有生物中存在著兩種根本對立的動機性推力。他把它們稱為「擴張型與保守型，離心型與向心型，增長型與維持現狀型，等等」（p.xxi）。這些驅力被概念化為在某些情況下是對抗的，而在其他時候則是相當互補的。不過，採用這個框架不可避免地會引向對人類內部衝突的關注。

許多關係派分析師也被利希滕貝格（Lichtenberg, 1989）的動機理論說服，該理論彙集了嬰兒研究和精神分析臨床研究的結果，尤其是自體心理學的研究。葛林柏格提出了五個動機系統，分別是：對生理要求進行心理調節的需要，對依附和歸屬的需要，對探索和主張的需要，通過對抗、退縮或兩者作出厭惡反應的需要，以及對感官享受和性興奮的需要。儘管所有這些動機系統基於先天的需要，但它們在嬰兒與照顧者的互動過程中變成了心理的動機。

人際派的批評家們一直是對的嗎？關係理論是否是一種重新引入驅力理論的方式，只是同時假裝得更加人際化？一旦引入了內部客體和心理現實這樣的非操作性概念，就能把驅力概念拋之腦後嗎？關係派理論家把這一問題丟回給人際主義者（關於這樣一個辯論的例子，見 Levenson, 1991；Mitchell, 1992；Ghent, 1992c；Fosshage, 1992 和 Levenson, 1992；也見 Greenberg, 1987 和 Levenson, 1987b）。人際主義者的工作真的可以不帶一絲驅力理論的含義嗎？人際派分析師沒有任何關於人類掙扎的隱性想法作為人類行為的「普遍」或「一般」的理論，這真的可能嗎？人際主義者假設人們有著與他人連結的普遍需要而迴避焦慮，這一點不是很像一種基本動機或驅力

嗎？有誰在傾聽任何臨床敘述中固有的模糊性和複雜性時，能夠不沿著一些帶有理論偏見的思路來「減少」這種複雜性，以便使其可以被理解？無論你如何組織材料來理解它，並保持對它的可控性，你難道不是按照你帶到分析情景中的一些理論思路來做的嗎？那麼，如果關係主義者選擇闡明被他們構建為是核心的基本的動機發展線，他們是否就更帶有還原性呢？人際主義者能否在消除任何驅力概念時，不成為反理論的，或在一定程度上阻礙其潛在的理論偏見對其臨床互動的塑造？

我不想辯論這些關於人類動機的各種關係性觀點的利弊。它們對我來說都很有趣，我當然同意不要把動機還原為任何單一因素的重要性，也同意認識到生活的巨大兩極性和人類衝突的不可避免性的價值。然而，我的觀點是，關係理論開始於這樣的假設：相對於古典派理論家，關係派分析師們的一個共同點是，他們遠離了驅力概念，並用關係取代驅力成為精神分析的核心解釋概念。但事實上，關係派分析師們對這點並沒有達成共識。相反地，我們現在正處於這樣一個階段：關係派分析師們正在爭論應該強調哪些驅力，以及如何最好地將其概念化。當然，關係派分析師們在拒絕佛洛伊德式的、非常具體的雙驅力理論上是一致的。即使對於那些使用驅力結構的關係派理論家來說，他們也不像佛洛伊德理論那樣以生物學術語來定義驅力，而是把驅力作為純粹的心理結構。對於關係派分析師來說，作為人類需求的這些驅力的實現以及這些需求的具體形式，是來源於人際體驗的品質（Ghent, 1989）。關係理論試圖在單人和雙人心理學之間，在（以純粹心理學術語進行概念化的）內在動機和關係之間，在心理內部和人際之間，以

及在身體和社會之間維持一種張力。正因為它試圖保持這種張力，為了做到這一點而從各種傳統中汲取營養，所以它受到了來自各方的誤解和攻擊。我現在要談的正是這些互補性。

▌單人心理學與雙人心理學

關係理論被認為是一種雙人心理學，而古典理論則被視為一種單人心理學。單人和雙人心理學是什麼意思？在什麼意義上，關係理論是一種雙人心理學？又在什麼意義上，把古典理論看作單人心理學是合理的？將關係理論同時視為單人和雙人心理學是否更有意義？對精神分析理論進行這樣的分類是一種有意義或有用的方式嗎？區分單人心理學和雙人心理學有助於我們在比較精神分析方面的努力，還是進一步模糊了我們的視野？

在 1950 年對精神分析中不斷變化的目標和技術的評論中，桑多爾·費倫齊的被分析者和弟子麥可·巴林特（Michael Balint）認為，由於佛洛伊德的「生理或生物偏見」，他不必要地限制了自己的理論，從個人心理的角度制定了精神分析的基本概念和目標。巴林特指出，與客體的關係在精神分析情境中具有極大的重要性，因此他建議用客體關係理論來補充古典精神分析理論。

約翰·里克曼（John Rickman）也是費倫齊的被分析者，他寫道：「整個心理學領域可以根據個體的數量分為不同的研究區域。於是，我們可以說單人心理學，或雙人、三人、四人和多人心理學」（citedin Balint, 1950, p. 123）。巴林特借用里

克曼的術語來說明，臨床精神分析情境是一種雙人的經驗，無法用古典理論充分概念化，因為古典理論很難超越單人心理學的範疇。因此，需要一個雙人理論或客體關係理論來描述人與人之間發生的事件。

古典理論

本能驅力理論是佛洛伊德後設心理學的基石，佛洛伊德的基本概念是以驅力理論作為基本假設而形成的。驅力理論中隱含著這樣一種觀點：個體是一個在生物層面封閉的系統，通過尋求能量的釋放來維持平衡狀態。從古典精神分析理論的角度來看，個人是研究的基本單位，因此所有人際維度最終都必須追溯到驅力和防禦的變化，追溯到心理內部，也就是追溯到單人的心理領域。

許多分析師錯誤地認為，雖然佛洛伊德的後設心理學是基於單人心理學的，但他的臨床理論一直都是雙人心理學的。既然古典精神分析在臨床理論中一直以來都非常強調移情以及分析師作為物件（object）的重要性，怎麼可能不是雙人心理學呢？因此，莫德爾（Modell, 1984）提出，「移情和反移情現象一直被認為是發生在雙人背景下的事件」（p.3）。佛洛伊德的臨床理論一直是一種雙人心理學，這一觀點在佛洛伊德的一些聲明中得到了支援。

> 從這個角度來看，操作正確的精神分析是一個社會性的過程，用佛洛伊德的話說，是一個由「兩人構成的廣泛結構」，在這個過程中，分析師必須替代整個異質環

境，特別是替代病人周圍最重要的人（Ferenczi and Rank, 1924）。

即使佛洛伊德在他的一些臨床言論中可能認識到精神分析是一個由「兩人構成的廣泛結構」的「社會性過程」，但這並不能否認佛洛伊德的後設心理學不可避免地將個人的心靈，即單人心理學，作為精神分析的研究對象。在我看來，在臨床理論和後設心理學之間進行這樣的人為區分會阻礙我們認識到，最基本的精神分析臨床概念和程式是被作為單人現象來闡述和理解的。移情不是被概念化為發生在兩個人之間的人際事件，而是被理解為發生在被分析者頭腦中的一個過程。吉爾（1994）寫道，「長期以來移情並不是被看作兩個人之間的關係，而是被看作是被分析者對分析師的扭曲看法。」（p. 36）移情被認為是由病人的發展史決定的，並被看作是來自過去的移置。人們認為，如果分析師的分析是正確的，在技術上是中立和匿名的，那麼移情就會自發地展開，不會受到被分析者人格的扭曲。這顯然是對移情性質的一種「單人」的概念化。我相信可以很容易證明，我們所有基本的臨床概念都被概念化為心理內部的事件，可以用單人心理學來解釋。

在一次關於這個話題的交流中，唐納德・卡普蘭（Donald Kaplan, 1988，個人交流）反對我把古典精神分析描繪成一個「單人心理學」。他寫道：

我幾乎認不出你所謂的古典精神分析的版本。具體而言，我對你所說的單人心理學只有非常模糊的概念，因為

我總是把佛洛伊德在 1914 年之前的理論，作為一種三變數的心理學來閱讀，並且總是把臨床情況看作一個伊底帕斯的三角關係——病人、分析師，以及分析師委身的專業取向，而正是分析師對專業取向的堅持創造了病人原始場景的問題。

卡普蘭的論點主要是說，既然臨床情境總是被理解為是對伊底帕斯三角關係的再現，那麼把精神分析稱為一個單人心理學就沒有任何意義。這種推理存在的問題與我們剛才討論移情時遇到的問題是相同的。的確，移情總是明確地同時涉及諮商室裡的病人和分析師，但我們的理論把這個過程與個別病人的心靈進行關聯。同樣地，卡普蘭把分析情境中產生的原始場景問題與病人的伊底帕斯動力進行關聯。對此，讓我舉例來說明。

分析師準時結束單次的治療。病人把這種結束體驗為一種伊底帕斯的挫敗，一種對被排斥在原始場景之外的重現。分析師對職業的忠誠使得他對佛洛伊德的承諾要多於對病人及其想法的承諾。由於分析師對另一個人的忠誠，病人被變相地趕出了房間。分析師詮釋的重點聚焦於病人腦中如何從現有的體驗中創造出伊底帕斯場景。

雖然我對於在病人的材料中尋找伊底帕斯意義所具有的價值印象深刻，但在我看來，雙人的或關係性的立場可以將詢問推進一步。在聽到這些材料時，我不僅對病人的伊底帕斯動力和遺傳史感興趣，而且也對以下問題感興趣：這位分析師與其所持理論婚姻般的承諾其性質、程度和品質如何？這位分析師

是否僵化地依附於一個理論，而這個理論確實干擾了他與病人的深入接觸？病人就分析師的承諾、價值、僵化以及依附有何觀察？如果病人認為分析師嫁給了他的職業，那麼病人對該婚姻的品質有何觀察？病人在哪些方面可以合理地認為他或她受到了分析師的拒絕、輕視、切斷或排斥？

在分析內容中只關注三個心理變數是不夠的。分析師可能一直在思考三個心理變數，也可能一直關注移情甚至反移情的問題，但是所有這些都可能回到主體的頭腦中，就好像環境背景是不相關的，或者最多只是作為一個鉤子，用來掛上心理內部的投射內容。而一個關係性雙人模式的核心思想是，病人聯想中所揭示的、看似幼稚的願望和衝突，不僅僅是過去的殘餘被人為地強加在治療領域中，而且也是對與分析師這個獨特個體，以及他或她所具有特異性和特殊性的實際互動和相遇的反映。雙人心理學的涵義指的是，使被分析者產生真正改變的是分析師這個人，不僅包括他或她的工作方式，還包括他或她的性格。分析師的個性不僅影響治療聯盟或所謂的真實關係，而且也影響移情本身的性質。從雙人心理學的角度來看，需要把分析師的影響作為移情的內在部分進行系統性地研究，換言之，移情被認為是建立在參與者雙方對互動的相互貢獻上的。[6]

6　卡普蘭和我保持著持續的對話，在他對我的答覆的反駁中，他得出的結論是，他和我（普遍意義上的佛洛德派和關係派分析師）「對事情的理解完全不同。這並不是說我是對的，而你是錯的。只是我們構成了彼此的邊界。你在我所投入的事物中認為是常量（參數）的部分實際上是我所描述主題中的變數。這是一個相當普通的問題」（個人交流，1989 年 3 月 26 日）。

古典取向認為自由聯想是由潛意識的動力衝突決定的，會在沒有分析師干擾或內部阻力的情況下自發地展開。雅各·阿洛（Jacob Arlow）是一位古典取向的主要支持者，他認為自由聯想揭示了心靈的衝突力量，並展現了過去解決這些衝突的努力是如何在當下被重複的。他寫道：「病人自由聯想的思緒記錄了其內部心理衝突的變化。」（Arlow, 1987, p.70）這些聯想反映了病人的內部心理體驗，也反映了這些來自過去的內部經驗如何侵入當下。

　　對阿洛（1980）來說，精神分析情境的功能，特別是自由聯想的功能，「是為了盡可能確保出現在病人意識中的東西是內生性的」（p.193）。這就好像病人在驅力和防禦之間的衝突發展史是自發出現的，並且可以透過自由聯想的流動來研究。如果分析師的分析是正確的話，這些聯想並不被看作在很大程度上主要由與分析師當前的人際關係決定。

　　對於阿洛和其他古典理論家來說，自由聯想法的使用在概念上取決於驅力理論的後設心理學基礎。精神分析情境的目的是盡量減少外部刺激，以便讓驅力和防禦的衍生物從內部自發地展開。保羅·格雷（Paul Gray, 1994）認為，分析師使用自由聯想的方法是為了將重點放在病人的「心靈」上，而不是病人的「生活」或「行為」上。由於對自我阻抗的關注，病人學會了研究他們自身心靈如何運作的方式，進而從自我自主性的增加中受益。我認為這一論點存在的問題是，它太輕易地接受了「心靈」和「生活」或「行為」之間的區別，就好像「心

　　這麼看來，古典理論和關係理論相互代表了圖形和背景。

靈」存在於人的內部，維持著相對孤立或獨立的「自我自主性」的存在。相比之下，關係性的觀點強調心靈本身就是一種關係性的建構，只有在與其他「心靈」互動的關係性背景下才能對其進行研究。格雷（1994）在心靈與行為、心靈與生活、心靈與互動之間的區分假定了心靈作為一個單人心理學的模式。受到雙人關係視角挑戰的恰恰是這樣的模式。

把心靈作為一個開放系統的模型，認為心靈總是與他人互動，總是對與他人關係的性質做出反應，這就產生了一個非常不同的、關於分析關係的模型。在關係模型或雙人模型中，分析關係和移情總是由互動中的兩個參與者共同促成的。我們不再認為聯想僅僅來自於病人內部；所有的聯想都是對分析互動的反應，即使分析師保持沉默、隱藏或「中立」。有關匿名和中立的傳統概念是為了使移情、自由聯想和被分析者心理生活的其他方面能夠在分析中不受干擾地呈現。自由聯想和病人的移情被認為是從內部「湧現」（emerge）出來的，是自發「展開」（unfold）的。瓦赫特爾（Wachtel, 1982）認為，「湧現」和「展開」這樣的語言是一種「口頭上的詭計」，它阻礙我們認識到心理事件從來都不僅僅是內在結構和力量的作用，而總是與他人互動的衍生物。雙人心理學、移情的關係視角、對分析情境中互動元素的高度敏感，以及對分析師起到空白螢幕功能這一模式的徹底批判（Hoffman, 1983），這些指向的都是病人聯想中帶有互動成分的觀點。自由聯想的方法可能具有非常大的臨床價值，但它並不能消除分析師的影響，也不能降低持續互動對聯想過程的影響。我之所以反對那些把分析情境描繪成「一套標準的、試驗性條件的」（Arlow, 1987, p.76）觀點，是因為這就使自由聯想的方法繼續被作為一個標準，掩蓋了分析師影響病人聯想各個方面的程度。也就是說，分析情境具有的雙人性質被掩蓋了。

我把古典派對於移情的立場描述為單人心理學，這是不是一種歪曲？古典派分析師是否比我認為的更重視分析師對於移情的貢獻？巴尚、林奇和理查茲（1995）認為我過分地將古典派和關係派的立場一分為二。他們認為，我把古典派分析師描述為，他們缺乏對移情是一個人際過程的意識，這並沒有準確反映當代古典派分析師對移情的立場。但我從來沒有說古典派分析師對人際視而不見，只是說他們的理論傾向於弱化人際要素，而突出心理內部要素。為了證明他們的立場，他們引用布倫納（Brenner）的話說：「分析師的『真實人格』只有在病人感知到，並對它做出反應時才是重要的。它是對病人心理活動的一種刺激，就像其他任何刺激一樣。」（cited in Bachant etal.,1995, p. 78）。然而，正如吉爾（Gill, 1995）迅速在回應中指出的，「布倫納唯一強調的只是分析師的現實如何在病人的心理現實中被體驗到，這一點與他們的論點並不相符。」（p. 95）顯然，人們總能找到孤立的引文和參考資料來證明古典派作者確實考慮到分析師在人際上的影響，但古典理論的主旨是朝著弱化分析師投入重要性的方向發展的，或者至少沒有把它作為其方法論的核心。如果我真的像巴尚、林奇和理查茲（1995）所認為的那樣，將古典理論和關係理論「一分為二」，那也是出於一種特定的教學目的。我認為古典理論和關係理論各自反映了不同的側重點，既然我相信這些側重點具有臨床意義，因此我試圖強調它們。

自體心理學

　　可以被描述為單人心理學的不僅僅是古典的佛洛伊德理論。精神分析思想發展史表明，即使是當今最著名的關係理論也並非從一開始就充分發展出的雙人心理學。事實上，我們可以斷言，當前流行的每一種關係取向都是以單人心理學開始的。讓我們研究一下自體心理學作為當代「關係」理論的一個例子。它一開始是單人心理學，甚至對一些理論家來說它依然是一種單人心理學。正如我所討論的，米契爾在構建他的關係性整合時的策略是將自體心理學的貢獻作為關係理論連續體的一極。自體－他人關係是其理論的核心：一些理論家把他們的貢獻集中在客體上；一些集中在自體上；一些則集中在兩者的互動上。寇哈特（1971, 1977, 1984）的重要貢獻被認為是在關係矩陣中增加了的自體這一極。

　　自體心理學對臨床精神分析的重要貢獻在於，它強調分析師需要具備敏感回應和共情；它承認分析過程中情感調適的重要體驗；以及它對自體客體移情進行了豐富描述。然而，透過將自體置於一個超然的位置，並強調個人的才能和理想，自體心理學從寇哈特開始，並在那些更為「保守」的從業者的工作中，繼續保持了對單人心理學的強調。更重要的是，自體心理學以其保守的形式保留了古典派的觀點，認為分析師作為一個怎樣的獨特個體，與分析過程無關。寇哈特（1977）寫道，病人的移情是由「在分析之前就確立的被分析者人格結構中的內部要素」（p. 217）定義的。根據寇哈特的說法，分析師對這一過程的貢獻僅限於在與病人共情的基礎上做出「正確」的詮

釋。戈德堡（Goldberg, 1986）曾寫道：

> 自體心理學努力使其不成為一種人際的心理學……因為它
> 希望把分析師的投入降到最低……正是基於一種發展程
> 式的想法（如果你願意，這種程式可能是先天的或預設
> 的），它在某些條件下進行了理論重構（p. 387）。

在這個版本的自體心理學模型中，分析師被限制為一個自
體客體，只關注病人（作為主體）從分析師（作為客體）那裡
需要什麼。在這方面，認識到這個版本的自體心理學與古典
模型沒有什麼區別是重要的（Hoffman, 1983; Bromberg, 1989;
Ghent, 1989）。側重於驅力和防禦的古典模型，以及依賴「發
展程式」概念的自體心理學保守版本，兩者都要求精神分析情
境不受分析師主觀性的汙染，以便病人的移情可以從心理內部
以純粹的形式「展開」。單人心理學的預設要求病人的心理是
諮商室裡唯一重要的「心理學」。病人的主觀性、病人的移
情、病人的心理現實都需要被檢查。而分析師的主觀性被排除
在外，以便產生一個客觀的試驗情境。

伊芙琳‧施瓦布（Evelyne Schwaber, 1981, 1983, 1992,
1995）一直明確主張在傾聽時以共情方式關注病人心理現實
的觀點。雖然嚴格來說，施瓦布的觀點不是自體心理學的，但
她受到寇哈特取向影響巨大，因此我認為在這個背景下討論
她的臨床取向是合適的。她的觀點是一種視角性的觀點；她
的主張始終把病人的視角而非分析師的視角作為我們臨床資
訊的基礎。她採用的是一個互動和共同參與的框架，但是，作

為一個視角主義者而非建構主義者，她認為真理是在精神分析情境中被發現的，而不是被創造的。然而，她的論點有一些不明確的地方。一方面，她承認——甚至強調——分析師的主觀性和理論偏見必然對可觀察到的事物產生影響，因而我們必須用自己的主觀性去定位另一個人的主觀性。而另一方面，她又堅持將她的理論表述為單人心理學，因為她把精神分析方法定義為一種必須完全考慮病人的觀點。她強調互動，但只有完全被病人體驗到的互動才是精神分析的重點。她寫道：「保持對病人內部心理世界的關注，這使得精神分析仍然是一種單人心理學，儘管這看起來和共同參與的要素是矛盾的。」（Schwaber, 1995, p. 558）對施瓦布來說，反移情這個詞指的是「從病人的有利位置中撤回」。我贊同施瓦布對賦予病人的視角以特權的強調。然而，在我看來，她似乎又自相矛盾，她一方面提出我們只有透過使用自己的主觀性才能發現另一個人的主觀性，但同時又主張要「警惕對分析師觀點的強行接受」（Schwaber, 1981, p. 60）。皮茲爾（Pizer）也提出了類似的論點（待出版）。

對施瓦布來說，精神分析是去研究互動對主體意味著什麼——因此是單人的心理學；而我要說的是，精神分析研究的是互動的意義，因為它是由病人和分析師共同構建或協商而定的——因此是雙人的心理學。施瓦布的主要論點是，我們作為分析師常常不能保持對病人內在現實的關注，不能從病人的視角看問題。雷尼克（Renik, 1993b）反對施瓦布的立場，對此我認為是正確的。雷尼克認為，如果我們認真考慮到分析師的主觀性，那麼就不可能哪怕是片刻地使病人的視角獨立於我們

自己的視角。他寫道：「在我看來⋯⋯我們總是完全得親身參與到我們的判斷和決定中，因此正是在那些我們自認為是客觀而非主觀的時刻，我們處於自我欺騙和偏離健全方法論的最大風險中。」（p. 562）

沿著與施瓦布非常相似的思路，奧恩斯坦（Ornstein, 1995）認為，「自體心理學原則指導下的分析師並不**要求**病人把分析師體驗為獨特的他人」（p.423n，粗體字為後加的）。這一說法有些含糊，因為它取決於「要求」一詞的含義。雙人心理學並不一定持有一個對立的臨床立場；然而，它強調分析師的存在本身作為「要求」病人的方式。

關係陣營中的人際派傾向於反對自體心理學，因為他們認為它是單人的心理學，側重於病人基於早期歷史而呈現的自戀性移情（Bromberg, 1989）。對這些人際派的批評者來說，自體心理學中「共情」的概念似乎將分析師置於和病人一起參與的分析領域之外，而「自體客體」的概念似乎掩蓋了真實他人的重要性。米契爾（1988a）本人在借鑒寇哈特重要貢獻的同時，反對自體心理學中非常重要的「發展性－抑制」（developmental-arrest）的觀點。他堅持認為，這種觀點重述了病人所經歷的傷害，使他們更有可能認為自己在過去被動地接受了不適當的照顧，並有理由覺得自己在當下也是受害者，即使與他們的分析師在一起時也如此。

從自體心理學的角度來看，人際主義者和關係主義者堅持自己對於病人功能的看法，而沒有採納病人的視角；他們與病人的立場之間過度對立，「要求」病人把他們當作獨立的個體來體驗；他們在一個「遠離體驗」的理論框架下工作；他們忽

視了移情中的自體客體維度。更複雜的是，自寇哈特作出最初的貢獻以來，自體心理學已經有了很大的發展，今天的自體心理學家們對彼此間的共性和差異幾乎沒有一致的看法（例如，對自體客體的含義幾乎沒有一致的看法），更不用說與其他流派的比較。當代各個自體心理學家之間的分歧之一在於，他們對於自體心理學多大程度上體現為單人心理學的看法不同。有兩卷論文涉及了比較精神分析的這些問題（Detrick andDetrick, 1989；Bacal andNewman, 1990），此外還有一個題為「寇哈特之後的自體心理學」（1995）研討會也專門討論了這個話題。

當然，許多自體心理學家們認為他們已經超越了寇哈特狹隘的單人心理學，並對更廣泛的關係框架敞開懷抱。例如，巴卡爾（Bacal, 1995a）試圖在自體心理學和客體關係理論之間建立一座橋樑。他認為，自體心理學在其理論中使「他人」變得不明顯，但客體關係理論在其理論中使「自體」變得不明顯。因此，這兩個理論中的一方都需要另一方才完整。同樣地，正如我們在第一章中所看到的，史托羅洛和他的同事們之所以闡述互為主體性的立場，正是因為他們對自體心理學中的單人心理方面的批評。史托羅洛（1995）闡釋了寇哈特保留「孤立心靈學說的遺跡」（p.394）的各種方式，這些遺跡在當代自體心理學的許多方面都持續存在著。史托羅洛的立場強調了主體性在情境互動中的互惠性和相互影響，因此相比其他自體心理學家的立場而言更接近關係派的觀點。

客體關係理論

構成英國客體關係學派的不同取向，對於單人或雙人心理學的承諾也各有不同。將分析師看作是「足夠好（good enough）的母親」和「抱持者」（winnicott, 1986），或作為病人病理內容的「容器」（Bion, 1959）和「代謝者」，這些隱喻非常有助於我們關注非語言的微妙交流，並留意到分析師需要回應這些「原始交流」的方式。然而，這些「發展性－抑制」的隱喻所具有的危險之處在於，它們不僅使病人被幼稚化，剝奪了其作為成人享有的更豐富和更複雜的親密關係；而且，正如米契爾（1988a）正確指出的那樣，分析師也同樣被工具化，其主觀性的存在被否認了。母親和分析師都不再被視為主體，而是被轉化為嬰兒和病人的「思維裝置」（thinking apparatus）（Bion, 1970）。空白螢幕的比喻只是被替換成了一個空的容器，其中不帶有分析師個人的內在心理（Hoffinan, 1983; Levenson, 1983; Hirsch, 1987）。類似地，喬多羅（1989）指出，大多數客體關係理論家仍然從兒童的角度出發，把母親作為客體，並沒有認真對待母親自身具有的主體性問題（p. 253）。

雷尼克（Renik, 1995）對克里斯多夫·波拉斯（Christopher Bollas）的工作進行了深刻的批判，後者是當前英國獨立派的領軍人物。波拉斯（1987）以關注分析師的主體性而聞名，甚至鼓勵分析師以克制的、有紀律的、有選擇的方式與病人分享反移情的體驗。然而，在提倡把分析師的主體性作為理解來自病人的影響的資源時，波拉斯再次削弱了對分析

師自身獨有的主體性的認可。波拉斯採用了傳統上英國派的觀點，把分析師作為投射性認同的容器、接收者、接受者，即創造一個潛在的空間，使病人可以在其中創造他們需要的分析師。波拉斯建議分析師向內看，進入他們自己的主體性，在他們自己內部去發現他們的病人。雷尼克（1995）的觀點認為，在波拉斯的表述中，分析師個人獨特的心理被削弱了。波拉斯假設，病人對投射性認同或潛意識交流的使用會推翻或加強分析師的主體性，而不是認為病人的心理與分析師的心理是交織在一起的。如果是一個發展更為充分的雙人心理學，那麼分析師不論向內或向外看都只能發現一個由兩人心理構成的混合體。

▍人際理論

令人吃驚的是，即使是人際理論也不是作為一種完全的雙人心理學開始的。雖然當代人際派分析師（Levenson, 1972, 1983；Wolstein, 1983）強調分析師對病人的移情具有個人貢獻，但蘇利文的臨床立場卻並非如此。蘇利文（1953, 1954）認為，治療師是人際關係的「專家」，在進行分析調查時作為一個「參與的觀察者」發揮作用。他也認為治療師作為專家可以避免捲入病人的人際糾葛中（Hoffman, 1983; Hirsch, 1987）。雖然在考察病人生活方面，蘇利文的人際理論是人際性的，但在忽視治療師不可避免地參與分析互動的主體性方面，又是非社會性的。不過，蘇利文對「參與性觀察」原則的描述很快引導其關注分析師的主觀經驗以及病人對分析師體驗

的感知，這成為後來人際派分析師們關注的焦點。

　　儘管蘇利文對分析中移情和反移情的關注有限，但他對精神病學人際理論的發展，以及後來克拉拉·湯普森（Clara Thompson）、埃里希·佛洛姆（Erich Fromm）和弗里達·佛洛姆－瑞奇曼（Frieda Fromm-Reichmann）等人把這一理論闡述為人際精神分析，加上蘇蒂（Suttie）和巴林特在倫敦進行的類似工作，這些都是最早試圖構建一個精神分析雙人理論或場域理論的嘗試。值得注意的是，這些理論家中的每一位都受到了桑多爾·費倫齊開創性貢獻所影響（他的工作將在第六章進行介紹）。

　　當今，在人際派群體中關於人際理論是一種完全的雙人心理學還是一種單人心理學的問題存在著分歧。列文森（Levenson, 1972, 1983）清楚地強調了人際理論中的場域理論和雙人維度，而沃斯坦（Wolstein, 1990）所闡述的當代人際理論不僅強調經驗性和實證性，而且還特別強調人際性的自體在心理上的核心體驗。沃斯坦淡化了任何將他的後設心理學立場進行普遍化的嘗試，他聚焦的是人際情境下的單人心理學：「從這個自體的心理中心產生的是自主和責任等堅韌的治療元素，而在研究自我、客體或人際關係時，這種不可還原的主體性被視作第一人稱，是單一且主動的。」（p.248）可見，沃斯坦的理論在對潛意識體驗進行人際的、雙向的、共同參與的心理調查中將自體置於一個超然的地位。與列文森的人際主義相比，沃斯坦的理論可以說宣導的是一種更加平衡的單人和雙人心理學。雖然列文森的模型在關係派分析師中非常有影響力，因為它強調了治療關係的互動層面，但在我看來，沃

斯坦的模型強調我們同時需要單人和雙人心理學，因而是對列文森模式的有益補充。[7]

單人與雙人心理學：互補還是衝突？

莫德爾（Modell, 1984）是最早明確建議對單人和雙人心理學進行整合的理論家之一。他提出，精神分析中強調內部心理的傳統是對雙人主體間心理學的補充，精神分析同時需要這兩種理論。在莫德爾看來，由於局限於對「心靈」（Mind）的研究，並把「心靈」概念化為是在個體「內部」的，佛洛伊德理論被迫藉由使用諸如內化和表徵這樣的概念，回到個人的心靈層面來解釋人際事件。正如巴林特（1950）將單人理論看作是佛洛伊德生理學或生物學偏見的必然結果，莫德爾也認為，佛洛伊德早期的神經學調查，以及他對唯物主義、自然科學理想的忠誠，不可避免地會導致他對個人心靈的關注。

葛林柏格和米契爾（Greenberg and Mitchell, 1983）區分了驅力模型和關係模型，前者「將個人尋求快樂和驅力釋放確立為人類存在的基石」（p.404），後者則將關係配置確立為存在的基石。米契爾（1988a）認為，區別單一的心靈理論（單

7　關於當代人際立場的有趣描述，可參見費斯卡林尼的說法（Fiscalini, 1994）。可能令人驚訝的是，根據費斯卡林尼的說法，關係立場代表的是當代人際學派中的一個群體。這與我的觀點相反，我認為人際理論是作為更廣泛的關係運動的一翼。顯然，我們各自強調的差異可以被看作是視角主義的又一個證明，這是我們都同意的原則。

人心理學）和互動關係的心靈理論（雙人心理學）對於精神分析概念的理解至關重要。根據葛林柏格和米契爾（1983）的觀點，這兩個模型都是包羅萬象的理論結構，其中的每一個模型都能獨立解釋精神分析方法產生的所有資訊。每一個模型都對人類體驗進行了完整和全面的說明。不過，它們分別建立在根本不同的、互不相容的前提上，任何一種理論都不能被還原為另一種。最終，葛林柏格和米契爾認為，哪種模式更有吸引力，哪種人性觀更有說服力，這是個人選擇的問題。

米契爾（1988a, 1993a）一直採取的立場認為，對此需要作出一個基進的選擇。他認為，過去二十年來精神分析內部經歷的運動完全是一種「典範轉變」。他寫道：「心靈已經被重新定義，之前心靈被定義為一套從個體有機體內部出現的預定結構，後來轉變到被定義為是從互動的人際領域中產生的處理模式和內部結構。」（Mitchell, 1988a, p. 17）然而，即使米契爾承認人際體驗不可避免地會對兒童產生影響，但兒童在互動中也會帶入自己的氣質和先天稟賦，因此人際關係總是受到了經由個人帶入體驗的特殊能力的過濾。在這個意義上，米契爾的雙人心理學本身就包括了對單人心理學的隱含承認。米契爾認為，生物學要素只有在經由互動調解的情況下才能進入人類體驗。當然，這種關係取向並不提倡消除身體的影響。米契爾認為，身體不是以直接或無仲介的方式在頭腦中表現出來的；相反地，身體的意義和感覺是在一個語言性的、互動的領域中被建構起來的（Mitchell, in press）。

性和攻擊，這兩個古典理論中的雙重驅力並沒有被米契爾所忽視，儘管他對它們的處理方式與古典派分析師的處理方式

有很大不同。再次重申一下，我們需要從歷史的角度來理解關係立場，即它試圖平衡佛洛伊德派和人際派的傳統。我在接受分析培訓的時候，聽到這樣一個經常被提起的笑話：如果一位病人和佛洛伊德主義者談論親密關係，那麼分析師就會用性來解釋；如果一位病人和人際主義者談論性，那麼分析師就會用親密關係來回應。這個笑話說出了這兩種理論在側重人類生活優先次序上的一些真相。關係理論試圖維持這兩種立場之間的張力。米契爾（1988a）提出，不是把性簡單地歸因於關係情境，而是去理解在特定的關係情境下生理和身體上的性湧動對個人產生的意義。同樣地，米契爾（1993a）談到了生理學和生物學在理解人類攻擊性方面的重要性。在我看來，米契爾的立場絲毫沒有忽視發展中的個人或先天因素，也沒有忽視個人天賦、能力、身體因素、生理學或一般所謂的個體差異心理學的作用。相反地，米契爾在人際情境中看待自體，並將生物學解釋為透過社會性要素的調解才間接地進入體驗。他的關係性雙人心理學涵蓋了通常被認為是單人心理學的各個方面。儘管如此，他無疑更強調雙人的因素。

在談到「單人和雙人心理學是互補還是矛盾」的問題、「我們是否同時需要單人和雙人心理學」，或者，「雙人心理學是否取代了單人心理學」的問題時，我們最好首先考慮佛洛伊德的一段話，這段話闡明了他認為精神分析是一種「雙人的結構集」（mass structure of two）。雖然佛洛伊德的著作很容易被用來支持幾乎任何立場，但在這段話中，佛洛伊德（1921）「解構」了單人和雙人心理學之間的二分，並主張個人和社會之間的辯證關係：

個人心理學和社會或群體心理學之間的對比，乍一看似乎充滿了意義，但當它被更仔細地審視時，就會失去很大的銳度。誠然，個人心理學關注的是個人，並探索個體尋求滿足其本能衝動的途徑；但只有在很少的情況下，或在某些特殊條件下，個人心理學才有可能無視個人與他人的關係。在個人的心靈生活中，其他人總是參與其中的，被作為一個範本、一個客體、一個幫助者、一個對手；因此，在擴展這個詞的完全合理的意義上，從一開始，個人心理學同時也是社會心理學（p.69）。

根特（1989）將精神分析的歷史描述為由單人和雙人心理學之間辯證地轉變構成的歷史。他相信，我們需要一個擴展的理論來包涵對單人和雙人心理學的整合。吉爾（1994）贊同根特的整合取向。巴拉特和巴拉斯（Blatt, Blass, 1992）提出，自我定義和關聯性分別都是人格發展中的主要維度。同樣地，斯拉文和克里格曼（Slavin and Kriegman, 1992）利用進化生物學的框架來保持古典派觀點和關係派觀點之間辯證性的張力。

在試圖理清單人和雙人心理學之間的矛盾性和互補性問題時，我們面臨的主要困難在於這兩個術語的所指是不明確的。有時，單人和雙人心理學被等同於經驗與先天之間的二分，但人們也經常用這兩個術語來區分心理內部和人際關係，而這些術語本身也是十分模糊的。另一些時候，單人和雙人心理學的術語可能被用來指涉自我調節（self-regulation）和相互調節（mutual regulation）。這兩個術語常被畢比、亞菲

和拉赫曼（Beebe, Jaffe and Lachmann, 1992）等嬰兒研究者們使用，他們認為最好是把二元配對系統（dyadic system）看作是由整合穩定的個人特徵和湧現的二元屬性構成的。我同意拉赫曼和畢比（1995）的觀點，他們認為自我調節和相互調節之間的區別更具體、也更有用，而且橫跨了單人和雙人心理學。此外，自我調節和相互調節之間的區別並不意味著一種非此即彼的含義。

　　我一直認為，單人和雙人心理學這兩個詞被如此廣泛地使用，涵蓋了如此多的概念領域，以至於當有人主張只需要一個或兩個視角的立場時，我們很難知道這是什麼意思。大衛・巴坎（David Bakan, 1966）進行了以下區分：

> 用「能動」（agency）和「共融」（communion）這兩個術語來描述生物體存在的兩種基本模式。能動是指有機體作為個體性的存在，而共融是指個體作為更大有機體的一部分而參與其中。能動表現為自我保護、自我主張和自我擴展；共融則表現為與其他有機體融為一體的感覺。能動本身表現為分離的形式；共融則表現為分離的缺乏。能動表現為孤立、疏遠與孤獨；共融表現為接觸、開放與聯合（p.14-15）。

　　在之前的文章中，我們看到根特（Ghent, 1989）借鑒布伯（Buber, 1947）對創造的本能和共融的本能進行的區分，因此建立了他自己有關單人和雙人心理學辯證關係的理論。在某些方面，單人和雙人心理學的術語也與巴坎（1966）對能動和共

融的區分相一致。當然，一個全面的精神分析理論需要同時考慮到這兩種模式。我們一直在討論的所有二分法最好能以辯證的方式來處理。也就是說，把世界分成先天的和經驗的，或者心理內部和人際的，這肯定太簡單化了，因為這些術語中的每一個都包含、組織並定義了另一個術語。從我引用佛洛伊德（1921）的那段話中可以看出，他清楚地看到，個人包含了社會性，而社會也包含了個人性。任何關係理論傾向於強調雙人心理學的超然地位，這主要是出於糾正古典精神分析對單人心理學要素的過度關注。

使問題更加複雜的一種做法是，奧爾特曼（Altman, 1995）建議我們不要談論單人或雙人心理學，而是談論三人心理學！奧爾特曼明確指出，更廣泛的社會系統視角可以豐富我們對單人和雙人的理解。家庭治療師和系統理論家同樣認為，談論雙人心理學是有局限性的，因為它忽視了更廣泛的社會系統要素的貢獻。治療關係是思考三人心理學的一個很好的例子，因為它是在一個特定的診所或與一個特定的保險公司一起運作的，雷克（Racker, 1968）在討論「間接的反移情」（p. 161）時考慮到了這些因素。[8]

---

8 系統理論和家庭治療對關係派分析師有重要的影響，儘管這點很少被承認。年輕一代的分析師主要來自心理學和社會工作的專業，他們在成為分析師之前通常都有一些家庭治療的經驗。一旦接觸到系統理論（在過去二十年裡，任何接受過心理健康專業培訓的人都接觸過系統理論），就很容易把分析關係看作是一個二元的系統，其中的個體（病人或分析師）只能被理解為一個子系統。這種系統模型與關係理論相當相容。

在結束對單人、雙人和三人心理學以及關係理論的討論時，看似明確的是，我們需要從「既／又」的角度來思考，而不是「非此即彼」的角度；我們需要對個人和社會、先天和後天、軀體（「驅力」）和人際、自治和相互、主體內和主體間、能動和共融等方面進行辯證地思考。把關係理論看成只代表這些極性中的一個，這就誤解了關係理論家們的意圖，也誤解了關係這個詞被創造出來的目的。請記住，在第一章中我們就提到過，由葛林柏格和米契爾（1983）特別提出的「關係」這個詞比「人際」更廣泛，就是為了便於在其中包含這些張力。它的初衷是為了彌合英國客體關係學派理論和美國人際關係理論之間的隔閡。關係理論從一開始就被表述為一種辯證的理論，包括對這些不同極性的解構。也許「關係」一詞最重要的方面恰恰在於，它包涵了個人與社會、內部客體與外部人際關係、自我調節與相互調節之間的關係。如果關係理論傾向於強調它是一種雙人心理學，這並不是因為它摒棄了單人心理學的所有元素，而是因為在精神分析的歷史中，以及在更普遍的西方文化中，我們的偏見是如此強烈地傾向於個人觀點，我們的價值觀是如此高度的個人主義，以至於需要對其進行糾正。正如我在整個討論中所指出的，我們的技術性術語都是在個人主義的單人框架內被定義和使用的。我們談論病人個人形成的移情；我們談論個人的心靈或心理以及個人的潛意識；我們談論病人的阻抗，甚至分析師的阻抗。在關係視角出現之前，我們沒有相應的詞語來描訴關係性的潛意識、關係性的阻抗或關係性的移情。現在，我們已經把焦點轉到對共同參與的模式、相互的構建，以及互動的關注。最終，我們需要同時考

慮個人如何決定關係，以及關係如何決定個人。也許，關係這個詞似乎偏向於上述第二種考慮。但是，鑒於普遍存在對第一種考慮的偏向，一定程度的糾正和抵消是必要的。

對關係理論以及單人和雙人心理學的討論把我們引向一個與之相關的術語，即互為主體性，這個術語也是模糊不清的。正如我在第一章提到的，佛洛伊德告誡人們不要引入「主觀因素」，理由是它會減損客觀性，從而減損精神分析的科學地位。當今，在所有學科對科學的追尋中，主觀性和客觀性的兩極分化已經受到質疑，調查者的主體性已經被納入學科的方法論，我們已經開始研究互為主體性的性質及其發展。在下一章中，我將闡述互為主體性的各種含義，探討其理論和臨床意義，並研究病人對分析師主體性的體驗，這是一個心靈相遇的心理空間。

第 3 章

病人對分析師主體性的體驗

　　儘管許多來自文化、社會和科學的發展都為精神分析過程的關係性觀點做出了貢獻，但我認為，互為主體觀點的轉向主要來自我們在與病人的精神分析工作中積累的臨床經驗。在本章中，我特別考察精神分析情境中病人對分析師主體性體驗所具有的臨床核心地位。

▍互為主體性的發展

　　正是隨著女性主義精神分析批評的最新發展，才使我們看到心理學和精神分析是如何促成並維持對母親的歪曲描述（Dinnerstein, 1973; Chodorow, 1978; Balbus, 1982; Benjamin, 1988）。在我們所有的發展理論中，母親都被描繪成嬰兒驅力的客體以及嬰兒需求的滿足者。我們遲遲沒有意識到或承認母親本身也是一個主體。在討論普遍存在的母親心理描述時，班傑明（Benjamin, 1988）寫道：

> 母親是嬰兒第一個依附的客體，之後是其欲望的客體。她是提供者、對話者、照顧者、刺激的強化者、重要的他人、共情的理解者、一面鏡子。她也是嬰兒之所以可以遠

離的安全存在，是規則的制定者，是恰當的挫折者，是令人震驚的真實的外在他者。她是外在現實——但她很少被視為除了為孩子存在這一目的之外的主體（p.24）。

班傑明認為，孩子必須認識到母親是一個獨立的人，她有自己的內心世界和自己的體驗，她是自己主動性的中心，也是自身欲望的能動者。在班傑明看來，兒童一旦具備了這種擴展能力，就代表其達成了一項重要的、前所未有的發展性成就。班傑明提出，最好將這種識別互為主體聯繫（intersubjective relatedness）的能力所達成的成就概念化為一條單獨的發展路線。對此，她也已經開始闡述這一進步所涉及的複雜變化。這一發展成就與之前文獻中描述的完全不同。「客體恆常性」的傳統概念僅限於將母親識別為一個單獨的「客體」。而互為主體的角度強調的是，孩子需要將母親識別為一個獨立的主體，這是一種超越了將母親僅僅作為一個獨立客體的發展性的進步。鄧納斯坦（Dinnerstein, 1976）就預見了這一互為主體性的觀點：「每一個『我』（I）的第一次出現都與一個『它』（It）有關，而這個『它』（It）顯然完全不是一個『我』（I）。發現另一個人獨立的『我性』（'I'ness）」是一種隨著時間推移而獲得的洞察。」(p. 106)[1]

互為主體性一詞以各種各樣的方式被哲學家和精神分析

1　將他人看作是「我」還是「它」出自於布伯（Buber, 1923）的《我與你》。在第五章中我對布伯的互為主體性和「在人之間」（interhuman）進行了進一步的點評。

師使用。班傑明（1988）對互為主體性的研究強調了相互識別作為自體發展的一個內在面向。就臨床精神分析情境而言，班傑明（1990）寫道「探尋分析中的互為主體性維度是為了將我們的理論和實踐改變為『有客體的地方，也一定有主體』」（p. 34）。班傑明利用她的批判理論背景，從哈伯馬斯（Habermas）和其他哲學家那裡採納了互為主體性這個術語。這些哲學家們特意構造了主體－主體關係的概念，使之與主體－客體關係相對照。對班傑明（1992）來說，互為主體性「指涉的體驗和理論區域是，他人不僅僅是自我需要／驅動或認知／感知的客體，而是具有一個同等獨立的自我中心」（p. 45）。一個人如何能認識到對方是一個同等的主體，這是她繼溫尼考特之後試圖解決的核心問題。她認為，在我們的理論中，我們需要在將他人作為客體與將他人作為獨立主體之間保持一種張力。她用心理內（intrapsychic）和主體間（intersubjective）這兩個詞分別表示這兩個領域，並且她堅持同時維持心理內和主體間的理論。

溫尼考特（1954-1955）預測了互為主體性視角的重要性，並就互為主體性的建立提出了初步的假設。他擴展了克萊恩的憂鬱位置概念，其中包含了「憐憫」（ruth）能力的發展（p. 265），並與「無情」（ruthlessness）狀態進行了對比，後者存在於發展出把他人識別為獨立個體的能力之前。溫尼考特（1969）闡述了一種「客體使用」的理論，該理論描述了嬰兒在摧毀客體的過程中發現客體在破壞中得以倖存，因此能夠放棄全能感，並將另一個人識別為獨立的人。溫尼考特（1951, 1958）將焦點轉到內在世界與外在環境的交界，從而

發展出過渡性客體和過渡性現象的概念，試圖探索在這兩個世界之間進行操作時的仲介過程。

在關係理論之外，互為主體性的觀點早已借由拉岡的理論而得到發展。拉岡也許是在二十世紀五〇年代中期的研討會上首次討論了精神分析情境中互為主體性的含義。拉岡及其後繼者們將主體性的出現描述為，是在個人體驗形成中受到語言和其他文化結構的調節。由此，拉岡介紹了將社會領域中的心理整合進精神分析思想的方式。

史托羅洛及其同事（1978）將互為主體性這個詞引入美國精神分析。對他們來說，

> 互為主體性理論是一種場論或系統論，因為它試圖不把心理現象理解為孤立的心理內部機制的產物，而是在主體相互作用的介面上形成的（Stolorow and Atwood, 1992, p. 1）。

他們指出，他們對互為主體性這個詞的使用從來沒有預設過象徵性思維的獲得，沒有預設過將個體作為主體的概念，也沒有預設過史騰（Stern, 1985）所使用的互為主體關聯性。「與發展論者不同，」他們寫道，「我們用『互為主體』來指任何由體驗的互動世界形成的心理領域，無論這些世界在什麼發展水準上被組織起來。」（p. 3）

班傑明、史托羅洛和史騰在使用互為主體性這個術語的方式上有很大不同。對班傑明（1988）來說，互為主體性是一個發展軌跡，在這個軌跡中維持的識別是不一致的。互為主體

性指的是一個辯證的過程，在這個過程中主體互相承認對方是獨立的主觀體驗的中心，但也不斷地否定對方是獨立的主體。繼受到特雷瓦爾坦和哈伯利（Trevarthan and Hubley, 1978, cited in Stern, 1985, p. 124）於七〇年代中期存在主義文獻的影響之後（Natterson, 1991），對於史騰來說，互為主體性指的是在發展中實現的能力，即承認另一個人是獨立的主觀經驗中心，可以與之分享主觀的狀態。

史騰（1985）對自我意識發展進程的描述已經開始引起人們對互為主體關聯性領域的關注，在這個領域中關聯性的性質包括對他人和自己主觀心理狀態的識別。最近關於自我和他人內部表徵構建的理論研究（Lichtenberg, 1983; Beebe and Lachmann, 1988a; Stern, 1989），剛開始關注到兒童逐漸發展出的、將主觀性或內部狀態歸屬於他人的能力，並探索這些內部狀態能在人際間交流的方式。

史騰（1983）寫道，在第七個月和第九個月之間的某個時刻，嬰兒有了：

> 一個巨大的發現，即他們能夠與他人分享諸如意圖這樣的心理狀態。換言之，嬰兒發展出了一個「可交界的心理理論」。這具有多重含義：意味著嬰兒有能力不知不覺地對他人的內在心理狀態進行歸因；意味著嬰兒具備對某個特定內在心理狀態的統覺；也意味著嬰兒對這兩個狀態的分享或互相展現並不僅僅成為可能，而且還是其尋求的目的（p. 8-9）。

史騰（1985）的理解是，傳統精神分析的自我心理學發展理論忽視了對互相持有的心理狀態的創造，因為它過度僵化地強調了透過分離－個體化過程而產生的、更為獨立自主的自我。相反地，史騰引用了維果斯基（Vygotsky）的「心理間」（intermental）概念、費爾貝恩（Fairbairn）關於新生兒內在人際關聯的概念，麥克－莫瑞（Mac-Murray）關於人的哲學觀，以及蘇利文的人際場論等作為在精神分析主流之外接受將互為主體性作為一個二元現象進行研究的、有影響力的理論家們的例子。

相反的是，對於史托羅洛及其同事而言，互為主體性一詞被用於任何由兩個主體構成的場域中，即使個體並沒有將另一個人視為獨立的主體（Stolorow and Atwood, 1992）。

> 班傑明一方面與史騰，另一方面與史托羅洛及其同事就使用互為主體性一詞的不同在於，班傑明用這個詞來描述一個相互承認彼此主體性的發展性成就。她的思想中包含的觀點是把互為主體性作為一個分類，指涉一個完整的辯證的連續譜，一端朝向相互承認，另一端否定相互承認。而史托羅洛及其同事用互為主體性一詞指的是相互規範的原則和潛意識影響。

透過提問該詞如何與人際一詞進行區別，類似赫希（Hirsch, 1993）這樣的理論家質疑了史托羅洛對互為主體性一詞的使用。

關係理論、人際理論和互為主體理論的交界在於他們將

關注點從個體轉向「之間的領域」（realm of the between）
（Gergen, 1994）或分析師與被分析者之間的「過渡空間」。
米德（Mead）早期的工作對這一觀點作出了主要貢獻，並對
蘇利文（1953, 1954）的人際理論產生了巨大影響。米德認
為，自我意識是在採納他人對自己的觀點中產生的。一個人對
自己的概念依賴於他人的態度和行為；自我在根本上是互為主
體性的、彼此依賴的。蘇利文（1953, 1954）在他對精神病理
學的微觀社會過程的概念化中發展了這一思想，他在人際過程
而非內在心理過程中追溯症狀的產生。客體關係理論雖然繼續
強調心理結構的構成，但也將他們的關注點轉向自我與他人的
相互關聯性；類似地，自體心理學也以自體與自體客體之間的
關係為核心。

皮茲爾（1992）將互為主體性概念與協商的雙人過程進行
關聯，提出了「互為主體性的協商」（p. 217）。他認為我們
不論是在意識層面還是潛意識層面都持續地彼此影響，而病人
和分析師也以這樣的方式交織了移情－反移情的複雜畫卷；透
過彼此協商達成了心靈的相遇。

當代克萊恩派也對互為主體性的發展感興趣。作為克萊
恩－比昂派理論的核心概念，投射性認同被認為出現在人生的
非常早期階段。繼比昂（1959）之後，透過強調投射性認同作
為一種早期的、前語言的、前表徵的溝通方式，理論家們須重
新考慮在人生的多早期，嬰兒就已經能夠識別到另一個心靈物
件的存在。

可以說，心理世界一旦開始出現，它就具有了一個完全心

靈主義的基礎——任何事物都是一個心靈。一個具體的物理現實只作為之後的一個意識而出現。這一觀點挫敗了更通常的、關於心靈發展的概念：心靈從一個物理感知的早期階段，發展到一個感知他人心靈的更為成熟的後期階段（Hinshelwood,1994,p.133）。

也許具備互為主體性的能力並不是一個發展過程，而是人腦在一出生時就具備的硬體，用比昂的術語來說，是一種前感知；或者用喬姆斯基（Chomsky, 1957, 1968）的語言來說，我們也許應該把它看作是一個隨著成熟而展現的硬體。相較於比史騰的發展模型，以這樣的方式來看待互為主體性的早期發展或內在能力具有不同的含義，而進一步提出的疑問是它與史托羅洛和發展主義者的立場之間的不同何在。也許，亨舍伍德（Hinshelwood）建議我們對新生嬰兒心靈的實際狀態保留不可知論的態度是對的。

納特森（Natterson, 1991）對當代精神分析理論中互為主體性一詞的各種用法進行了詳細比較。他自己的工作朝著對互為主體性進行基進且無情的分析方向發展。他對史托羅洛及其同事提出批評，認為他們在報告的案例研究中混淆了互為主體性和反移情這兩個術語。根據納特森的觀點，史托羅洛和他的追隨者將他們對互為主體性的關注限制在分析師與病人互動的病理性方面。從納特森的角度來看，史托羅洛的互為主體性對治療師對在治療中產生的持續影響沒有足夠的關注。對納特森來說，「如果不能完全將參與雙方所有的心理輸入和反應納入其中，就無法對問題有最佳的理解」（p. 99）。必須將互為主

體性與更傳統的移情－反移情觀點仔細區分開來，後者認為主要是病人對分析師產生影響。這一更傳統的觀點將反移情病理化了。對納特森來說，互為主體性意味著「分析師在分析過程中起到基本的、最初的、同等的作用」（p. 109）。

雖然我基本上同意納特森的論點，我也強調分析師在分析中起到基本的、持續的、雙向或相互的影響，但我個人的觀點認為，納特森把相互影響看作是「同等的」，這一點是錯誤的，因為相互影響不一定意味著同等的影響（我在第五章中將詳細說明這點）。在我看來，論及分析師的主體性或主觀經驗的組織比論及分析師的反移情更有優勢，而論及互為主體性比移情－反移情更有優勢。因為（1）主體性和互為主體性這兩個詞並沒有指涉病態的意思，（2）它們確實意味著雙向的影響，即使這一影響不一定是相等的，以及（3）這些詞確實意味著持續、不斷的影響，而相反地，反移情則意味著偶爾的或間歇性的事件。

湯瑪斯・奧格登（Thomas Ogden, 1986, 1989, 1994）比當今任何其他精神分析理論家都更系統地制定了一個關於發展精神病理學和精神分析治療中主體性和互為主體性相互作用的理論。奧格登將主體性的建立追溯到符號（symbol）和被符號化（symbolized）之間的區別。主體性被認為是在思想和思想物件之間的空間中出現的。「要使符號獨立於被符號化的東西，必須有一個主體參與到對其所感知的進行解釋的過程中……實現對符號和被符號化進行區分的能力就是主體性的實現。」（Ogden, 1986, pp. 224-225）

在他闡述主體性的辯證性質中，奧格登的工作是建立在佛

洛伊德、克萊恩和溫尼考特的基礎上的。對佛洛伊德來說，主體性是由意識和潛意識之間的辯證關係構成的。對克萊恩來說，主體是由偏執－類分裂（paranoid-schizoid）心理位置與憂鬱心理位置（depressive position）之間的擺動來定義的。在奧格登對克萊恩的解讀中，他認為克萊恩的投射性認同概念對主體性的理解做出了貢獻，因為它是在「複雜的心理－人際力量系統」中發展的（p. 8）。溫尼考特工作的核心概念認為：主體是在母親和嬰兒之間的（潛在）空間中存在的。奧格登的「分析的互為主體性」概念主要強調了其辯證的特點。在他對佛洛伊德、克萊恩和溫尼考特等人貢獻的闡述中，最終形成了他的原創性概念，即「分析式的第三方」（the analytic third），它既不是主體，也不是客體，而是由分析雙方在互為主體的層面共同創造的。「互為主體性和個體的主觀性彼此創造、否定和維繫對方，」從這些力量辯證的相互作用中產生的是「互為主體的分析式第三方」（Ogden, 1994, p. 64）。格森（Gerson, 1995）建議我們把這種心靈的相互關係稱作「關係性的潛意識」（relational unconscious）。

　　儘管奧格登的理論創新很大膽，但對其作品進行解讀後可以看出，他在技術上卻是相當保守的，尤其是他主張分析師的主體性主要被用來理解病人的體驗。奧格登強調精神分析的不對稱性，強烈反對「相互分析」的嘗試，並且不主張積極運用自我揭露。不過，在更根本的層面，對奧格登的閱讀給我留下的印象是，他認為自身的主體性在很大程度上只是對病人的反應，而不是發起互動的特定形式；他也不認為分析性參與從一開始就是相互影響的。而我在這裡提出的關係－視角主義

觀點則假定，病人和分析師自始至終是相互參與的，即使這種參與不是對等的。對於奧格登來說，矛盾之處在於主體性既是已然存在的，又是透過發展而達成的；在他對克萊恩關於偏執－類分裂和憂鬱位置的闡述中，這兩種位置從一開始就處於相互的辯證關係中。「即便是在生命的最初階段，」奧格登（1994）寫道：「嬰兒就已經觸碰到了一些對於他者的初步意識。同時，在意識的某一方面，嬰兒和他人是一體的」（p.198）。

在其他地方，我（Aron, 1993a, 1995a）已經論證了伊底帕斯階段和內化的原始場景是建立個體自我意識以及內部客體關係的基本結構，我也提到了該結構在建立互為主體性方面的作用。在前伊底帕斯階段，幼兒生活在一個雙人的世界中。幼兒與母親和父親都有關聯，但與他們每個人的關係是不同的；也就是說，孩子與父母雙方都有單獨的、獨特的關係。然而，孩子在同一時間只與父母中的一方產生關聯，即使這種關聯在瞬間從一個人換到另一個人。只有在三角客體關係的伊底帕斯階段，孩子才會感知到他或她是一個系統的一部分，這個系統中包含了父母之間的獨立關係，而孩子是被排除在外的。布里頓（Britton, 1989）用「三角空間」（p. 86）來描述對這種關係的內化。

伊底帕斯情結不僅意味著從兒童視自己為被父母關係排斥的局外人，還包括兒童的無數幻想，在這些幻想中整個家庭關係系統被試驗和內化了。小男孩或小女孩一會兒是被排除在外的小孩，被禁止享受成年人的性愛；一會兒是幻想中與父親爭奪母親之愛的對手；一會兒又愛著父親，並尋求與父親建立一

種單獨的、私人的、排他的關係。幼兒交替著把自己看成是雙人關係之外的觀察者，或是在雙人關係之內被第三人所觀察。因此，正是在伊底帕斯階段，幼兒第一次在觀察和參與之間交替進行。這種擺盪功能，即在體驗和觀察之間平穩地來回移動，只有在達到皮亞傑（Piaget）的具體運思期（Concrete-operation Stage）才會出現，因為它需要幼兒在頭腦中同時保持兩個視角（Flavell, 1963）。這種擺盪功能在臨床上很重要，因為它是個體能夠參與分析的基礎。

從互為主體性發展的角度來看，至關重要的是，在顛倒的伊底帕斯三角關係配置中，兒童將作為主體的自我（self-as-subject）與作為客體的自我（self-as-object）相認同，並且將作為主體的他人（other-as-subject）與作為客體的他人（other-as-object）相認同。兒童將父母的形象內化為客體，也內化為獨立的主體；由於這涉及到主觀性和客觀性的辯證關係，因此同樣重要的是兒童也內化並認同了父母對兒童的形象（反射的評價）（Sullivan, 1953, p. 17; see also Mead, 1934）。因此，作為一個組成部分，孩子對父母主體性的認同包括了將父母對孩子的主觀形象同時認同為一個主體和一個客體。實際上，這些觀點與班傑明（1988）的主體間和心理內互補的觀點是一致的。

前伊底帕斯與伊底帕斯的發展總是相互關聯的。互為主體性的發展不應該被看作是一種早期的或專門的前伊底帕斯的發展，例如，與接近肛門期相關聯的發展要與後來的伊底帕斯問題區分開來單獨進行研究。相反地，我所建議的觀點認為，主體性和互為主體性的建立是隨著伊底帕斯的發展而持續發展的。

兒童面臨著建立自體和客體恆常性的多重任務。他們需要
建立一種作為其行動和思想核心的自我意識；並且，他們需要
在有其他自我的情境下將這個自體視為諸多客體中的一個客
體（Bach, 1985）。同樣地，他們需要建立一種有關他者的意
識，既把他人作為其主體性的一個獨立的核心，又把他人視為
兒童自己主體性的物件（Benjamin, 1988）。這些發展對精神
分析來說至關重要，因為分析過程包含了內省、反思性的自我
意識，以及對自我人際關係的意識。因此，個體需要發展出一
個作為主觀自我的、內聚的自我意識，一個獨立核心的主體
性，一個自我作為能動者的意識，一個體驗性的自我。與此同
時，個體需要意識到，並能夠反思性地把自己作為調查的對
象，並且把自己作為他人願望和意圖的對象。個體需要達到這
兩個層面的自我，而且需要能夠將其中的每一個都識別為自己
的自我。例如，在「自戀性精神官能症」中，當一個被分析者
沒有實現這些不同的自我感或它們的整合時，分析的目標就變
為說明被分析者實現這些感覺。

　　岡粹普（Guntrip, 1969）提供了一個未能發展出這種整合
的戲劇性的例子，他講述了一位患有精神分裂的女性，她會在
母親對她進行延續毆打中打自己。當岡粹普有一次對她說，
這樣被打一定令她感到很害怕。她停下來，盯著分析師說，
「我沒有被打。我才是那個打人的人。」（p. 191）

　　後現代主義或後結構主義思想對存在統一的、內聚的、非
多重的、本質上獨特的身分本身提出了質疑。後結構主義對人
類主體進行了解構和去中心化，並堅持認為一個獨特的、有界
限的個人概念是由社會和歷史構成的。正是從這一後現代主

義的角度出發，迪門（Dimen, 1991）和戈德納（Coldner, 1991
年）對單一性別認同的想法提出了挑戰，認為它只是一個自
我的簡化版本，而對立的傾向已經被拆分和抑制了。「一個
普遍存在的假自我系統在遵守兩個性別系統的規則中產生」
（Goldner, 1991, p.259）。後現代主義者堅持我們每個人具有
「多重性」，並以懷疑的眼光看待我們的「身分」。因此，
互為主體性這個詞所指的不應該是兩個內聚的主體之間的關
係；相反地，互為主體性和人際性這些詞指的是多個人格之間
的關係（Barratt, 1994; Bromberg, 1994, 1995; Mitchell, 1993a）。

然而，有同情心的批評家（如：弗拉克斯〔Flax,
1990〕）認為，後現代主義者的錯誤在於沒有區分「核心自
我」（core self）和「統一自我」（unitary self）。弗拉克斯提
出，「那些讚美或呼籲『去中心化』自我的人似乎是自欺欺
人般地天真，他們沒有意識到自己內部基本的內聚力，這種
內聚力使體驗的碎片化不至於可怕地變為精神病。」（p. 218-
219）同樣地，里維拉（Rivera, 1989）總結說，人格整合或統
一的想法是必要的，但人格整合指的：

> 不是壓制不同觀點的聲音，而是不斷提高將所有這些聲
> 音稱為「我」的能力，不把其中任何一個聲音認同為故事
> 的全部，並認識到個人身分的建構是一個複雜的持續事
> 件，我們以無數矛盾的方式被刻在文化中（p. 28）。

我同意弗拉克斯和里維拉的建議，我們對主體性的理解
必須包括「身分」和「多重性」，而不是像後現代主義者希

望我們作的那樣放棄「身分」的概念。身分概念強調了一個人的連續性、同一性、統一性、恆定性、一致性、綜合性和整合性。後現代主義正確地關注到身分概念是如何掩蓋了人類內部以及彼此之間的差異。雖然說人們固然需要一個有凝聚力的、綜合的自我感覺，但他們也需要能夠接受缺乏整合的情況，並且在他們對自己是誰的感覺中容忍——也許是享受——混淆、矛盾、變動，甚至是混亂。他們需要接受自己的內部差異，接受自己缺乏連續性，接受自己的多重性，接受自己在不同時間、不同社會和人際環境中成為不同的人的能力。因此，我建議，與其放棄「身分」和「主體性」，不如同時把保持身分和多重性作為人類主體性的方面。

　　既然精神分析如此關注個人的主觀體驗以及兒童對他人體驗的發展，那為什麼長期以來卻忽視了對互為主體性的探索？為什麼我們花了這麼長時間才認識到，我們必須發展出一種他者概念，不僅把他人作為客體而且也作為獨立的主體？作為獨立的心理自我？作為獨立的經驗中心？

　　對這個問題的回答把我們帶回到古典理論，它本質上是由驅力理論的後設心理學主導的單人心理學。古典後設心理學將心靈設想為一個封閉的能量系統，由生物驅力推動能量的釋放。自我對這些驅力進行調節、引導和防禦，同時試圖找到適合的物件來達到它們的滿足感。在這個理論框架內，他人被「客體化」了，即被視為驅力的「物件」。由於該理論的重點是驅力的變化，於是他人的作用被降為驅力的對象，個體是滿足還是沮喪成為最相關的變數。只有當精神分析從驅力理論轉向關係理論時，精神分析才能開始在研究他者時，不把他作為

一個客體，而作為一個獨立的主體。正如米契爾（1986b）所說，「如果分析情境不被視為一個主體性和一個客體性，或者一個主體性和一個促進環境構成，而是兩個主體性，那麼參與和探究這種人際辯證關係將成為工作的核心焦點。」（p. 38）

在更深的潛意識層面上，精神分析理論家們之所以無法將早期發展的互為主體性概念化，可能是因為他們避免承認母親是一個獨立的主體。鄧納斯坦（1976）、喬多羅（1978）和班傑明（1988）已經闡明了我們對母親的集體恐懼和嫉妒導致我們將她客體化來作為控制和貶低她的一種手段。

互為主體性與臨床實踐

互為主體性理論對精神分析實踐的技術和理論都有深遠的影響。正如精神分析理論只把母親作為嬰兒需要的客體，而忽視了母親的主體性一樣，精神分析也只把分析師視為客體，而忽視了病人對分析師主體性的體驗。

關於分析情境的傳統模型保留了這樣的觀念，即一位精神官能症病人將其非理性的童年願望、防禦和衝突帶入分析，由比較成熟、健康和受過充分分析的分析師進行分析。而分析師以科學的客觀性和技術的中立性來研究病人。分析師的健康、理性、成熟、中立和客觀性都被理想化了，因此反移情被視為一種不幸卻（希望是）鮮少發生的失誤。在精神分析情境中，這種偏見把病人視為有病的，而分析師擁有治癒的方法（Racker, 1968），這導致了只有病人會有移情的假設。這就好像只有病人擁有「精神現實」（McLaughlin, 1981），而

分析師則代表著客觀現實。如果分析師要成為一個理性的、節制的、中立的、匿名的科學家或觀察者，一個「分析工具」（Isakower,1963），那麼除了分析師病態的、侵入性的反移情之外，該模型幾乎沒有空間容納分析師的心理現實或主體性。[2]

眾所周知，直到最近幾十年，反移情才被視為一個值得研究的話題，並在臨床上具有潛在的價值。在佛洛伊德（1910）看來，反移情反映了分析師對病人的移情反應引發的一種特定的干擾，需要分析師接受進一步的分析。當代理論家更傾向於採用「整體觀」（'totalistic' approach）（Kernberg, 1965）來看待反移情，認為反移情反映了分析師對病人的所有情緒反應，因此可作為臨床工具使用。之前的觀點將反移情視為對分析工作的一種阻礙，這種阻礙應該被控制或克服，並且在任何情況下都應該被保持在最低限度，但如今，大多數分析師都認識到分析師對病人的感受和幻想無處不在，並希望利用自己的反應來更好地瞭解病人。因此，精神分析擴大了它的關注內容，將分析師的主體性包括在內。然而，它還是沒有充分考慮到病人對分析師主體性的體驗。

在我看來，用「反移情」這個術語來指代分析師的全部反應是一個嚴重的錯誤，因為它仍在用病人的主體性來定義分析

2　艾薩克沃（Isakower）提出「分析工具」的概念對於強調病人和分析師之間潛意識溝通的重要性而言是有價值的。但是，「工具」這個詞是有問題的，因為它帶有機械性的和技術性的含義，並且它現在已經是一個過時的假像，被類似互為主體性這樣的概念所取代（Natterson, 1991）。

師的體驗。把分析師的體驗看作是對病人移情的「回擊」或回應，這會鼓勵人們認為分析師的體驗是被動的，而不是主觀地從分析師的精神自我中心發出的（McLaughlin, 1981; Wolstein, 1983）。這並不是說分析師從來不會對病人施加給他們的壓力做出反應。當然，分析師確實會對病人行為的影響做出反應。不過，反移情這個術語阻礙人們認識到分析師往往是一系列互動的發起者，因此這個術語弱化了分析師的行為對移情的影響。

我所提倡的關係性方法認為，病人與分析師的關係是透過持續的相互影響而不斷被建立和再建立的。在這個過程中，病人和分析師都系統性地相互影響對方，也被對方所影響。病人和分析師之間建立了一個溝通過程，在這個過程中，影響是雙向流動的。這種方法意味著一種「雙人心理學」，或將分析過程概念化為調節性的系統（regulatory-systems）（Aron, 1990）。移情和反移情這兩個術語很容易暗示一種單向影響的模式，即分析師對病人作出反應。雖然病人和分析師之間的影響是不均等的，但這並不意味著它不是相互的；分析關係可以是不帶有對稱性的相互影響。這種治療關係的模式受到拉赫曼和畢比（Lachmann and Bebee, 1988b, 1995）最近對母嬰相互影響進行概念化的強烈影響（我將在第四、五章進一步解釋）。

其他人也建議我們放棄反移情這個術語。奧林尼克（Olinick, 1969）建議用「分析師心理學」中的「古怪反應」來替代反移情一詞，但我認為使用古怪（eccentric）這個貶義詞沒有任何好處。博多（Bird, 1972）擴大了移情的含義，認

為它是所有人類關係的基礎。於是他建議簡單地使用「分析師的移情」一詞。然而，這樣會導致術語上的混亂，例如羅華德（Loewald, 1986, p. 280）討論了對病人對分析師的移情的反移情進行分析的重要性。麥考林（Mclaughlin, 1981）強烈主張完全放棄反移情這個術語。他寫道：「反移情這個詞尤其不能涵蓋分析師與病人面對面時其內心體驗的廣度和豐富性。」（p. 656）。

在一篇開創性的論文中，霍夫曼（Hoffman, 1983）匯集了來自各種精神分析學派理論家的工作。這些理論家共用了一個基進的、社會性的、視角主義的精神分析觀念，承認病人能對其分析師的體驗做出可信的推斷。霍夫曼提出了一個精神分析技術上的觀點，即把分析病人對分析師體驗的詮釋作為工作核心。在許多方面，本文可以看作是我對霍夫曼貢獻所作的進一步反思和闡述。雖然霍夫曼將他的論文命名為「病人作為分析師體驗的詮釋者」，但他仍然提到了病人對分析師反移情的詮釋。由於我不贊同反移情這一術語的含義，而更願意將本文的重點表述為病人對分析師主體性的體驗。

雷克（Racker, 1968）是最早提出以下技術性建議的人之一：「分析病人對反移情的幻想，這在最廣泛的意義上構成了移情的原因和結果，因而是移情分析的一個重要部分。」（p. 131）吉爾（Gill, 1983b））簡單而直接提出：「分析師把自己看作關係中的參與者帶來的結果是，他不僅會關注病人對分析師的態度，而且還會關注病人如何看待分析師對病人的態度。」（p. 112）在我看來，這一觀點似乎沒有得到應有的關注。

從古典的角度來看，由於分析師被認為只是最小限度地與病人一起參與（Gill, 1983），所以很少有人關注分析師個人性格特徵在分析中所發生的作用。分析師們沒有考慮到的是，病人不可避免地、堅持不懈地透過自己對分析師行為和內心體驗的觀察和推斷來尋求與分析師的連接。

沃斯坦（Wolstein, 1983）指出，阻抗是病人為了應付特定分析師而做出的防禦性努力，因此這些阻抗必然是病人為了適應分析師潛意識心理的某些方面而形成的。只有當特定的防禦或阻抗在某種程度上是為了配合特定分析師的人格時，這種特定的防禦或阻抗才會是有效的。因此，成功分析阻抗的最終結果是，病人不僅會瞭解自己的心理，還會瞭解他們生活中其他人的心理，特別是他們的分析師的心理。沃斯坦（1988）寫道：

> 最自然的事情莫過於病人將這種新的覺察和重建的力量轉向他們周圍的其他人——特別是他們的精神分析師——並描述他們感知到的反移情，這種反移情即是他們之前所阻抗的一部分（p.9）。

沃斯坦這一觀點的含義是巨大的，因為它意味著隨著對阻抗的分析，病人不僅讓自己的潛意識暴露了更多，而且還獲得了對分析師身上那些迄今為止未被注意到的、不相關的，或被壓抑的心理方面的覺察。儘管經過長時間的訓練分析，分析師仍然有可能沒有覺察到他們的病人注意到的一些情況。病人對分析師的一些觀察很可能是令分析師不愉快和焦慮的。因

此，分析師可能會因為自己的焦慮和阻抗而不去探索病人的阻抗（Racker, 1968; Gill, 1982; Hoffman, 1983）。

當然，經常有人認為，病人可以、也確實對分析師的心理產生幻想，並且對這些幻想進行分析的成功結果會是病人對自身心理的瞭解要多於對分析師心理的瞭解。然而，這些幻想不是內在決定的，不是由驅力決定的，不是病人封閉性的產物，也不是純粹來自過去人際體驗的期望的結果。相反地，這些幻想可以被視為病人試圖以他們自己獨特和特異的方式，努力應對和理解他們的分析師身上複雜且模糊的現實（Levenson, 1989）。最終，對這些幻想的分析必須同時有助於更清楚地理解病人和分析師的心理。

我相信，即使是非常不安、孤僻或自戀的病人，他們也總是能夠適應分析師的性格以及分析關係的人際現實。病人會有意無意地關注分析師對他們的態度和感受，但由於他們認為這些觀察會涉及到分析師性格的敏感方面，故可能只是間接地透過影射來向他人傳達這些觀察結果，譬如置換（displacement），或者透過將這些特徵描述為他們自身的一些方面，譬如認同（identification）（Lipton, 1977; Gill, 1982; Hoffman, 1983）。使潛意識意識化的一個重要方面，是將病人否認的觀察結果、被壓抑的幻想以及與分析師有關而尚未成形的體驗帶入意識，並清楚地表達出來（Racker, 1968; Levenson, 1972, 1983; Hoffman, 1983）。

所有孩子都會觀察並研究父母的性格。他們試圖透過深入父母的內心世界來與父母取得聯繫。克萊恩學派透過具體的隱喻生動地強調了這一點，即嬰兒爬進母親身體，試圖以此探索

母親的身體，並發現母親身體裡包含的所有客體。孩子們想像他們的母親全神貫注於什麼，以及全神貫注於誰。由此，他們瞭解到母親是如何與她們自己的母親，即他們的祖母相連接的。母親與她自己的母親建立關係的內部工作模型會影響到她的孩子對她的依附（Main, Kaplan and Cassidy, 1985）。孩子對居住在母親和父親內心世界中的客體，以及這些內在客體之間關係的性質有一定的瞭解。最重要的是，孩子們能夠合理地解釋父母對他們的態度和情感。孩子們有強烈的動機去深入到父母自體的中心。皮克（Pick, 1985）用克萊恩的語言闡述了這一觀點：「如果我們把用嘴尋找乳房作為一種先天的潛能，我相信也存在一種心理上的等價形式，即一種心理狀態對於另一種心理狀態的尋求」（p.157）。如果說存在著一種與心靈相遇的前經驗的動機性的驅力，那麼正如我之後（在第八章）會提到的那樣，也存在著一種想要保持隱藏、孤立和不被他人接觸到的驅力。在病人和治療師身上同時具有這兩種矛盾的願望。可見，互為主體性總是具有極大矛盾性的。

如果正如麥克道格（McDougall, 1980）所斷言的那樣，「嬰兒最早具有的現實是其母親的潛意識」（p. 251），那麼病人的心理現實可能也可以被認為是他們分析師的潛意識。病人對分析師內心世界懷著有意識和潛意識的信念。病人利用他們對分析師的觀察來構建分析師性格結構的圖景，不管分析師多麼試圖匿名，病人觀察的結果都是豐富的。病人或多或少進行了微妙的探察，試圖洞穿分析師職業性的冷靜和謹慎。他們進行這種探察，不僅是出於他們想以防禦或憤怒的方式擊敗他們的分析師，而且也出於他們與他人建立連接的需要。他們想

要與那些富有情感地生活著的、真實的、完全在場的他人建立連接，所以他們尋找有關他人內心世界的資訊。（雖然，他們是以矛盾的方式進行的，因為他們同時也希望不去瞭解他人或不被他人瞭解。）

關注病人對分析師主體性體驗的分析，為進一步探索病人在童年時對父母內心世界及其性格結構的體驗打開了大門。同樣，病人開始致力於觀察生活中其他人的性格，這對於病人在分析中開始進行更多心理思考是一個不可避免也必不可少的部分。前面所述的分析立場認為，幻想和記憶不僅是嬰兒式的願望以及防禦這些願望的載體，而且也是病人對重要他人的體驗的合理詮釋和表徵（Hoffman, 1983）。羅華德（1970）預見到了這一點，他寫道：

> 在這方面，把被分析者與幼兒進行比較，正如幼兒能允許自己自由地用潛意識的觸角仔細觀察父母的動機和情緒，如果父母或分析師允許這種自由，那麼這種方式可能有助於自我覺察（p. 280）。

在臨床情境中，我經常讓病人描述他們觀察到或注意到的，能揭示我們關係某些方面的任何關於我的資訊。例如，當病人說他們認為我對他們生氣，或是我嫉妒他們，或對他們表現出誘惑時，我會讓他們描述那些他們注意到的、導致他們產生這種信念的任何事情。我發現，對我來說，帶著一種真誠的信念去問這個問題是至關重要的，即相信透過病人的回答我可能會發現一些以前沒有認識到的、關於自己的東西。否則，病

人的觀察很容易被當作歪曲的事實而不被理會。病人往往太願意相信是他們把這些感覺投射或移情到分析師身上，於是他們又重新將分析師視為客觀、中立或善解人意的。我鼓勵病人告訴我他們觀察到的任何事情，並且堅信他們一定是基於我的一些行為才得出如此結論。我經常讓病人猜測或想像我的內心正在發生什麼，並特別關注病人注意到了我的哪些內在衝突。[3]

例如，一位病人說，當他聽到我的椅子輕微移動的時候，他有一瞬間以為我要打他了。於是我請病人詳細說說，他認為我的感受是怎樣的，他認為我憤怒的特徵和性質是怎樣的，他是因為注意到了我的什麼方面才讓他相信我以這種特定方式生氣的，以及他想像中的我一般會如何處理自己的憤怒和沮喪。我問這位病人，根據他對精神分析的「規則」和專業禮儀的理解，我對他如此憤怒卻不能直接表達，他認為我的感受會是怎麼樣的。我也問他，對於他發現並當面說出我所偽裝的憤怒，他覺得我的感覺會是如何。

我選擇先去探索病人對我最微妙的觀察，這些觀察反映了我對病人的態度，以及我的性格和個人的衝突；而不是去檢查病人自己投射的憤怒，以及病人當前或過去生活中從其他人身上置換的憤怒。按照吉爾（1983）的建議，所有這些憤怒最終

3　在其他地方（Aron, 1989），我曾建議，儘管病人常常不願意把這些感知和觀察用語言表達出來，但研究病人的夢的一個特殊價值是，「分析師利用夢的主題，不僅可以瞭解病人的移情，而且還可以瞭解病人對分析師反移情的感知和幻想」（p. 125）。現在，我在這裡所說的是分析師的主體性，而不是反移情。

都需要被探究，但我從分析此時此地的移情開始，專注於病人反應的合理基礎。無論我當時是否覺察到自己的憤怒情緒，我都以這種方式推進。我假設，在我自己意識到之前，病人很可能已經注意到了我的憤怒、嫉妒、興奮或其他的什麼。

探究病人對分析師主體性的體驗代表著用一種未被重視的、複雜的精神分析方法來進行移情分析。在分析時，需要在關注人際和內在、內部客體關係和外部客體關係之間保持一種平衡。雖然有時探索病人對分析師的看法有助於深化分析工作，但有時這種關注也會被病人和分析師當作防禦，以迴避病人痛苦的內心體驗（見雅各〔Jacobs, 1986, p. 304〕對這一問題的臨床說明）。有些時候我詢問病人關於他們對我的感受；另一些時候，我把他們對與我互動的關注詮釋為他們在迴避對自己內心的感受或迴避對自己的審視。當然，我需要保持一種開放的可能性，即我的詮釋本身可能是一種對自身阻抗的表達，是需要被探索的。最終，病人和分析師需要保持對話，對他們之間的這些意義進行協商。雖然不一定能達成一致意見，但這種對話是必要的。互為主體性的協商本身就是關係性實踐的本質。

雖然直接詢問病人對分析師的觀察通常是必要且有效的，但要引出病人對分析師態度的想法和感受，一種最有用的方法是去分析使這些想法和感受難以用言語表達的防禦和阻抗。直接詢問病人關於他們對治療關係的體驗，這樣的做法具有的劣勢在於，可能得到的更多只是表面的和意識層面的話語。分析師需要傾聽病人所有的聯想，以此作為瞭解病人體驗的線索。通常病人害怕冒犯分析師，或者害怕藉由面質分析

師性格中那些被迴避的部分而激怒分析師。病人擔心他們觀察到的那些部分太過私人化，越過了分析師願意讓他們探索的邊界。病人尤其可能擔心的是，如果他們暴露了分析師的弱點和性格缺陷，分析師可能會報復或感到沮喪、迴避或崩潰（(Gill, 1982)。隱含在這種恐懼中的不僅僅是病人的敵意、投射的恐懼，或是簡單的將分析師理想化的需要，還有病人對分析師誇大的認識，他們感到一旦分析師暴露出缺陷，這種誇大將會被粉碎。

病人對分析師的期望與病人的父母實際如何回應孩子對他們的觀察和理解有關。孩子逐漸真正地瞭解父母是誰，瞭解他們真實的情感所在，這會讓父母有何感受？父母能夠讓孩子深入其內心到什麼程度？父母是否因為自己的誇大，而不願讓孩子發現他們的弱點和脆弱？回到克萊恩關於嬰兒潛意識幻想嘗試進入母親身體的豐富意象，我們可能會思考那些暴力的、毀滅性的幻想是否僅僅是出於天生的貪婪和嫉羨？還是出於嬰兒嘗試進入父母內心但被拒絕的受挫所導致的？這些幻想是否可能準確反映了孩子感知到父母對於內心被滲透和被瞭解的害怕？

要使病人能夠描述他們對分析師的幻想和看法，分析師要保持開放性，具有關於病人對分析師主體性體驗的強烈好奇心。只有當分析師真正接受這種可能性時，即病人會與分析師交流一些有關分析師的新資訊，這些資訊是病人已瞭解到而分析師之前沒有意識到的，病人才會從這個過程中受益。另一方面，如果分析師帶著試圖聽到移情性扭曲的期待去傾聽病人，或者不對獲取「新的」關於自己的資訊的必要性和可能

性保持開放，那麼這樣的分析更有可能偏離軌道，或者繼續在遵從和屈服權威的基礎上進行。在精神分析內部存在著強調這種精神分析相互面的傳統，儘管這一傳統總是處於分析主流的邊緣。這一傳統開始於格羅代克（Groddeck, 1923）和費倫齊（Ferenczi, 1932）的工作，並尤其透過哈洛德‧西爾斯（Harold Searles, 1975, 1979）而得到發展。（我會在第五章和第六章中討論這一傳統。）

當病人被鼓勵說出他們對分析師主體性的體驗時，他們很可能會對分析師施加更大的壓力，使得分析師想要核實或反駁他們的看法。如果病人被鼓勵去探討他們對分析師主體性的看法，而分析師卻保持著相對的「匿名」，這對病人來說會是極其困難和令人沮喪的局面。一旦分析師對於病人對自己的看法表現出興趣，他們就會引起病人的注意（Little, 1951），並且對方肯定會感覺到壓力而揭露更多他們內心的想法。此外，分析師探究病人對他們的感知所採用的方式不可避免地是自我揭示式的。我認為，分析師在傳統上避免直接探究病人對分析師主體性體驗的一個原因是，他們認識到追尋這條探究路線將不可避免地導致自我揭露。

然而，自我揭示並不是一個選項，而是不可避免的。病人能準確而直覺性地解讀在分析師的詮釋中所隱藏的溝通內容（Jacobs, 1986）。在揭開分析匿名性的面紗時，辛格（Singer, 1977）指出，分析師的詮釋首要的是有關自我揭示的言論，除此之外不可能是別的，因為我們能夠真正瞭解他人的唯一方式是透過我們的自我認識；而我們的病人知道這一點。

霍夫曼（1983）強調，病人對分析師心理的瞭解不比他

們自己的更複雜。他對被他稱為「天真病人謬論」（the naive patient fallacy）的觀念提出挑戰，那種觀念認為病人只是表面上接受分析師的言語和行為。對分析師來說，直截了當地表達他們的體驗和感受，可能會鼓勵他們認為自己充分意識到了有關自己的動機和意圖的假設。分析師的暴露和坦白可能會阻礙對病人觀察和感知的進一步探索。此外，我們永遠不可能提前意識到我們正在揭示著有關自己的什麼。當我們認為自己是在故意透露一些關於自己的資訊時，我們很可能是在傳達一些完全不同的東西。我們的病人對分析師的感知用來作為對我們行為的詮釋，難道不可能和我們對自己的詮釋一樣合理嗎？如果的確如此，那麼我們期待病人只是表面上接受我們的自我揭示，就太自以為是了。龐塔利斯（Ponpalis, 1975, cited in Limentani, 1989）說道：「還有什麼比以下假設更荒謬的呢：我看到了我看不見的，我聽到了我聽不到的……（此外）我完全意識到了我的潛意識。」（p. 258）

我們希望分析師們能夠從對自己的深入分析中獲益，但這並不能確保他們能夠輕鬆地進入自己的潛意識，也不能確保他們能夠不受與病人進行微妙的病理性互動的影響。正是這種認識，使得我們的當代觀點接受了反移情的必然性。在過去，理想化的、經受良好分析的分析師被認為是沒有反移情問題的；而當今對理想化的分析師的看法是，他們已接受了如此充分的分析以至於可以直接進入他們的潛意識。不過，我們最好記住一點，自我分析的麻煩就在反移情中！當我們把分析看作是由彼此既是主體又是客體的兩人共同參與的，那麼分析師可以把病人的聯想作為參考，以瞭解病人如何感知分析師對病人

的態度。這種方式為分析師提供了額外的資訊來作為對其自我分析的補充。以這種方式，分析師和病人共同參與到對他們關係性質的闡明中，而這種關係的性質是由他們雙方相互整合產生的。

克里斯多夫・波拉斯是當今最富有創造力的分析性作家。儘管他常常被認為是溫尼考特派，但波拉斯的取向是獨特的，並體現在他的風格中；而且他是不受流派禁錮的。他的著作融合了許多分析取向的元素，包括英國的客體關係派、古典派、克萊恩派、拉岡派和人際理論，並且他對美國的關係派作者產生了很大影響。波拉斯（1989）主張分析師將自己確立為雙人分析場（bipersonal analytic field）中的主體。波拉斯鼓勵分析師向病人揭示更多他們內部的分析過程。例如，向病人描述分析師如何得出一個特定的詮釋，或與病人分享分析師對病人的夢的聯想。他認為，如果分析師的自我揭露與分析師作為一個人的真實表現是一致的，那麼這種揭露就不太可能被視為一種誘惑。在將自己確立為分析情境中的主體時，分析師向病人提供了他們自己的一些聯想和內在過程，供病人使用和分析。值得注意的是，波拉斯所說的自我揭露具有一種遊戲和試探的特性，因為他不把他的聯想或「冥思」（musings）作為某種包含絕對真理的東西，而是把它們放入分析場中，並準備好讓病人使用或摧毀它們。此外，波拉斯對於他的方法是謹慎小心的，因為他意識到分析師不斷流動的聯想可能對病人具有侵入性，會導致「分析師的精神生活微妙地掌控了被分析者的精神生活」（p. 69）。雖然波拉斯提出分析師應該被作為一個獨立的主體呈現給病人，但他也贊同我們在鼓勵對分析師主體

性的關注時必須謹慎，因為存在著分析師可能執著於維護自身主體性的危險。分析師在確立自己作為獨立的主體時，可能會將自己的需要強加給病人，從而迫使病人承擔客體的角色。這就不是「互為主體性」，而只是主體－客體兩極被調換了的工具性關係而已。我覺得波拉斯的工作非常有用，因為他在強調通常的治療性退行時刻和傳統的分析性保留時，平衡了他自己和其他大多數關係理論家對分析師自我表達所具有的治療價值的關注。然而，儘管波拉斯高度重視分析師對其主體性的使用，儘管他對自我揭露採取謹慎贊同態度，但從我的角度來看，波拉斯還是太少關注分析師在分析過程中的個人貢獻。對波拉斯來說，關注分析師的主體性只是為了達到病人主體性的一種手段，因此他並沒有公正地看待分析師的主體性對病人的影響，或把病人的主體性作為對分析師影響的一種反映。[4]

在我看來，自我揭示通常是有用的，尤其是那些與分析過程緊密關聯的自我揭示，而不是那些在分析之外、與分析師私人生活細節有關的自我揭示。分析師的個人揭示無論如何都是不可避免的，而且它們極其複雜，因而需要對病人如何體驗分析師的自我揭示進行分析。作為分析師，我們能從對病人的努力分析中獲益良多，但只有當我們足夠自律到將病人的分析興

4　在我看來有趣的是，波拉斯和奧格登兩人都沒有充分承認，分析師作為個體對病人移情的展開產生影響。這種相對的忽視可能是因為，雖然兩人都是廣義的關係主義者，但他們主要受到來自英國精神分析（中間派和克萊恩派）的影響，而我自己的臨床敏感性更多受到的是美國人際主義的影響。

趣優先於我們自己的分析興趣時，我們才能夠幫助到病人。

分析師在將自己確立為分析情境中的主體時遇到的主要問題是，由於自身的內在衝突，分析師放棄傳統的匿名性只是為了將自己的主體性強加給病人。由此他們就剝奪了病人以自己的方式和節奏去尋找、揭示和發現分析師作為一個獨立主體的機會。雖然在分析的特定階段，我們需要把關注病人對分析師的體驗作為治療的中心，但在其他時候，並且可能是一個很長的時間段內，關注病人對分析師的感知是具有侵入性和擾亂性的。關注分析師的在場並不意味著病人要暫時把分析師置於背景中，並當著分析師的面沉浸在獨處的體驗中。分析師持續地對有關病人和分析師關係的所有資料進行詮釋，以及分析師有意將自己確立為獨立主體的努力，這些做法可能的確會被體驗為一種出於分析師自身自戀需要的侵犯。從某種程度上說，這種結果是不可避免的，而當它發生時，將它表達出來對於病人而言是有益的（Aron, 1990a, b, 1991a,1992b）。

溫尼考特（1971）認為，精神分析發生在一個中間狀態中，一個介於病人自戀性退縮以及與現實充分互動之間的過渡空間；一個介於自我專注以及客體使用之間的過渡空間；一個介於內省以及與他人同調之間的過渡空間；一個介於與主觀的客體關係以及與客觀感知的客體關係之間的過渡空間；一個介於幻想和現實之間的過渡空間。在我自己的臨床工作中，我試圖保持一種最佳的平衡，既對病人體驗做出必要的識別和確認，也保持必要的距離以維持一個分析性的空間，能讓病人玩味人際的模糊性，並努力應對一個持續缺乏封閉結論和解決辦法的狀態。介於分析師的在場和不在場之間，分析師需要保持

一種動態的張力，一方面是回應和參與，另一方面是不侵入和保留空間。

　　我維持這種張力的方法在每個病人那裡都不一樣，甚至在對單個被分析者進行分析的過程中也有不同。我認為，每一對分析師和病人都需要努力找出一種獨特的方式來達到這種不穩定的平衡。分析本身必須包括對建立和修改這一程式的方式進行自我反思性的檢查。從這個角度來看，分析是相互的，但也是不對稱的，病人和分析師共同作為主體和客體，共同作為參與者發揮作用，共同在親密關係的邊緣工作（Ehrenberg, 1992）。分析師有意進行自我暴露的程度和性質是開放的，有待於在每個獨特的精神分析情境下去解答。

　　當我多次試圖向同事和學生介紹這些想法時，令我困擾的是我的聽眾們不可遏制地傾向於把討論的重點放在分析師自我揭示的問題上。在我看來，重要的不是分析師有意的自我揭示，而是分析病人對分析師主體性的體驗。病人表達他們對分析師的感知，使分析師在病人心中作為一個獨立的主體得到承認。那麼，為什麼我的分析師聽眾們把關注點聚焦於自我揭示呢？

　　當然，分析師之所以對這一問題感興趣的原因之一是，直到最近，自我揭露才被認為是一種可接受的精神分析技術，在這之前精神分析技術是以驅力理論作為基礎的。隨著分析師們放棄了驅力理論，他們不得不重新思考分析技術的基本原則。由於開始了一套新的原則和假設，分析師們必須重新考慮他們該如何進行工作，於是他們也就開始對自我揭露的治療價值及其危險感興趣。

之所以關注自我揭露還有其他的原因。我相信那些被精神分析這一職業所吸引的人們有一種特別強烈的內在衝突，這種衝突與他們想要被他人瞭解的欲望有關，也就是一種與親密有關的衝突。用更傳統的術語來說，這是關於窺視和暴露的自戀衝突。不然的話，為何有人會選擇這樣一種職業，一輩子都在傾聽和觀察別人的生活，而自己卻保持相對的沉默和隱匿？即使對於那些試圖保持匿名性的分析師而言，認識到分析師從不是隱身的，而且病人會試圖「瞭解」自己的分析師，這會讓分析師們產生深刻的焦慮，他們本身就掙扎在渴望被瞭解與隱藏的防禦性誘惑之間。對這一點的認識導致這樣的問題：在何種程度上，以何種方式，分析師有目的地向病人揭露自身的反移情方面才是有用的。如果我們承認，無論我們如何匿名，我們的病人確實觀察到了關於我們的很多東西，那麼作為分析工作的一部分，分析師有目的地向病人透露他們自己的一些方面，這在臨床上是否有意義？這個問題在所有學派的分析師中引起了激烈的爭論。

　　在分析情境中建立自己的主體性是至關重要的，但也是有問題的。有意的自我揭示總是高度模糊又非常複雜的。我們自己的心理和病人的心理一樣複雜，我們的潛意識也同樣深刻。我們需要認識到，我們自己的自我意識是有限的，我們也無法判斷病人對我們的看法是否準確。因此，認為我們可以「驗證」或「確認」病人對我們的看法，這一想法本身就是冒昧的。此外，直接的自我揭露並不能提供捷徑，甚至可能干擾病人認識分析師主體性能力的發展。儘管如此，我相信在一些臨床情境下，自我揭露在分析上是有用的，至少對一些分析師

來說是如此（因為技術是高度個人化的）。在第八章中，我會更詳細地探討自我揭露的問題，其中我主張對於決定何時、為了何事、揭露多少以及為何自我揭露，是有很大的個人靈活性的。在本章中，我的目標是強調分析病人對於瞭解分析師的衝突所具的重要性。

▋臨床案例

下面這個案例是一個說明分析師詢問病人對分析師主體性的體驗所產生影響的例子。

一位接受過古典傳統訓練的年輕分析師向我諮詢，他正在治療一位病人，而這位病人自己也是一名心理學研究生。這位分析師專門找我作督導是因為他想接觸一種關係性的方法。他即將發表一篇學術論文，而這位病人看到了一本宣傳會議演講的小冊子。在過去的五個星期裡，這一直是病人聯想的主要話題。病人對是否參加會議，並看到和聽到他的分析師報告論文感到矛盾。他花了很大一部分時間對下這個決定的矛盾心理進行了聯想。

他的聯想包括以下這些考慮：他認為自己會羨慕分析師，他坐在觀眾席上，對於是他的分析師在報告論文，而不是他自己得到觀眾的讚美和認可會感到不滿。他很擔心看到他的分析師和其他人在一起。他想知道，他將看到他的分析師會與誰交談。分析師會不會和一位女士在一起，也許是他的妻子？他擔心自己會對分析師與女人的性關係感到妒忌。同時，他認為自己又會對分析師充滿敬佩之情。坐在觀眾席

上，他可能會感到自己對分析師的印象如此深刻，以至於對他產生性幻想；他會幻想給分析師口交，以便吸收分析師的力量和潛力。另一方面，他確信自己會試圖在分析師的演講中找到一個致命的缺陷。他會作為觀眾，在演講結束時站起來，提出最具穿透力和破壞力的問題，以此在所有人面前羞辱他的分析師。他也會很興奮，因為他的分析師可能會成名。他一直希望被一位著名的分析師分析，這樣他就可以告訴別人，而他們都會認出這個名字，並留下深刻的印象。儘管現實中他不敢在課堂上提交論文；他害怕被批評後會遭受羞辱。

我聽著這位分析師介紹了許多這樣的有關治療過程的記錄。令我印象深刻的是，分析工作在很多方面似乎都進展順利。畢竟，病人直接告訴分析師關於他與分析師關係的各種個人的幻想。分析師創造了一個足夠安全的環境，讓病人可以暴露所有這些想法，包括有關性的，特別是同性戀的性，以及有關攻擊的、競爭的、對抗的、嫉妒的、欽佩的、愛慕的以及仇恨的想法。然而，聽了這些治療記錄後，我對這些材料的知識化程度感到震驚。事實上，病人似乎對提供這些材料感到興奮，也許是為了取悅分析師，甚至讓他有東西可以寫進論文中。我想說的是，分析師一直在幫助病人，詢問他進行聯想時的感受，並幫助他表達這些想法、幻想以及感受。

我問分析師，如果病人出現在會議上，他實際上會有何感覺。分析師迴避了我的問題，回答說他確實不期待病人會來。我又問：如果他真的來了，對你來說會是什麼感覺？他說他不確定；他感到無關緊要。他不認為自己對此會有任何感覺。

我建議在下一次治療中，當病人再次討論他對這個話題的想法和感受時，分析師可以找一個合適的時機，用自己的語言和風格問病人以下問題，或者類似的問題：「你想像一下，你來聽報告對我來說會是什麼樣子？想像一下我站在講台上準備宣讀論文，我向觀眾席望去，注意到你在那裡。你能想像我在那一刻會有什麼感覺嗎？」

　　當我提出這個建議時，分析師笑了。他對於自己為什麼從來沒有想到過類似的問題感到奇怪。他說，這不是他的風格。他認為這可能會把太多的注意力引向他自己的感受，而偏離病人的體驗。但他會考慮這個問題。我告訴他，我當然不會給他壓力，讓他做任何讓他感到不舒服的介入。畢竟，他比我更瞭解病人，而且更重要的是，他的介入措施和他的工作風格必須符合他自己的性格和個人風格。

　　接下來的幾次治療的確非常有趣。確實，分析師按照我的建議提了問題。他對接下來發生的事情毫無準備，不是對病人，而是對他自己。第一次，病人不再覺得自由聯想是那麼容易的了。突然間，病人不再能夠想到一個又一個關於去參加演講的聯想，而是感到受阻、不舒服和強烈的焦慮。分析師也開始感到焦慮，但現在他的腦中不斷出現關於即將到來的演講的想法。他開始想像在演講中遇到病人會是什麼樣子。他意識到，他的確會有許多感覺，其中一些感覺與病人的感覺完全不同。

　　分析師能夠與病人一起工作，並告訴對方，他現在難以作聯想的原因是他擔心以一種更個人化的方式談論會使分析師更加焦慮。分析師從病人的客體變成了一個獨立的主體，而這一

變化並不是由於病人的心理發展而發生的，而是由於分析師轉變了他的立場，向自己的主體性開放。雖然分析師在進行這項工作時可能傳達了一些他自己的焦慮和衝突，但這都是在相對較少直接暴露他自己的反應內容的情況下完成的。不論如何，這種介入極大地改變了分析的方向。這個例子說明了探索病人對分析師主體性體驗的重要性；也證明了介入對病人和分析師都具有相互影響的力量。

　　探索病人對分析師主體性的體驗只是移情分析的一個方面。我們需要把它看作不僅僅是對治療關係所有方面進行詳細而徹底的詮釋和闡述中的一個未受重視的組成部分。精神分析的接觸構成了互為主體的交流，它所產生的不只是簡單地同意或默許，而是對話和連結，以及心靈的相遇。

【第 4 章】
詮釋作為分析師主體性的表達

　　本章的論點是，所有的分析介入都反映了分析師的主體性。沒有任何治療介入是在中立的或超然的客觀立場上進行的；相反地，所有的介入都是分析師作為一個獨立主體的反映。用雷尼克（Renik, 1993b）的話說，「分析師臨床活動的每一個方面都是部分地由他或她的個人心理決定的。」（p. 553）

　　我進一步提出的觀點是，不僅每一次介入都反映了分析師的主體性，而且正是介入中包含的個人因素對治療效果負有最大責任。具體而言，我相信正是分析師主體性的情感反應方面，透過介入傳達給病人，從而產生了效力。然而，正是因為主觀因素包含在技術介入中，它才從分析師簡單的特異性情緒反應轉變為帶有辯證客觀性的分析性介入（這將在尾聲中充分討論）；正是這種個人要素和技術要素的混合，潛在地產生了變革性的分析力量。[1]

　　我一直在說介入（intervention）而不是詮釋（inter-

1　我在其他地方（Aron, 1991b, 1993a）闡述了精神分析的治療行為和修通的概念。

pretation），因為一些作者（Bromberg, 1985; Maroda, 1991; Renik, 1993b）反對在關係情境下使用詮釋一詞，理由是它意味著一位主動和權威的分析師向一位相對被動和不太有見識的病人「給出」一個「客觀」的詮釋。這些作者的擔心是對的，因為當代的分析師繼續談論詮釋可能會掩蓋這個術語最初嵌入衝突結構模型的程度。對於佛洛伊德（1900）來說，詮釋（德文 Deutung）就是給病人的材料賦予意義（德文 Bedeutung）（p. 96）。德文 Deutung 一詞更接近英文 explanation（說明）的意思，而非詮釋（Laplanche and Pontalis, 1973, p. 228）。然而，我將繼續談論詮釋，因為我相信這個詞所具有的其他內涵即使在一個關係框架內也是有用的。

我所認為的詮釋不是自我心理學意義上的說明或翻譯，後者的內涵是知道的人向不知道的人提供解釋。相反地，我之所以喜歡詮釋這個詞是因為它也可以意味著一個人對藝術作品或主題概念的表達。例如，鋼琴家對奏鳴曲的詮釋或演員對角色的詮釋。使用詮釋這個詞突出了個體獨特的、個人化的表現力。我喜歡把分析師的詮釋看作是他或她對病人有關某些方面構想的創造性表達。以這種方式使用這個術語，即便避開確定性並放棄實證主義認識論的預設（Hoffman, 1992a, b, 1993），我相信分析師也可以帶著一種信念去詮釋。無論如何，我的論點既適用於詮釋，也適用於分析師的所有介入。我相信包括詮釋在內的所有介入都是分析師主體性的表達，而正是這一點使它們具有了效力。

我建議，把詮釋作為分析師向病人傳達有關病人心理資訊

的這一傳統觀點轉變為，把詮釋作為一個雙人互惠的交流過程，一個相互的意義創造過程。詮釋是一個複雜的互為主體過程，在病人和分析師之間共同發展。當代對精神分析詮釋的性質進行重新解釋，這需要對基本的精神分析術語、概念和原則進行解構。我對「詮釋」一詞的使用是非常廣泛的，它包涵了人際探索和探究的大部分過程，以及情感的調適和非語言的回應。這種用法也打破了言語化的詮釋（傳統上被賦予更高的地位）和其他言語和非言語化介入（傳統上不被高度重視）之間明確的區分。

有關詮釋的資訊

從傳統精神分析的角度來看，詮釋是一種說明，包含了由分析師傳達給病人的有關病人心理生活的知識（Lowenstein, 1951）。從這個角度來看，病人所說的一切都應被看作是一種聯想。病人是從不詮釋的，因為根據定義，詮釋包含的是由分析師傳達給病人的知識。當病人富有洞察力地對自己行為的某些方面進行說明時，似乎也對自己的行為進行了詮釋，但分析師依然把這些詮釋看作是進一步的聯想，其表現的內容本身也是需要被詮釋的。與此同時，從傳統的觀點來看（無論是佛洛伊德派還是克萊恩派），分析師永遠不應該聯想，即不應該自由地說出自己的想法；相反地，分析師應該只作詮釋。換言之，分析師可以進行其他的介入，如澄清或對質，但這些介入也是為詮釋做準備的，因此應該保持在最低限度，並從屬於詮釋這一作為向病人傳達知識的形式所具有的首要地位。從這個

角度來看，埃切戈揚（Etchegoyen, 1991）指出，精神分析和其他領域的區別之處在於，其所觀察的資訊只來自於病人，而分析師「嚴格地避免提供任何資訊……分析的目的是要創造一個觀察領域，其中的資訊完全由病人提供」（p. 502）。

埃切戈揚本人是克萊恩派，他寫的東西已經成為關於精神分析技術的經典文本，整合了有關這個主題的四種語言的文獻（儘管不幸的是其中並不包括美國人際派的文獻）。當他建議分析師的任務是詮釋，即詮釋病人的行為和聯想，不增加任何新的資訊，此時他傳達的是精神分析界的一種國際共識。因此，如果病人對分析師有特別的影響（例如，如果病人總是讓分析師感到困惑），而分析師告訴病人這種影響的話——即直接傳達其反移情反應——這就不是在向病人提供詮釋，而是提供了一個新的資訊，那麼這個資訊本身也需要被詮釋。埃切戈揚的立場認為這樣的做法是與分析方法相悖的。同樣，即使一個詮釋沒有透露有關你個人生活的資訊，如果告訴病人你是如何得出一個特定詮釋的，這也不是在對病人的資訊做出詮釋，而是在向病人提供關於你的資訊，關於你的思維過程，在這個意義上，這樣做就是在進行自我揭示。

特別有趣的是，我們注意到埃切戈揚的立場認為資訊應該單向流動，是因為他意識到分析情境具有互為主體性和相互性的特質。例如，他承認巴拉格斯（Barangers, 1966）的主張是有效的，即分析情境是一個雙人的場域。然而，對於埃切戈揚和大多數傳統的分析師來說，即使分析情境被看作一個人際的場域，具有相互性和互惠性；即使被調查的物件是場域，而不是病人本身，對場域進行研究的方法依然還是一種單人心理

學。因為，該方法僅限於分析師從病人那裡獲取資訊（單邊的資訊生成），而不是兩個參與的觀察者互相分享資訊，或共同參與詮釋這些互相得出的資訊（互相產生資訊）。與這些主流方法相比，美國的人際和關係取向的特點在於，他們使用的方法是鼓勵病人和分析師相互產生資訊。

我對埃切戈揚的立場的反對意見是，在銳化詮釋和資訊生成（聯想）之間的區別時，他沒有認識到：分析師的每一次詮釋都不可避免地包含著有關分析師主體性的方面。在我看來，即使分析師試圖在不透露任何個人聯想材料的情況下進行詮釋，如果要使詮釋是相關且有意義的，那麼詮釋的過程無論如何會展現出一些個人的東西。只有最老套和最貧瘠的詮釋可以被如此（次級地）「處理」，從而變成一個不帶有分析師個性和主體性的理性資訊。即便這樣沒有生命力的詮釋可以被制定出來（我對此是懷疑的，因為這樣的詮釋會傳達關於分析師無生命力的方面，因此也是分析師主體性的表達），它在臨床上也是無效的。因此，埃切戈揚堅持認為精神分析方法是由單方面生成資訊構成的，他沒有認識到：至少在無意中，分析師的聯想是具有自我揭示性的，因此資訊生成不可避免地至少部分的是一種雙向的過程。

精神分析中的相互性與對稱性

在上一章對互為主體性的探討中，我繼吉爾（Gill, 1982）和霍夫曼（Hoffman, 1983）之後強調，移情分析的一個方面在於分析師要檢查病人對分析師主體性的看法並使之明

確。我寫道，分析師在分析情境中建立他或她自己的主體性是至關重要的，但也會帶來問題。在這裡，我認為使用詮釋是分析師建立自身主體性的一個很好的方法（雖然不是唯一的方法）。即使詮釋是明確關於病人的，但卻帶有大量關於分析師主體性的隱含資訊。

當分析師選擇強調病人對分析師主體性的體驗，並在技術上實施這一選擇時，他便為病人提供了進一步的機會來觀察、體驗、思考、幻想，並對分析師個人進行推斷。每一種介入（以及不介入）都向病人揭示了一些關於分析師心理的資訊，他或她的興趣、擔憂、動機、盲點和敏感點。由於病人尋求與他們的分析師建立聯繫，同時又焦慮地想要防範他，所以他們有強烈的動機去觀察分析師，探究其外表之下的部分，瞭解其為人。對分析師來說，保持匿名永遠不是一種選擇。你可以坐在沙發上，但絕對無法躲在沙發後面。即使你沒有在病人的描述中認出自己，病人對你的感知和觀察也有其攸關性。也就是說，分析師對病人觀察準確性的判斷並非沒有偏見，儘管分析師對病人的觀察確實有自己獨特的觀點。分析師的觀點完全可以被斷言為是一個與病人不同的觀點，因此有可能豐富病人考慮的內容。這種臨床精神分析的互為主體方法，正是我一直稱為的關係視角主義。

雖然說匿名對於分析師而言永遠不是一種選擇，但完全的自我揭露也不是一種選擇。無論我們認為自己是如何的開放和誠實，我們和我們的病人一樣，總是既暴露又隱藏了自己的很多東西。我確實相信，直接表達分析師的經驗在很多時候是有用的。具體來說，我相信，當分析師的聯想所提供的資訊是病

人聯想中沒有的，但又與病人直接相關時，與病人分享自己的聯想往往是有用的；我在論證一種允許相互產生資訊的方法是有優勢的。我經常發現，當我向病人說明我是如何形成一個特定的詮釋時，就會暴露出我自己的聯想。當然，我認為特別有問題的自我揭示方式是，分析師以一種關閉進一步討論的方式陳述他對病人的感覺，例如，他對病人說：「是的，你是對的。我說這話時很惱火！」或說：「不，我沒有意識到對你感到不耐煩」。這一類型的自我揭示之所以很有問題，不是因為它們揭示了太多有關分析師的資訊，而是因為它們暗示了分析師具有太多的確定性，並弱化了分析師也具有的潛意識程度，從而阻礙了病人的進一步探索（見霍夫曼的文章〔Hoffman, 1983〕以及後面對波拉斯〔Bollas〕的討論）。當然，如果分析師小心翼翼地說，有更多的感覺他可能是沒有意識到的，那麼這可能會作為一個邀請，讓病人對分析師進行猜測或進一步的觀察。這種方式有可能被證明是有用的。問題的關鍵在於，分析師的介入是邀請還是阻止病人進一步的闡述、糾正、觀察和聯想。

伯克（Burke, 1992）將相互性原則與不對稱性原則（asymmetry）相對立。例如，他認為相互性原則導致分析師更頻繁地自我揭示，而不對稱原則導致分析師自我揭示更少。這個觀點的問題在於，它迫使分析師在相信相互性從而主張自我揭露或相信不對稱性從而建議匿名之間做出選擇。我認為，這種概念化錯誤地將分析互動的多個維度壓縮為單個維度，因此限制了我們對一些非常複雜問題的思考。相互性和對稱性這兩個詞的含義仍然是不清晰的，或者與自我暴露的問題

混為一談。我想梳理一下相互性這個詞的一些用法，並將其與對稱性和自我揭露的問題區分開來，以便澄清其中一些有爭議的問題。

正如我在序言中指出的，對稱性被定義為一條分界線或分介面在形式或安排上是對應的。對稱性意味著兩邊具有相似性並在數量上是相等的。試問，我們認為病人和分析師在分析過程中發揮同等功能和作用的程度有多少？我認為精神分析情境不可避免地是不對稱的，因為病人和分析師在分析過程中的角色、功能和責任方面存在固有的差異，譬如自由聯想、詮釋、面對阻抗、建立基本規則、設置和支付費用等。我自己的立場是，精神分析之所以不可避免是不對稱的，最重要的原因也許是因為病人和分析師之間存在著權力上的差異。儘管病人和分析師的角色和功能是不對稱的，但也不必把他們定義為是僵化二分的。我們可以認為他們的功能是重疊的。例如，病人的功能可能是自由聯想，盡可能多地表達他們的精神生活，而分析師的功能可以被認為主要是傾聽並試圖理解病人的表達。雖然這種功能劃分仍然是不對稱的，但我們認識到分析師也會交流他們精神生活的各個方面，而病人也會傾聽並試圖理解他們的分析師。埃切戈揚（1991）堅持完全單方面資訊生成的立場，可以說是一種極其不對稱和僵化的二分法。

請記住，相互性這個詞的本質是一種共同的分享或人與人之間的分享。在第三章中，我梳理了精神分析中對相互性的兩種思考方式。在那裡，我把相互承認與相互調節或相互影響區分開來。在這裡，我想區分相互性的另一個方面，即資訊的相互生成。回顧一下，古典方法主張單邊的資訊生成，而人際和

關係取向的特點是相互生成資訊。我需要再次強調，相互性並不意味著相等，我並沒有暗示來自病人和分析師的資訊是相同的，或者分析師產生的資訊應該被視為與病人產生的資訊具有相同的優先權。雖然病人和分析師都貢獻了資訊（因此我說的是相互生成資訊），然而病人和分析師有著不同的角色、功能和責任，因此他們生成的資訊是不相等的（因此我說的是不對稱）。

　　單獨使用相互這個詞而未指出使用情境是有問題的，因為相互性有很多方面。我們設想分析關係是完全相互的，在這個意義上需要假定病人和分析師之間的相互調節是一直在發生的。我認為相互承認是分析的目標之一；此外，我也主張精神分析方法的一般原則是相互的資訊生成，而不是單邊的資訊生成。不過，我也認為分析情境是不對稱的，因為病人和分析師之間在會面的目的、各自的功能和責任，以及若分析目標沒有達成對參與雙方的後果，都存在著明顯的差異。

　　「不對稱」這個詞的含義和臨床意義與格律納爾（Greenacre, 1954）所說的「傾斜的」情感關係（p. 630）相差甚遠。格律納爾在自我心理學發展的背景下，為了維護和促進病人的自主性，提出分析師不以個人方式參與病人會導致傾斜的情感關係，從而會促進移情精神官能症的發生。而我使用不對稱一詞是為了在關係性精神分析理論化中保留一個空間，在相互性的各個層面中，承認並關注病人和分析師之間在權力和責任上的差異。

　　對英國獨立派的溫尼考特傳統中出現的一些技術發展，特別是由克里斯多夫・波拉斯詳細發展的技術進行討論，將澄清

一些關於對稱性和不對稱性、詮釋和自我揭示的爭論。我並不打算將此作為有關詮釋的文獻的系統或連續的歷史回顧。我更願意在各種理論立場之間來回穿梭，所有這些立場在當代精神分析實踐中都是活躍且具影響力的。我的目的是促使這些立場彼此交流和啟發，而不是把精神分析描繪成一個在線性方向上推進的發展。

▌溫尼考特論詮釋

溫尼考特對詮釋理論和分析過程的貢獻，特別是他的思想被英國獨立小組的分析師們發展的方式，提供了一種替代埃切戈揚（1991）提出的傳統單邊資訊生成的模式。

溫尼考特對佛洛伊德派和克萊恩派這兩種流行的精神分析方法非常尊重和讚賞，同時也提出了高度的批評。他的許多文章可以被理解為是對這些技術的批評（Phillips, 1988）。溫尼考特發展出一種觀點，將精神分析過程的重點從知識和洞察力轉移到主體間認可以及對自發性和遊戲的接受，即轉移到真實自我上。他逐漸巧妙地將精神分析的方法從強調病人對分析師的理性、合理性和洞察力的內化，轉變為基於病人對分析師的「客體使用」來表達真實自我的方法。

由於溫尼考特沒有詳細說明他的貢獻對精神分析技術的影響，因此有必要從他更一般的著作中提取技術性的建議。借鑒克里斯多夫·波拉斯（1987, 1989, 1992, 1995）對其思想進行具有想像力的闡述，以及亞當·菲利浦斯（Adam Phillips, 1988）對其著作進行仔細的傳記式解讀，我將描述三個溫尼考

特的隱喻，以闡明溫尼考特對詮釋的態度。

溫尼考特（1941）描述了他在對兒童進行評估時使用勺子的過程。他在辦公桌上放了一把閃亮的勺子，然後在自己的辦公桌前觀察一對母嬰。他觀察到嬰兒在伸手拿勺子之前是如何猶豫的，並注意到嬰兒在拿起勺子之前會在母親的臉和溫尼考特的臉之間來回地察看。慢慢地，孩子拿起勺子，擺弄它，拿著它，咬著它，吸著它，把它扔在地上，並趴在地上玩它。在這裡，溫尼考特為我們提供了一個關於詮釋的隱喻。分析師需要向病人提供一個詮釋，然後觀察病人是如何接受這一令人興奮的資訊的。詮釋，就像閃亮的勺子，「是一個閃亮的物體，它激發了病人的貪戀」（1941, p. 67），病人希望從分析師那裡得到更多。按照這個比喻，我們可預期病人會猶豫不決地花一些時間來確認對詮釋的接受是否安全。病人的阻抗並不是不情願或拒絕接受新知識，而是「一段猶豫的時期」，是一種緩慢的覺悟。因此，試圖強迫病人接受一個詮釋，這就像試圖把勺子塞進嬰兒的嘴裡。透過勺子的隱喻，溫尼考特將重點從把分析師作為精心構建詮釋的積極傳播者轉移到把病人作為積極的參與者，他們接受分析師提供的東西，並根據自己的需要對它進行再塑造和再創造。

溫尼考特（1951）描訴詮釋的第二個隱喻（也是最主要的概念）是過渡客體。父母在嬰兒的搖籃裡放置各種物品，並希望嬰兒會選擇某個特定的物品作為過渡客體，但父母不能決定嬰兒會選擇哪個物品。溫尼考特暗示，詮釋也是如此。分析師提出不同的詮釋，但無法決定病人會接受或堅持哪一個詮釋。此外，詮釋之所以可能是有用的，並不是因為它提供了新

的資訊，而是因為它代表了與分析師的一種連接。當分析師不在的時候，病人可以把詮釋隨身帶在身上，並吸吮它。病人可以對這個詮釋進行擺弄，依附它，吸收它，熱愛它，修改它，攻擊它，拋棄它，轉化它，或把它扔回給分析師。

正是透過第三個隱喻，我們可以看到溫尼考特對詮釋態度的全面發展。塗鴉遊戲模型是溫尼考特為大齡兒童開發的一種治療技術，它也作為溫尼考特提倡與病人互動的一般模型。在塗鴉遊戲中，溫尼考特（1971b）與他的病人隨意、自發地玩。溫尼考特在一張紙上畫一條線，孩子需要添加一筆把這條線變成一個圖形。然後，孩子再畫一條線，輪到溫尼考特添加一筆來完成它。那麼，這是誰的塗鴉呢？是孩子的還是溫尼考特的？它就像過渡客體一樣，不屬於內部或外部，不屬於溫尼考特或病人。在溫尼考特看來，詮釋也像這樣，它不來自分析師或病人；相反地，它是在他們之間的過渡空間中產生的。

當溫尼考特塗線條時，他是即興畫的。雖然他心裡想著病人，但他並沒有刻意或有計劃地塗鴉。相反地，它們表達了他的自發性；它們是自發的圖形，是真實自我的反映。在他開始畫的時候他不一定知道會出現什麼。如果他知道，就會感覺是矯揉造作和虛假的。同樣地，在生命的最後階段，溫尼考特主張把分析過程看作是分析師與病人之間的一種遊戲性的表達。格若尼克（Grolnick, 1990）把分析過程描述為一種與成人一起玩塗鴉的形式，他寫道：

與標準的自由聯想技術相比，塗鴉作為**相互的雙邊遊戲**，處於另一個話語領域（p. 157，粗體字是後加

的）……塗鴉技術具有的全新特點在於，它涉及到對反應性意象的分享，以便促進聯想和符號構建的能力（p. 163）。

溫尼考特從根本上改變了我們對詮釋的意義和功能的理解。對溫尼考特來說，詮釋作為分析情境的一個組成部分，提供的是一種類似於母性關懷的形式。之前，分析師的側重點在於獲得理解，而溫尼考特則認為進行詮釋和理解的需要往往植根於分析師焦慮地想要為病人做點什麼的需要中。溫尼考特將我們把分析師（作為詮釋者）認為是主動和控制的看法轉變為，病人主動從分析師那裡獲得最有用的東西，並重新塑造它，以滿足他自己的需要。在溫尼考特看來，分析師被鼓勵要容忍不知道的狀態，並提供自發的和真實的回應，而詮釋的意義就在於向病人展示分析師完全是生動的和不完美的。溫尼考特對過渡現象的概念化打破了詮釋和自由聯想之間的鮮明區別，而這正是古典技術的核心。在這方面，溫尼考特不僅明確了患者和分析師之間相互調節和相互承認的重要性，而且在他的臨床方法中還主張精神分析資訊的相互生成。

▌詮釋與自我表達：英國獨立小組

繼溫尼考特以及巴林特（Balint, 1968）之後，英國獨立小組的分析師們將詮釋重新概念化為一種根本的關係活動（Mitchell, 1988a）。對克魯伯（Klauber, 1981）來說，分析師需要是本真和自發的，這不僅是為了他們自己，也是為了讓

他們的病人能夠「使用」他們。在論證分析師的自發性時，克魯伯明確地抨擊了認為詮釋應該總是經由分析師在思維上進行次級加工過濾的觀點。克魯伯認為，病人對分析師的瞭解比人們所認識的要多得多，他把治療行動的性質理解為產生自「在分析性理解中的相互參與」（p.46），在這其中，詮釋引導參與者之間產生深刻的情感接觸，而這具有療愈性。

根據賽明頓（Symington, 1983）的觀點，詮釋不僅需要是本真和自發的，而且也是病人和分析師之間關係變化的標誌。在賽明頓看來，與其認為詮釋只是導致了病人的變化，不如將詮釋視為對已發生變化的表達，這樣更為準確。如果說詮釋不僅僅被認為只是資訊的傳達，還被視為是關係的載體，那麼只要分析師能夠以他之前無法詮釋的方式進行詮釋，關係就必然會被改變。

分析師內心的自由行為在病人身上引起了治癒性的轉變，在分析師身上引起了新的洞察、學習和發展。詮釋是至關重要的，因為它表達了已經發生的轉變，並使其可以被意識到。但問題的關鍵是，產生變化的基本因素在於分析師的內在行為，正是這種內在行為被病人所感知，從而導致變化（p. 286）。

洛馬斯（Lomas, 1987）指出了當詮釋被剝去了分析師的情感反應後具有的局限性。他鼓勵分析師「盡可能地揭示他們的真實感受」（p. 132）。他的理由是，透過對反移情反應的揭露，分析師可以增加病人對他們兩人在不知不覺中影響周圍方式的洞察。洛馬斯對空白螢幕法、匿名和節制持批評態度，因為它們往往會掩蓋人際現實，並導致「神祕化」。相反

地，他建議公開和誠實地表露自己，這樣病人就能更好地理解他們的投射與現實之間的偏離。英國獨立傳統的代表人物越來越強調精神分析中的相互過程，並在不同程度上主張分析資訊是在病人和分析師之間相互產生的。

反移情的表達性使用

波拉斯（1987, 1989）提出，分析師需要在分析場域中將自己確立為主體。他謹慎地主張，在臨床情況下，有一些時刻是需要進行反移情的揭露的。波拉斯所說的反移情揭露是指對那些與分析師的性格相一致的心理內容、心理過程、情感現實或自我狀態進行揭露，因而這種揭露是本真的。波拉斯認為，只要病人使用投射性認同，他們就會把自己解離的部分投給分析師。分析師也就成為了「病人心理－生理加工的媒介」（p. 59）。於是，許多需要分析處理的資訊就存在於分析師內部，而不是病人內部，因而絕大多數的分析工作需要在分析師內部進行。波拉斯推薦了一種被他稱之為「差異辯證」（the dialectics of difference）的方法，在這種方法中，分析師對自己情況的表露會比傳統上准許的程度更多。我們鼓勵分析師向病人描述他是如何得出一個特定詮釋，而不是僅僅以次級過程的封閉形式做出詮釋。在提倡這些程序時，波拉斯建議要保持謹慎，並仔細明晰地提出所有這些都需要分析師的自律。

然而，像之前的溫尼考特一樣，波拉斯低估了這些技術性的建議與古典分析方法之間存在根本決裂的程度。波拉斯的建議代表了技術上的徹底改變，因為透過揭露內在過程，分析師

與病人分享了他自己的聯想，而這樣做是為了促進病人和分析師之間資訊的相互生成。正如我們在對埃切戈揚（1991）的研究中所看到的，主流精神分析學家的共識認為，精神分析是由單邊的資訊生成方法來定義的。對波拉斯來說，分析師不再是古典模式中理性和現實的代表，現在他試圖表露自己的心理現實。因此，實際上藉由提供資訊，而不僅僅是詮釋資訊，分析師承擔了以前被認為是病人特權的功能。

波拉斯的做法要求分析師與病人一起進行自由聯想。分析師的聯想被認為是可以自由地與病人分享的「沉思」（musing）；就好比病人和分析師一起塗鴉。例如，分析師可以分享他自己對病人的夢的聯想，以此作為促進病人聯想過程的一種方式。有趣的是，更基進的人際派分析師強調增加對稱性以及相互性，不僅考慮分享自己對病人的夢的聯想，甚至將自己的夢與病人聯繫起來（Tauber, 1954）。在這裡，我們可以看到沿著單邊的或相互的資訊生成，不同立場的技術含義之間的對比。

波拉斯鼓勵分析師與自身的意見相左。例如，波拉斯可能會告訴病人，他不同意其之前做出的詮釋。這樣做，波拉斯不僅把他自身的心理現實帶入分析情境，而且還引入了他自身心理衝突減弱的面向。波拉斯強調他的病人與他意見相左的時刻，從而為以其他觀點不贊同病人，並對病人進行面質鋪平了道路。在我看來，這種差異辯證法使病人更容易承認自己的心理衝突，因為他們不會被迫身為診療室裡唯一體驗到衝突的人。

透過把分析師作為分析場域的主體，擁有他自己的聯

想、心理現實和衝突，波拉斯修改了古典的方法，不再認為所有相關的研究資訊都是由病人提供的，而是承認資訊是由兩個參與者提供給分析的。雖然波拉斯的貢獻明顯屬於溫尼考特的傳統，但波拉斯比溫尼考特更明確地提出了他對臨床精神分析技術的建議。因此，儘管他把自己表現為精神分析主流的一部分，但他的貢獻所具有的基進性質比溫尼考特的更為明顯。詮釋和其他介入（如分享自己的聯想或沉思）之間清晰的區分被打破了。不過，在過程上仍然是不對稱的，分析師保留著完全的責任，來準確地決定何時，以何種方式，選擇性地分享自己的主體性。

不對稱的相互性

在提倡強調表達性使用反移情和差異辯證法的程式之後，波拉斯（1987, 1989）問道，我們在與病人分享我們的聯想時，如何能夠不使這個過程變成一種對本應屬於病人空間的侵入。我們如何才能避免「分析師不經意間對病人心理生活的佔據」？（Bollas, 1989, p. 69）。波拉斯推遲了對這一技術問題的全面考慮，他簡要地回答道：

> 分析師對其想法和聯想的報告必須是短暫的，並以病人的話語以及創造分析螢幕的沉默為背景。分析師連續不間斷地表達其想法或觀察是不合適的⋯⋯因此，儘管分析師有的時候會表達自己的聯想，但分析師暫停下來是更重要的，以便圍繞聯想創造出一個邊界（p. 69）。

按照類似的思路，我認為分析師放棄傳統的匿名性，並替代性地將他們的主體性強加給病人，這就剝奪了病人以自己的方式和節奏去尋找、發掘和發現分析師作為獨立主體的機會。

霍夫曼（1991）同樣強調了「不對稱安排的重要性，它可以保證病人的體驗仍然處於關注的中心」（p.92）。分析關係需要是相互的，但又是不對稱的。（類似的建議見巴蘭格〔Baranger and Baranger, 1966〕、瓦特爾〔Wachtel, 1986〕、霍夫曼〔Hoffman, 1991〕等文章）某種程度的不對稱性是分析的必要條件，儘管這種不對稱肯定是不充分的。在參與和不干涉之間維持最佳的平衡或張力，不能透過一套標準的規則或「模型技術」被事先確立。相反地，它必須產生自特定病人和特定分析師之間的分析工作，並且很可能在既定分析中的每一刻都發生著變化。技術性的建議不能獨立於分析師和病人的個性之外加以考慮，因為自我暴露與匿名、親近與距離的含義會因分析師的不同而不同，也因病人的不同而不同。

▌關於分析師自我表達的關係性視角

關係派理論家對分析變化的性質進行了重新概念化，特別針對洞察、結構變化和分析關係之間的互動，強調詮釋本身就是「複雜的關係事件」（Mitchell, 1988a, p.295）。我們看到，溫尼考特和英國獨立派的分析師們重新考慮了詮釋在精神分析中的重要性。同樣，寇哈特（1984）將詮釋工作的重點從說明轉移到理解上，並提出將分析師作為自體客體的新體驗與詮釋同樣重要。

人際派的傳統提供了一個不同的視角，強調詮釋是一種來自分析師的人際參與。人際取向將分析師視為一個在人際場域內運作的「參與的觀察者」（Sullivan, 1953）或「共同的參與者」（Wolstein, 1981），而「詳細的詢問」（Sullivan, 1954）是一種「合作的詢問」（Chrzanowski, 1980），其中分析師和病人一樣可以自由地提供資訊。既然分析師可以自由地提供資訊，而不僅僅只是給出詮釋，人際派的分析師建議，有時甚至在知道其含義或意義之前，就可以與病人分享自己的聯想和體驗（Ehrenberg, 1992）。這個建議期望，透過與病人討論分析師的體驗，一些意義或重要性可以被確立。顯然，美國人際派傳統在主張精神分析資訊的相互生成方面是最明確和最基進的。

從當代人際派的視角來看（Levenson, 1972），移情與反移情的互動是相互建構的，從來都不是簡單的談論，而是在討論的過程中不斷共演（活現）的。分析師必須在共演中識別出自己參與的部分，並藉由進一步的詢問或詮釋，來擺脫這種參與。然而，即使在對一個移情－反移情共演做出「準確地」詮釋，並以此努力擺脫一個互動時，分析師很可能又參與或共演了另一個互動。因此，對一個移情－反移情共演的詮釋（擺脫）可能是對另一個共演的參與（被捲入）（Gill, 1983b）。言談總是服務於多種目的，而不僅僅是為了溝通；此外，言談總是一種行動的形式。當我們說話時，我們對被說話的人採取了行動。這裡的意思是，我們不能把詮釋簡單地看作只是在向病人傳達資訊或知識；相反地，詮釋本身就是一種人際行為。詮釋是分析師參與病人互動的一種形式──對某些人來

說，它是唯一的形式。（第七章詳細闡述了從人際視角出發的互動）。

史密斯（Smith, 1990）提出了另一個觀點，在承認詮釋的主觀維度時也支持不對稱性。他提出的論點是，所有變化的詮釋首先是在反移情中共演的，治療師透過這些共演獲得了對移情性質的認識。換句話說，很多時候，也許是經常性的，我們並不知道什麼是「正確」的詮釋，直到我們做出了一個詮釋。只有透過詮釋這一種我們參與的分析性形式，我們才能認識我們與病人互動的性質。然而，與基進的人際主義者相反，史密斯雖然承認「實際的中立是一種虛構」（p. 100），但他並沒有得出應該放棄中立性的結論。相反，具悖論性地，他認為「在實際上越是不可能中立，就越是要努力爭取中立」（p. 101）。

為了完善對關於詮釋性質的關係性觀點的比較，我想強調巴蘭格（Baranger and baranger, 1966）的貢獻，他們是來自拉丁美洲的克萊恩派後設心理學取向。他們將格式塔心理學和梅洛－龐蒂現象學中的**場域**概念應用於分析情境。他把分析情境看作是一個「雙人場域」（p. 384），並強調在這個過程中的相互性和互動性。雙人場域是由病人和分析師雙方的互動和交流構成的。精神分析場域的與眾不同之處在於，它被結構化為一種潛意識的幻想，其中包括來自雙人場域中的兩個成員透過相互投射、內射性認同和反認同而做出貢獻。症狀、阻抗和洞察都被看作是場域的產物，因此是由場域中兩個成員共同參與的結果。巴蘭格指出，病人和分析師都傾向於在他們當前的人際生活中重複過去有問題的關係模式。因此，在巴蘭格看

來，分析師的詮釋有助於同時改變分析師與病人的關係以及病人與分析師的關係。簡而言之，詮釋在減少雙人場域的病理學方面對分析師和病人雙方都發揮了治癒的作用。儘管如此，巴蘭格認為分析情境的結構包含了病人和分析師之間「基本的不對稱的功能性關係」（p. 384）。[2] 埃切戈揚（1991）有理由對於巴蘭格的立場在哪些方面仍然是不對稱的提出質疑。他不同意前者的觀點，並堅持認為對精神分析方法的定義是所有資訊都由病人而非分析師提供。此外，他認為他們忽略了病人和分析師在參與程度和形式上的差異。

案例說明和評論

來自霍夫曼的案例

霍夫曼（Hoffman, 1992a）表示，被督導者可能會報告他們在與病人工作中感到的掙扎，因為他們一方面想告訴病人 X，但另一方面又害怕 Y。霍夫曼說，他在這些時刻往往會建議被督導者這樣告訴病人，即他們告訴病人：「我想告訴你 X，但我害怕 Y」。霍夫曼舉了一些採取這種形式的例子。在一個例子中，他鼓勵被督導者說類似這樣的話：「在你描述和你朋友的這場衝突中，我傾向於你的觀點或站在你這一

---

2 我感謝羅伯特‧朗斯（Robert Langs, 1976, 1981）不朽的學術研究，它使我第一次認識到巴拉格斯及其批評者們有爭議的觀點。

邊；不過，我不得不承認，我對這個人也感到有些同情，因為我們之間也發生過類似的事情，我感覺自己也曾處在他的位置。」在另一個類似的例子中，霍夫曼建議按照以下思路進行介入：「我傾向於給你你想要的保證，因為這似乎是你需要的。然而，我擔心這樣做是在延續你的依賴性，而這真的沒有必要。」在不瞭解這些假設案例的情況下，我們真的無法決定這種介入會有多大作用。

然而，很明顯的是，根據波拉斯的建議，霍夫曼在這裡揭示了他自己的主體性，或者說鼓勵他的被督導者揭示他們自己的主體性。雖然霍夫曼沒有明確說明這一點，但我認為被揭示的尤其是分析師的衝突方面，這並不意外。（請見霍夫曼〔1983, p.420〕關於病人對分析師衝突看法的討論）。正如我所說的，一旦分析師進一步介紹了他們自身體驗的資訊，那麼他們就會揭示自己心理現實的各個方面，而這自然包含聚焦分析師的衝突。當波拉斯（1987, 1989）反對自己的意見，並創立了差異辯證法時，他也正在揭示自己的衝突。我相信，在適度的情況下，向病人展示他或她的心理現實並不是房間裡唯一的心理現實，並進一步讓病人去瞭解分析師思考心理現實的方式，即其有關衝突的方面，這樣做是有用的（見我在第二章關於衝突在關係理論中的中心地位時對米契爾的討論）。當然，分析師的建構模型本身作為一種建議形式，所起到的作用也需要在適當的時候被引入分析中。

來自凱斯門的案例

這個例子強調了分析師的詮釋包含了分析師的主體性，

特別是分析師心理衝突的方面所具有的治療力量。在一個著名的、經常被引用的教學案例中，凱斯門（Casement, 1982）介紹了他與一位病人面臨的困境。這位病人在分析的一個階段中要求凱斯門允許她握住他的手。這個病人在嬰兒時曾被燙傷，在她十七個月時需要進行一場在局部麻醉下進行的手術。在手術過程中，病人的母親暈倒了，當她母親的手從她身上滑落時，病人感到驚慌失措。

起初，凱斯門提出會考慮病人的請求，但在經過一個週末的思考後，他告訴病人，他認為這樣做可能會是一個錯誤，因為這從側面反映出她對童年創傷的重新體驗；因此，如果他將手交給她，那麼他作為她的分析師會辜負她。病人的反應是覺得，在分析師收回他原來的提議時，他重複了原來的創傷；這就好比，他給了她他的手，然後又從她那裡收回。她的推斷是，他無法忍受與她在情感上重溫創傷的體驗。作為對這種被遺棄感的反應，病人產生了精神病性的移情反應，並表示她有很強的自殺傾向。

這個案例已經由福克斯（Fox, 1984）討論過，在他看來，節制原則要求分析師以情緒上的可及性使病人在挫折和滿足之間保持平衡。根據福克斯的說法，凱斯門是正確的，如果他握了病人的手，他就提供了一種矯正性的情感體驗。不過，福克斯也認為，凱斯門最初考慮握住她的手而沒有立即拒絕，由此他在挫折和情緒可及性之間提供了最佳的平衡。

我想談談凱斯門技術的另一個方面。在病人發展出精神病性的移情之後，她變得有了自殺傾向，對治療感到絕望，覺得她無法繼續被分析下去了。她沒有意識到她的分析師真的不是

她的母親或外科醫生。在這一點上，凱斯門（1982）提供了以下詮釋：

> 你讓我在自己身上體驗到你所感受到的絕望感，以及不可能繼續下去的感覺。我意識到自己處於對我而言完全悖論的狀態。從某種意義上說，我覺得現在無法接觸到你，但在另一種意義上，我覺得我告訴你這些可能是我能接觸到你的唯一方法……同樣地，我覺得治療似乎不可能繼續下去，但我又覺得我能夠幫助你度過難關的唯一方法就是，我作好準備去容忍你帶給我的感受，並繼續下去（p. 283）。

正是這個詮釋被凱斯門認定為使病人從精神病和自殺性絕望中康復的轉振點。這與另一個著名的案例很相似，在該案例中溫尼考特（1960）告訴一位憂鬱症患者，他（溫尼考特）對治療沒有希望，但卻願意繼續下去，這使患者第一次感受到了希望。

凱斯門和病人之間的人際場域很可能比他所描繪的更加複雜。他極其清晰和引人入勝的案例介紹引出了有關精神分析技術的高度爭議性的問題。他的詮釋包含並傳達了大量的個人主體性，也表達了他自己與病人關係的衝突。在我看來，只有當他明確地向她傳達他自己的掙扎、希望和接近她的絕望，並以此與她分享他的心理現實時，她才能夠從精神病性的移情中走出來。因此，我認為這個案例中具有治療意義的並不在於如福克斯所說，凱斯門走在節制的鋼絲上，而在於透過與病人分享

他自己的心理現實，他以一種詮釋的形式與她充分接觸，該詮釋同時澄清了他自己的心理功能和病人的心理功能，以及在他們之間形成了互為主體的理解。

來自埃切戈揚的案例

埃切戈揚（Etchegoyen, 1991）描述了在他把住所搬到與諮商室同一層的公寓後發生的一件事，他的妻子把門墊從之前辦公室的門前搬到了他的家門前。接著，他描述了他的一位女病人剛從一段長時間的困惑中走出來。她告訴他，她認為自己一定是瘋了，因為她看到另一間公寓門前的舊門墊。埃切戈揚向病人詮釋說，她認為門墊來自他之前的辦公室，於是她相信好像是他故意移動了門墊，以便讓她知道他住在哪裡。他補充道，透過告訴他她認為自己一定是瘋了，她是在傳達她認為是他瘋了。因為在她看來，他通常是很刻板的，她知道把門墊放在會被發現的地方不是他的風格。所以如果他做這樣的事，那他一定是瘋了。埃切戈揚觀察到，在給出這個詮釋之後，病人的焦慮減少了，就像被「施了魔法」一樣，而且分析師也感到更加平靜。之後病人說，她在第一天就注意到門墊被移動了，現在她得出的結論是，他的妻子可能在他沒有注意的情況下把門墊搬到了那裡。埃切戈揚對此的結論是，這距離原始場景只有一步之遙。

埃切戈揚沒有向他的病人透露，但向我們，即他的讀者們透露的是，那實際上就是他的門墊，是他的妻子把它移動到了家門口。他告訴我們，對於移動門墊，他實際上是矛盾的。他一開始想告訴他的妻子不要移動它，因為病人可能會注意到這

點，從而發現他住在哪裡；但他又認為這樣做是將分析性的保留推向了極端。埃切戈揚故意不向病人透露這些，既不確認也不否認那其實就是他的門墊。這與他從史催奇（Strachey, 1934）那裡學到的信念是一致的，即我們重新建立病人與現實聯繫的最好方法就是不向病人提供現實。此外，這也符合他嚴格堅持的立場，即分析情境必然是不對稱的。

然而，當分析師對他的病人說，她以為的是他想讓她知道他住在哪裡；而分析師告訴我們的是，他意識到自己對於把墊子放在那裡感到矛盾，因為病人可能知道他住在哪裡，這就引起了有趣的問題。難道他對於病人知道他的住處沒有可能有一些衝突的感受嗎？他有想讓她知道的部分？當他迅速詮釋說是她認為他想讓她知道時，而這種詮釋是在病人提供的資訊相對較少（至少提供給讀者的資訊很少）的情況下迅速做出的，難道病人沒有可能把這聽成是證實了分析師的確對她想知道的事情有一些衝突的嗎？否則分析師怎麼會這麼快就得出這個結論，除非他與病人的衝突產生了共鳴？正如辛格（1968）所說，「要認識一個人所需的正是這個人自己，而在他正確的詮釋中，治療師揭示了他就是這樣一個人」（p. 369）。

我建議分析師可以採取什麼不同的方式呢？我是否建議他向病人揭示他的衝突？是，也不是！在某些方面，我相信分析師已經藉著他那具創造性和先發制人的詮釋，揭示了很多東西。我相信，他巧妙地提供了一些資訊，至少讓病人相信，分析師在想讓她知道他的住處方面是覺得衝突的。此外，她的聯想顯示，她認為她注意到了有關分析師的一些事情是分析師自己沒有注意到的；她說她注意到了門墊，但分析師自己可能卻

沒有注意到。

這位來自布宜諾賽利斯的分析大師在如此迅速和肯定地給出詮釋時，他的做法與克萊恩派的技術是一致的。我建議他要麼等待獲得更多的資訊，要麼按照以下思路進行詢問。如果病人認為她看到了分析師的門墊，她對門墊是怎麼來的會有什麼想法？如果她認為分析師想讓她知道他住在哪裡，她如何向自己解釋這點？她注意到有關他的什麼，使她認為他想讓她知道他的住處？既然她立馬就注意到了門墊，為什麼等待許久才提起門墊的事情？她是否注意到有關他的其他事情，這些事情在她看來他是沒有注意到的？一旦分析師像埃切戈揚那樣做出了詮釋，就需要對病人如何體驗這個詮釋進行後續的詢問。病人很可能把這個詮釋看作是一種對她所相信的確認，即分析師的確在想讓她知道他住在哪裡的問題上是矛盾的。

埃切戈揚的結論是，病人的猜測距離原始場景只有一步之遙，那又為何要這麼快就跳到原始場景？病人對分析師和他的妻子有什麼想像，使她相信分析師想讓她知道他住在哪裡？或者他的妻子想讓她知道他們住在哪裡？與其跳到原始場景，我首先想要徹底探索病人在此時此刻對分析師的信念、幻想、觀察和推斷。

分析師可能會告訴病人，她認為他在想讓她知道他的住處方面是矛盾的。如果分析師告訴病人，她幻想分析師在這方面有衝突，或者她注意到分析師在這方面有衝突，這會有什麼不同？這些微妙之處非常重要，不僅僅是文字上的不同，而且是語氣和態度上的不同。關鍵之處不在於分析師是否明確承認了某種主觀狀態，而在於分析師的做法是以一種促進分析探究的

方式，還是以一種關閉的方式進行的。如果分析師以肯定和權威的語氣揭示有關自己的部分，那麼他可能就關閉了進一步的探究，而不是打開它。另一種情況是，分析師也可能在揭示他的主觀現實的某些方面時提供空間，允許病人接受、修改、挑戰或超越它。

來自阿隆的案例

　　一位年輕、有魅力、已婚的女病人告訴我，在她看來，過去一週我變得比平時更冷漠。她想知道是否哪裡出了什麼問題，或者我身上發生了什麼。她沒有指出這一點，但我記得在上個星期，在她提供充滿高度性意味的聯想的情境下，我們之間有一些無惡意的玩笑。我認為她是對的；我確實感覺到在這次交流之後，我從她那裡抽身而退，試圖不陷入帶有誘惑或調情的共演中。我沒有與病人分享我的想法，只是聽著。

　　她繼續告訴我，她工作中的一位主管最近問她是否有什麼單身姊妹可以介紹給他。他知道她已經結婚了，但他依然經常和她調情。他這是在以最可能直接的方式告訴她，他對她這樣的人感興趣。在他問了她有關她的姊妹之後，我的病人注意到他有幾天都沒有和她說話。我告訴病人，她認為我已經對我們之間親密關係的強度感到不舒服，特別是當我們談論如此性感的材料時。她一定猜到我是因為自己的不自在而拉開距離的，因為我對與她調情感到矛盾。她贊同我說的，並繼續討論她自身的衝突，關於她想要有外遇，以及她向我表達她的性感受時的尷尬。

　　這是一位「好」病人。她順從並保護我；她沒有想要進一

步逼我。她本可以說：「那麼，關於對我有性的感覺，你是否對此感到衝突？你是否是因為害怕自己被誘惑而退縮了？」我認為，此時沒有必要再向這位病人透露我自己對這個情況的想法和感受。在我對她的詮釋中，我已經透露了足夠多的資訊，即我對這些性的感覺可以感到足夠舒適，以至於可以冒險與她談論這些。我相信她知道，除非我至少在某種程度上體驗到這種感覺，否則我不可能以我的方式做出這種詮釋。這個例子說明了作出詮釋是如何「治癒」分析師的；透過作出詮釋，我重新定位了自己與病人的關係。換言之，透過詮釋，我解放了自己，這樣我就不必再像之前那樣採取保持距離的防禦姿態了。

如果她不是一位如此合作的病人呢？如果她把我推得更遠，問我有什麼感覺，或者我是否有可能對她有這樣的衝突呢？我不會訴諸沉默或迴避，而是會提出或暗示說，我完全可能會期望對我的病人有各種各樣的想法、感受和有關他們的衝突，就像我期望他們對我也會有各種各樣的想法、感受和衝突一樣。如果她進一步追問，「那麼，如果你對我真有這樣的感覺的話，你會告訴我嗎？」我只會說，「首先，我可能不必告訴你，因為你可能已經知道了。事實上，你可能會在我之前就注意到有關我的一些事情。」最後，我可能會說，「如果你很確定你想知道，我會嘗試向你描述我的體驗，而如果我對這樣做有所保留，我會和你討論我的猶豫。」

這裡有一個不對稱的問題：病人必須要嘗試和全盤托出，必須盡可能地自由聯想。而分析師可以根據他自己的臨床判斷，即什麼符合病人的利益，或更準確地說，符合分析過程

的利益，來決定是否進行聯想。最後，關於她沒有直接問我是否因為我自己的焦慮而與她拉開距離這點，我是否應該與她進行面質？提出這個問題是合理的。因為不要求回應，她是一個傳統上的「好」病人或順從的病人，並以這種方式保護了我和她自己。這一點難道不應該引起她的注意嗎？

來自阿隆的另一個案例

從費倫齊（Ferenczi, 1932）開始，分析師們認識到病人至少在某種程度上可以作為他們的分析師來詮釋分析師的反移情（Hoffman, 1983）。西爾斯（Searls, 1975）列舉了病人可以作為分析師的治療師的方式，在接下來的章節中，我們將研究精神分析史中這種相互性的傳統。

不過，重要的是要認識到，如果一種詮釋是在主體間構成的，它必定在對話中對雙方都產生了影響。也就是說，一個詮釋對提供詮釋的人和接受詮釋的人都具有影響。出於這個原因，病人對分析師的詮釋不僅是對分析師，而且是對病人都有好處，反之亦然。霍夫曼（1983）寫道：「在分析師詮釋的那一刻，他往往把自己和病人從移情－反移情的共演中解脫出來」（p.415），而詮釋之所以有效，部分原因是因為它們對詮釋者本人具有「反思性的影響」（p.415）。所有的詮釋至少都是隱含的自我詮釋（Singer, 1968）。因此，詮釋是一個複雜的、互為主體的、相互的過程，詮釋者和被詮釋者都能從中受益。下面的臨床材料說明了這一觀點。

一位病人在分析的最初幾年裡，一直在努力解決他在表達感情方面的衝突問題，包括一般的表達，以及對我的表達。正

如預期的那樣，他非常關心自己的身體器官，擔心體液和身體排泄物向外洩漏的危險。因此，他關注自己的腸道蠕動、便秘和腹瀉，並對打噴嚏、咳嗽、哭泣、出汗、嘔吐和吐痰等都具有自我意識。所有這些都被分析了，並與他的衝突有關，即他憋住內心的想法，不發洩任何感情，特別是對我的感情。這個主題反覆出現，並被反覆討論，但只有在接下來的事件中，它才有了新的意義。

有一次，當病人在討論他害怕讓自己的憤怒表現出來時，我咳嗽了，但咳得很小聲，到完全憋住了咳嗽的程度。坐在沙發上的病人首先的反應是，他認為他聽到我在笑，並認為我是在嘲笑他，因為他一直無法表達自己。我詢問為什麼病人會認為我很樂意羞辱他。病人接著說，他腦子裡突然閃過的另一個念頭是：也許我是咳嗽，但聽起來像是在笑，因為我想把咳嗽憋住。但是，我為什麼要憋住我的咳嗽呢？他猜想，除非我和他一樣，忍住了我的表達？我說：「所以我想嘲笑你、羞辱你，以便與你保持距離，讓自己凌駕於你之上，這樣我就可以避免認識到我們倆其實有多麼相似，並向自己和你否認我也掙扎於類似的衝突中。」

我從這次互動中受益匪淺。我不再抑制自己，在與這位病人的交流中，我感到自己的自我表達更加自如。在持續的分析工作中，病人注意到我身上的自如和自發性增加了，而病人對這種變化的貢獻也得到了我們雙方的認可和承認。這個互動使病人對他自己的抑制傾向有了更深刻的認識，也使他在與我的關係中更加開放和自如。

詮釋以及其他的介入

通常而言，非詮釋性的介入，甚至非語言性的介入，可能具有深刻的治療效果，因為它們表達了關於分析師主體性的面向。雖然傳統上定義精神分析的一個標準，在於認為詮釋是主要的甚至唯一的治療介入，但這一要求是建立在言語和行為之間存在明確而穩定的區別這一前提之上的。傳統的觀點認為，就像被分析者應該通過自由聯想的方法將交流限制在言語領域一樣，分析師也應通過詮釋的方法將介入限制在言語領域。然而，正如我們所看到的，當代理論家已經解構了病人和分析師在言語和行為之間的這種明確的區別。

正如詮釋不僅是簡單的語言交流，還是人際間的行為；同樣地，病人的聯想不僅是語言交流，也是對分析師產生影響的行為。我們知道有這麼一個諺語說，「棍棒和石頭可以打斷我的骨頭，但言語永遠不會傷害我」，事實上這句話並不完全正確。言語是可以產生傷害的；它們可以產生行動上的影響。我們也知道，行動可以傳達重要的資訊。「一圖勝千言」，病人或分析師的行動可以比一些口頭詮釋產生更大的影響。於是，我們開始重視病人的「付諸行動」，將其認為是分析中一種重要的交流；同樣地，分析師的行動有時也比他們的詮釋更有價值。

讓我們來看一下分析文獻中最著名一個非詮釋介入的例子。巴林特（Balint, 1968）報告了 1920 年代末他在布達佩斯治療的一位年輕女性的案例。這位女性已經完成了大學的課程，但無法完成學位考試，也無法與男性交往，並普遍感到

她無法取得任何成就。他向她詮釋說，「顯然，對你來說，最重要的事情是安全地把頭抬起來，並且雙腳牢牢地踩在地上。」（p. 128）作為回應，她告訴巴林特，雖然她已經嘗試過，但她永遠也翻不了筋斗。他建議說：「那現在呢？」（p. 128）這位年輕女子「從沙發上站起來，另她驚奇地做了一個完美的空翻，毫不困難」（p. 129）。巴林特報告說，這個動作後來被證明是該病例中一個實質性的突破。「隨後，她在情感、社交和職業生活中都發生了許多變化，都朝著更自由和更有彈性的方向發展」（p. 128-129）。

此刻，我贊同用詮釋這個名稱來指稱這個介入的話似乎把詮釋這個詞的涵義擴展得太大了。無論如何，巴林特對病人提出的問題，顯然既是一個建議，也是與她的一種溝通，一種關於在分析中可能發生什麼的溝通，一種關於他願意超越語言的方式參與她的溝通；而且這顯然是一種超越分析的智力／認知維度，進入體驗和互動維度的嘗試。毫無疑問，它傳達了他們兩個人之間其他的潛意識交流。在分析過程中，在所有這些資訊中，有一些可能會被談論，而另一些也難免不會被談論。這種介入的有效性在多大程度上是因為它把身體上的表現帶入到分析情境中？有多少是因為她把巴林特的建議體驗為一種鼓勵？有多少是因為巴林特在她翻筋斗時的情感反應和參與？有多少是因為巴林特和這位年輕女性都體驗到這是他們之間帶有愛意／遊戲／性意味的關係的共演？有多少是因為他們兩人都體驗到了父女間的遊戲？毋庸置疑，精神分析中的許多強大之處是超越語言的，它們包含在費倫齊（1915）所說的「潛意識對話」中（p. 109）。然而，似乎很清楚的一點是，巴林特的

介入向這位年輕女性傳達了一些關於他自身的資訊，包括他對她的反應、他的欲望、他的希望、他對她的期望，以及與她一起參與的意願。作為分析師，我們試圖用語言來詮釋這些主體間對話的意義。但我們最多只能在很小的程度上取得成功。

▌小結

在本章中，我採納了眾多精神分析理論家的觀點，從關係的角度重新審視了詮釋和其他介入的性質。我同意米契爾（1988a）的觀點，儘管各種關係取向的後設心理學有著很大的差異，但在對詮釋的性質進行重新概念化中，有很多東西是統一的。我想強調的是，關係派分析師更加關注詮釋是如何透過病人和分析師之間的相互過程達成的；關係派分析師也同樣更加關注詮釋是如何被病人和分析師需要並產生影響的。此外，關係派分析師傾向於聚焦詮釋的情感方面。這種對情感的強調在斯佩札諾（Spezzano, 1993）的建議中很明顯：

> 詮釋表達了分析師對於在他和被分析者之間出現的情感的思考，對於這些情感出現的潛意識過程的思考，以及對他們交流這些情感的方式的思考（p. 229）。

因此，關係取向的共同點是把詮釋理解為一個相互的、主體間的、情感性的、互動的過程。詮釋是一種人際間的參與。它是一種來自互動之中而非互動之外的觀察。

詮釋之所以是一個複雜的關係事件，主要並不是因為它改變了病人內部的某些東西，也不是因為它解放了一個停滯不前的發展過程，而是因為它說出了一些非常重要的東西，關於分析師相對於病人的位置，關於他們兩人之間可能有什麼樣的關係（Mitchell, 1988a, p. 295）

詮釋主要是分析師在與病人的關係中，對自己進行人際定位和再定位的過程。在這個意義上，詮釋包含了分析師主體性的方面，可供病人使用。既然分析師在特定的詮釋中捕捉到病人心理生活的方面，那麼詮釋也表達了分析師主體性的方面，因此最好把詮釋理解為是病人和分析師之間在互為主體的層面的完美容器和承納者。

把詮釋看作是一個互為主體的過程，而不是分析師的行為，這樣做的好處在於，可以把注意力集中在對詮釋進行共同建構的人際情境上，以及病人和分析師對詮釋的相互反應上。此外，把詮釋看作是一個過程，而不是一種行為，這突出了詮釋與精神分析探究同步進行的方式，並且它本身就是精神分析探究的一個方面。

詮釋過程包含了為詮釋做準備的介入，以及詮釋之後的跟進，特別是對詮釋過程至關重要的方面進行探索和探究，它是分析師和病人在分析工作中相互參與的一種形式。由於它們是人與人之間的參與行為，正是透過詮釋，病人和分析師才知道分析師在與病人的關係中所處的位置；也正是透過詮釋，分析師才以最佳的方式傳達了他對病人的興趣、他的理解力，以及他對病人個性的尊重。洞察可以被認為是心理內部變化的標

誌，而詮釋則可以被認為是主體間變化的信號。詮釋應該被認為既是變化的標誌，也是病人和分析師之間關係變化的促進者，這意味著它們澄清並逐漸地治癒了病人和分析師，以及他們之間存在的互動領域。

詮釋和其他介入措施之所以是有用的，是因為它們包含三個維度：情感／體驗維度，認知／洞察維度，以及關係／互動維度。傳統上，在詮釋精神分析變化的性質時，一直被強調的是以洞察為導向的認知維度。然而，我相信，即使是那些承認關係／互動維度的人，在精神分析中也系統地淡化了分析師介入的情感成分。雖然我認為這三個維度都很重要，相比之下我想強調分析師的情感反應能力，或者後寇哈特派自體心理學的術語稱之為「最佳反應能力」（Bacal, 1985）或「最佳情感參與」（Tolpin，1988），因為它一直被忽視。上述每個例子都反映出的一件事是，分析師的詮釋（或介入）向病人傳達了分析師的情感回應性。

在上一章中，我們回顧了各種強調互為主體性的表述，其中包括相互影響（interaffectivity）作為一個重要的組成部分（Stern, 1985, p. 132）。我們談到人們需要聯繫他人，需要依附，需要瞭解，以及被他人瞭解。兒童和成人，病人和分析師，他們都需要感覺到，他們向對方表達的情感能夠到達對方，找到它的目標。人們需要感覺到，他們對他人產生了影響；病人需要感覺到，他們對分析師產生了情感影響。只有當作為情感表達目標的物件——獨立的主體——以某種方式回應，以此表明他們受到了影響、被感動、產生改變，他們才能知道這一點。馬洛達（Maroda, 1995）對這個過程進行了很好

的描述。她把它稱為「完成情感交流的迴圈」。史騰（Stern, 1985）討論了嬰兒和兒童對「情感調適」的需要，而自體心理學比其他任何分析理論都更強調成人對情感調適的持續需要。對關係派分析師來說，最重要的是主體間的相遇，即在情感上和體驗上感到心靈的相遇。詮釋和領悟是實現這種相遇的一種方式。我想特別強調情感和情感體驗的作用，因為關係理論的一個重要趨勢是將情感置於精神分析動機理論的中心，並將情感和相互影響視為人類主體性和互為主體性的核心（see especially Spezzanno, 1993）。

　　但是，如果像我所論證的那樣，分析師的情感反應才是關鍵，那為什麼還要試圖詮釋，或將這種情感反應轉化為技術介入呢？為什麼不直接以盡可能「本真」的方式表達我們對病人的情感反應呢？我認為這是不可取的，原因有很多。首先，正如我所指出的，重要的不僅僅是分析師的情感反應：情感／體驗要素、認知／領悟要素和關係／互動要素都很重要，而將我們的情感反應引入到技術介入和詮釋中，可以最好得保護這些要素之間的最佳平衡。其次，將分析師的情感反應引入到詮釋中，可以促進該反應的調節，從而更有可能使它被病人體驗為是為了病人的需要服務的，而不是以服務分析師的需要為主。我們需要平衡情緒自發性具有的價值，也要平衡維持我們情緒反應的同等價值，從而包含、保持、處理、消化、調節和昇華它們。（見米契爾的文章〔Mitchell, 1995〕以及第八章對這些主題的進一步闡述）。

　　我的建議是，在最好的情況下詮釋一直是有用的，因為它們包含了情感、認知和關係的成分。但分析師的情感貢獻

一直被忽視。分析師的介入之所以常常是有用的，正是因為它們包含了分析師的主體性，特別是情感性。要使分析師的介入有效，在一定程度上分析師要將他們的情感反應作為這些介入的一個組成部分。我支援馬洛達（1995）的提議，我們必須「表現出一些情感」。然而，我想強調的是，我們必須以調整後的方式展示情感，並用它來作為我們技術介入的一個方面，從而保持分析工作中個人和技術方面之間的張力（Hoffinan, 1994）。我們的詮釋是我們主體性（情感）的表達，並且它們又進一步推動了互為主體的相互分析過程，儘管這一過程是不對稱的。詮釋連接了分析師和被分析者；連接了他們之間的過渡空間，以心靈相遇的方式將他們聯繫在一起。

【第 5 章】
臨床精神分析中的
相互性維度

　　「在什麼程度上，每個案例必須是相互的？」（Ferenczi, 1932, p. 213）。這是費倫齊在去世前不久寫下《臨床日記》（*Clinical Diary*）的最後一篇文章時提出的問題。在這一章中，我探討的主題是，在何種意義以及何種程度上，精神分析可以說是一種相互的努力。我們在 1990 年代提起費倫齊在 1932 年提出的問題，這個問題及其臨床方法對精神分析的影響是如此可怕，以致半個多世紀以來一直受到壓制和禁聲。在下一章中，我們將探討費倫齊關於「相互分析」最原始的試驗，並有機會從此處發展的觀點出發對其進行批判。「在什麼程度上，每一個案例必須是相互的？」

　　將諸多所謂的關係精神分析學派聯合起來的，並不是任何共同的後設心理學，也不是對古典後設心理學的共同批評，儘管這的確是許多關係派所做貢獻的一個共同要素。諸多關係理論家的共同之處，在於對精神分析過程中病人和分析師之間相互性和互惠性的強調。不過，既然當代精神分析學家已經開始談論相互性，甚至強調相互性，那麼我們必須詢問這個術語的確切含義。

　　我們已經看到（第三章），對相互承認和相互調節進行區

分是很重要的，前者指的是兩個人能夠彼此承認對方是獨立的主體，後者指的是兩個人在關係中不斷對彼此施加對等的控制。我們還看到（第四章），組織精神分析方法的一個重要軸是單邊的資訊生成，對應於資訊的相互產生。古典派分析師一直將精神分析方法定義為主要是由病人的自由聯想來提供資訊，並由分析師詮釋這些資訊，而關係派分析師談論的是病人和分析師之間資訊的相互產生。

當我們開始討論相互性的臨床方面時，我想說的是，相互性這個詞可以合理地用來指稱精神分析情境中的一系列方面。認可的相互性、調節的相互性、產生資訊的相互性、費倫齊式的相互分析，以及其他各種有關相互性的含義都是非常不同的概念，必須分別考慮每個概念的含義。然而，可以概括地說，關係派精神分析包含了相互性的許多方面；它關注的是病人和分析師之間的共同點，而不是他們的區別。即便如此，在強調相互性的同時，我們也必須牢記病人和分析師在角色、功能、權力和責任方面的重要差異；關係的這些方面我稱之為不對稱性。

▌工作聯盟和相互性

對於傳統模式來說，工作聯盟的概念捕捉的是病人和分析師之間個人關係的方面，它包含了關於分析工作的共同或相互的約定。相互性在古典理論中佔有一席之地，但它是一個相對狹窄的概念，僅限於指涉共同的協議、合約或契約。吉爾（1994）稱聯盟的概念是「古典分析師對於精神分析是雙人關

係這一觀點作出的勉強讓步」（p. 40）。在古典模式中，分析師和病人有著共同的目標，並建立了一個共同的交流場域來追求這些目標。對於那些相對健康的、「可分析的」病人而言（暫時從古典的角度來說），工作聯盟幾乎是理所當然的；它作為一種背景現象存在，只有當共同的交流場域出於某種原因被暫時破壞時才會受到關注。這一觀點使得分析師在大部分工作中關注的是病人的精神官能症、幻想和歪曲，從而人為地誇大了相對而言生病的病人和健康的分析師之間的差異。當代佛洛伊德派們把精神分析方法說成是一種「共同的事業」（joint venture），一種「相互的活動」（mutual activity）（Kris, 1982, p.3）。他們認為精神分析是相互的，因為病人和分析師都在為一個共同的目標而努力。因此，對於古典分析師來說，精神分析可以被描述為一個相互的過程。然而，他們認為病人和分析師之間共用的僅限於實際的分析工作，以及進行這項工作的治療協議，只在這個層面上聯盟才具相互的性質。這是對「相互性」一詞相對狹窄地使用。從古典派的角度看來，精神官能症、病理、非理性和移情歪曲顯然不是共同的或相互的。病人對分析師的關心、接觸、穿透、愛護、治療或分析的重要性並沒有受到重視。

相互參與

有關相互性的一個更廣義的概念產生於這樣的想法：病人和分析師都參與分析的過程，他們在意識和潛意識層面上進行相互調節或相互影響。就關係視角而言，分析師是誰，以及他

或她個人對分析過程的貢獻是精神分析調查的基礎。分析方法不能被看作是孤立於分析師個人變數和直接情感體驗之外的。從這個角度來看，反移情不是一個需要間歇性地進行調查和消除的偶然失誤，而是一個持續的、關鍵的調查要素。分析師作為個體不斷變化的情感體驗，既是分析方法的主要組成部分，也是被考察的主要變數。

　　蘇利文對參與式觀察模式的闡述代表了人際關係模式在理論上的全面發展，即使這一發展沒有體現在他自己的實踐中（see Hirsch and Aron, 1991; Hoffman, 1983）。儘管蘇利文創造了參與式觀察模型，但他個人卻迴避對此時此刻的移情與反移情互動進行探察。在早期的精神分析先驅中，費倫齊最早承認分析師需要邀請病人對分析師在治療中的參與進行觀察；分析師不可避免地陷入與病人互動的世界。用列文森（Leveson, 1972）的話說，分析師被「改變」了；用桑德勒（Sandler, 1976）的術語來說，分析師被「推入角色反應中」。當代克萊恩派和其他客體關係學派則使用投射性認同這一術語來表示病人喚起分析師特殊感覺和反應的諸多方式。然而，在這裡我想強調的是，分析師當然也會把病人「推入」到「角色反應中」，並在分析師自身過去關係歷史的基礎上「改變」病人。分析師將他自己的某些方面以投射的方式在病人身上得到認同。簡而言之，如果病人影響了分析師的行為和角色反應，那麼分析師也影響了病人的行為和角色反應。雖然這種影響在數量上可能不相等，但它是相互作用的。事實上，有時分析師重複他過去關係歷史的努力是如此強烈地主導了移情－反移情互動，以至於我們可以把它稱之為「反移情支配」

（Maroda, 1991, p.49）。參與和共演是分析互動中相互和對等的特徵。

　　與強調工作聯盟中共用特質的古典派分析師相比，關係派分析師在臨床精神分析任務中賦予了相互性更廣泛的地位和更深刻的意義。相互性當然包括相互同意承擔的分析任務，但它更進一步涉及到治療關係的核心。雖然最終的目的是使病人受益，但分析不是由分析師對病人進行的，甚至不是由分析師在病人的幫助下對病人進行的，就像工作聯盟的概念那樣。相反地，分析不可避免地是一種共同的努力，因為調查的對象不僅是一個客體，而且還是一個獨立的主體。

　　我簡要地認為，針對佛洛伊德理論的一些最有力和最清晰的批評並非來自外部的批評家，而來自佛洛伊德忠實擁護者的隊伍。羅華德（Loewald, 1980）優雅而有說服力地論證了分析師並非不相干的觀察者，而是分析場域的一部分和參與者。他對於將人類個體心靈作為一個獨立的調查單位是否有用的問題提出了質疑：

　　　　然而，個人在這方面的地位是值得懷疑的，而不能被視為理所當然。如果不出意外的話，調查我們的研究對象時在分析師和被分析者身上遇到的移情和阻抗現象就表明了這種地位的不穩定性，也表明不能把個人當作一個由另一個封閉系統進行調查的封閉系統來進行精神分析的研究。我們甚至必須限定我們對調查者和對象的說法，由於精神分析過程所具有的性質，被調查的物對象可以成為他自己的調查者，而分析師作為調查者也可以成為他自己的研究

對象。與此同時，被分析者也在分析過程中「研究」分析師，儘管不是以科學和專業的方式進行；而分析師必須打開自己，把自己作為被分析者探索的對象（當然，我並不是說他必須回答問題，或告訴被分析者關於他自己的情況）（p. 278）。

在這個最後的括弧裡，羅華德明確表示，他並不主張病人和分析師之間存在對稱性。他寫道，「分析關係是一種不對稱的關係」（p. 279），這是「毋庸置疑的」。他在這裡強調的是在臨床情況下分析功能的相互性，並認識到分析師和被分析者對他們自己和對方而言既是主體又是客體這一點的重要性。

在任何關係模式中，包括那些可能名義上是佛洛伊德派的模式中，正是由於對分析師的參與和不可避免性的相互影響的認可，相互性成為了一個核心的原則和主要的調查領域。如果不對反移情進行至少隱含的分析，對移情的分析就不能有意義地發生。我們不能認為病理和健康只存在於病人或分析師身上；也不能認為只有分析師對真理和洞察有發言權。阻抗並不只發生在病人身上，而是作為互動的現象，在隱喻層面而言只存在於分析師和病人之間的空間中。換句話說，阻抗的概念與移情和反移情是同義詞（Schafer, 1992），或者更簡單地說，我們可以稱之為相互阻抗。正如我們在上一章所看到的，詮釋並不是由分析師提供給病人的；相反地，詮釋過程是相互發生的。因此，誰做出了特定的詮釋，誰想到了它（病人或分析師），誰首先提出了一個想法，這些問題不能得到明確的回答，因為一個好的詮釋發生在過渡空間中（Winnicott,

1951），對兩個參與者都產生影響。我們可以稱之為是相互詮釋的過程，或者至少承認詮釋有可能對兩個分析參與者都產生了有反應的影響。分析發生在病人和分析師之間，因為他們彼此分析，即使這種分析往往是隱含地或潛意識地發生的，即使兩個參與者的相對貢獻並不是相等的。

我相信，大多數佛洛伊德派分析師和大多數關係派分析師之間的關鍵區別在於，佛洛伊德派分析師假設一位被相對良好地分析過，且相對健康的分析師，透過不斷的自我分析可以間斷地對反移情干擾進行監測。即使是那些承認共演無處不在的佛洛伊德派分析師，也繼續假設分析師會保持足夠的、相對自主的自我觀察能力，以監控和分析這些共演。相比之下，關係派分析師認為，首先，儘管經歷了深入的自我分析，分析師還是不可避免地被捲入與病人的持續共演中（相互參與或相互共演）。另外，他們進一步認為，分析師無法做到以足夠超脫的方式（如果工作得當）來觀察和處理這些潛意識的參與。關係派分析師認為，不論以這樣或那樣的方式，對這些共演的分析都將以相互的方式發生，病人和分析師對於他們的互動和接觸所具有的人際意義既進行詮釋又進行抵制。

▌在過渡空間中進行詮釋：案例說明

有一位病人，有時會聯想到受虐的互動，肛門插入的性幻想，以及虐待、支配和服從的感覺。我把病人的想法詮釋為我在支配他、控制他，並期望他服從我。病人表示他認為是我想讓他服從，而且他總覺得這是我對他的期望。在聽到病人有關

肛門受虐的性自慰幻想的進一步聯想後，我用一種我希望聽起來是我正在思考的語氣說：「整個分析對我來說是一種性的征服，我因你的服從而感到興奮。」至於我指的是他的信念或幻想，還是我自己的經驗，在這一點上我保留了模棱兩可的意思。當我對病人說這句話時，我也許並不清楚我是在用誰的聲音說話。這個詮釋不一定是針對他或針對我；這是誰的想法是不清楚的；它可能引發我的洞察，同樣也能引發他的洞察。如果我不把病人的所有想法當作來自過去客體的投射或置換，而是考慮它們可能在我與病人的互動中存在某些基礎，那麼，在我向病人詮釋的行為中我可能會得到一些關於我自己和分析互動的內容。例如，當我告訴病人我從對他的支配中獲得性興奮時，我可能也會在我的語氣中意識到一些也許我自己沒有意識到的興奮。或者，我可能意識到我的詮釋比我以前認為的更具有攻擊性或侵入性。例如，我可能會有這樣的想法：我是一個極其令人討厭的人，而這可能引發我們每個人進一步的聯想。最理想的情況是，這種交流能引發共同的洞察和相互的改變。

我以模棱兩可的方式對詮釋進行表述，讓人不知道這到底是誰的想法，這樣的做法也不是不常見。我可能會說，「就好像我在試圖支配你」，或者像這個例子一樣，簡單地說，「我在試圖支配你」。此處我說話的方式傳達了我只是在大聲思考，而不是說：「你相信……」或「你有……的想法」或「你有……的幻想」。我發現以「也許我是……」或「可能我是……」或「我想知道我是否可能是……」的形式來表述這些

評論是舒適和有用的。我相信，我的這種「虛擬式」[1]的詮釋會讓人覺得對病人的觀點沒有那麼大的挑戰，但更重要的是，它可以對我產生更大的情感影響，至少在我沒有過度防衛的時候。當然，措辭並不如說話的語氣、情緒信念以及我真心接受觀點轉變那樣重要。不過，無論如何措辭也是重要的。

這並不是說我期望我的病人會經常詮釋一些對我來說非常新的東西。畢竟，如果我不認為我容易受到有關支配和控制問題的影響，那麼我相信我也就不太可能會把病人的聯想當作詮釋來聽，並很好地利用它們。更常見的情況是，病人會提示我，對於一些衝突的領域我確實是知道的，只是在當前的分析情境下並沒有充分意識到。透過幫助我解決我之前在個人分析中所處理的衝突，病人充當了我的分析師。這種方法存在風險和複雜性。然而，從相互性的角度出發進行思考本身就是複雜和危險的，而這一事實並不意味著要避免這種做法。

▌相互共情和相互分析

分析師需要與病人共情，這一點似乎是顯而易見的。心理治療研究文獻中最早且最一致的發現之一就是治療師對病人共情的重要性。而不太明顯的可能是，如果治療要向前推進，病人必須與治療師相互共情。威爾斯利學院（Wellesley College）史東中心（The Stone Center）的一群理論家的貢獻

---

1 在用虛擬式來表述詮釋方面，我應該感謝皮茲爾（Stuart Pizer）的想法。

在於，他們強調了將共情作為一個相互過程來思考所具有的價值。根據他們對女性心理發展的集體研究和思考，他們把共情需要看作一個相互的、主動的互動過程，並提議使用相互共情這個術語來突出他們的觀點（Surrey, Kaplan, and Jordan, 1990）。他們認為，在發展過程中，不僅有被理解的需要，即對共情的需要，也有與他人共情的需要。因此，「相互共情」的概念指的是，個體發展的目標之一是朝向相互共情的雙向關係。在對相互共情的討論中，他們提出的想法認為：心理治療應該被看作是一個相互的過程，其中每一位參與者，即病人和分析師，都必須體驗到來自對方的共情，從而使這種體驗對雙方都有促進作用。共情不僅存在於分析師的頭腦中，也不僅存在於病人的頭腦中。相反地，在治療過程中，最好把共情看作是「一種有品質的關係，一種關係活動或關係動力」（p. 2）。

然而，在精神分析中，分析師對病人的需要以及病人對分析師的影響在傳統上一直都被低估了。不過，佛洛伊德（1905）確實承認他的病人對他產生了個人的影響：「沒有人像我一樣，把那些居住在人類心中最邪惡的半馴服惡魔召喚出來，試圖與他們搏鬥，並期望在這場鬥爭中毫髮無傷。」（p. 109）佛洛伊德承認精神分析工作對分析師造成了巨大的個人影響和情緒傷害。在這段話中，我們可以看到佛洛伊德意識到了發生在精神分析中的相互影響。如果事情進展順利，那麼分析師必然對病人產生影響；但佛洛伊德在這裡宣稱的是，病人不可避免地對他產生了影響。雖然，佛洛伊德強調的是分析師在與病人的精神官能症這個惡魔的鬥爭中對他造成的傷害。然

而，讓我們把佛洛伊德的觀點與桑多爾・費倫齊（1932）的進行比較：

> 最後一個並非不重要的要素是，在病人面前謙卑地承認自己的弱點、創傷經歷和幻滅，這可以完全取消本來由自卑保持的距離。事實上，我們很樂意讓病人享受那種能夠幫助我們的樂趣，讓他們就像這樣在短暫時間內成為我們的分析師，這可以合理地提高他們的自尊（p. 65）。

　　從上述引文中我們看到，佛洛伊德和費倫齊都承認不僅僅是分析師對病人產生影響，病人對分析師也產生相互的影響。也許佛洛伊德的描述特點在於提到了精神分析過程對分析師的有害影響；而費倫齊就像他的典型做法一樣，主張病人對分析師作為一個人具有治癒性的影響。對佛洛伊德來說，精神分析是一場鬥爭，一場隱喻性的戰鬥；而對費倫齊來說，精神分析是一種相互的、「帶有母性」的善意行為，是一種合作。我們需要把這兩種觀點結合起來，同時承認臨床精神分析工作的合作性和戰鬥性。

　　我們作為分析師憑直覺就知道佛洛伊德所說的危險是什麼。我們緊密地捲入病人的鬥爭中，並且不可避免得作為發生變化了的人，而從分析體驗中走出來。正如佛洛伊德告誡我們的那樣，我們無法「指望在鬥爭中毫髮無傷」。相較於其他任何原因，也許正是因為這個原因，我們更渴望從瞭解中獲得確定性。也許正是因為這些危險引起了如此強烈的焦慮，我們才渴望從一個好的理論中獲得安全感，特別是從一個毫不含糊的

技術理論中獲得安全感，這個理論可以指導我們對待病人的行為，似乎還可以消除或弱化我們的個人主體性。就好像如果我們能夠瞭解病人，瞭解分析過程，瞭解病人的衝突，瞭解我們介入的意義，那麼我們就可以與病人以及他們的情感體驗保持一定的距離。我們用知識作為一道屏障，不讓病人接觸我們，不與我們搏鬥，不傷害我們，不改變我們，不讓我們有感受。從費倫齊的視角而言，我們可以說，我們抵制了病人的治療努力。

為了保持不受傷害，我們保持距離。為了保持不受傷害，我們把精神分析看作是一個單邊的、單向的過程，一條單行道。我們在那裡是為了幫助病人。我們在那裡分析病人的衝突、病人的心靈、病人的精神病理。我們在那裡是為了改變病人。我們保持中立、匿名、節制；我們置身於病人心理衝突的雷區（心靈領域）之外，與那些震撼和干擾病人的力量保持等距。我們尋求的是保持自己不受傷害。

然而在精神分析界一直存在著一些聲音，認為這種態度限制了我們的工作。有些人敢於提出，當分析師被病人影響時，精神分析效果反而是最好的；還有一些更罕見的聲音建議，當分析師讓病人知道分析師也受到情緒上的觸動，甚至可能被改變或得到了病人的幫助時，在精神分析中會產生最為深刻的影響。

強調精神分析情境固有的相互性，這種顛覆性的思路可以追溯到桑多爾・費倫齊（1932），他繼續寫道：

如果出現的情況是——這種情況偶爾的確會出現在我身

上——體驗別人和我自己的痛苦會讓我流淚（而且不應該向病人隱瞞這種情緒），那麼醫生和病人的眼淚就會在一種昇華的交流中混合在一起，也許只有在母嬰關係中才能找到類似的情況。這就像是治療的方子，它像膠水一樣把智力上的碎片永久地粘在一起，即使是被修復的人格，也會被一種新的活力和樂觀的光環所包圍（p. 65）。

費倫齊受到了他的密友和同事，「野生分析師」格羅代克（Georg Groddeck）的影響，後者在 1923 年寫道：「現在我面臨著一個奇怪的事實，不是我在治療病人，而是病人在治療我。獲得這一洞察是困難的，因為你明白這絕對顛覆了我與病人的位置。」（quoted in Searls, 1979, pp.262-263）[2] 我們可以清晰地看到費倫齊和格羅代克彼此的相互影響，雙方都鼓勵對相

2　格羅代克（1866-1934）是巴登巴登一家療養院的醫務主任，他在 1912 年發表了一篇小說攻擊精神分析，並對其強調性行為表示遺憾。1917 年，他給佛洛伊德寫了第一封信。他在信中承認，他從未徹底閱讀過佛洛伊德的作品，並出於嫉妒才對他進行攻擊。他還在信中問佛洛伊德，他是否可以自稱為分析師。佛洛伊德回答說，他人文格羅代克是一流的分析師。1920年在海牙舉行的國際會議上，格羅代克宣稱自己是「野生分析師」，這震驚了他的聽眾們。格羅代克的聞名之處在於憑直覺認可潛意識的重要（他發明了「Das Es」一詞，後來被佛洛伊德採納後翻譯為「Id」）；提出心身理論；很早就認可母性移情的重要；並識別出病人和分析師之間的相互性（Grotjahn, 1966）。

互性的承認。費倫齊有關相互性的工作在以下發現中達到頂點，即病人和分析師最終會通過相互參與、相互建立關係、相互共情的失敗，以及相互原諒來照顧和治癒對方。

費倫齊並不是早期分析先驅中唯一嘗試相互分析的人，也不是第一人。榮格早在 1908 年就與奧托·格羅斯（Otto Gross）嘗試過相互分析。榮格在給佛洛伊德的信中談到他對格羅斯的分析：「每當我陷入困境時，他就分析我。透過這種方式，我的心理健康有所受益。」（May 25, 1908, see McGuire, 1974, p. 153）榮格全身心地投入到這個簡短的分析中，並報告說他「日以繼夜」地進行對格羅斯的分析工作。他一開始覺得格羅斯和他有很多共同點，並把對方比作雙胞胎兄弟，只是在進行這種相互分析的幾天後，他認為格羅斯患的是不治之症，不僅患有毒癮，而且患有老年失智症。具有諷刺意味的是，桑多爾·費倫齊就榮格對格羅斯的工作寫信給佛洛伊德：「**相互分析**是胡說八道，也是不可能的」（Dec 26, 1912, see Brabant, Falzeder, and Giampieri-Deutsch, 1993, p. 449）。

在晚年，榮格發展了一種心理治療的模式，其中他對相互性的承認遠遠超過了主流的佛洛伊德派精神分析。他在 1929 年寫道：

> 治療作為一種相互影響的產物，除此之外沒有任何手段可以做到這一點，在治療中醫生和病人的整體存在都發揮了作用……兩個人格的相遇就像兩種化學物質的混合；一旦有任何的混合，兩者都會被轉化（cited in Fordham, 1969, p.264）。

當代榮格派延續了這一傳統，在「受傷的治療者」這一原型中將精神分析視為一種相互的、辯證的過程，並將榮格對分析情景的比喻延伸為一種化學過程（或煉金術），在這個過程中各種元素之間發生相互轉化（Samuels, 1985）。一些當代榮格主義者追隨榮格，把對相互轉化的識別作為分析的目標。根據榮格的比喻，在煉金術過程中各種基本元素相互轉化為金子，榮格派認為治療關係是一個相互的、互惠的轉化過程，在這個過程中病人和分析師的轉化必然是同等的。在評論病人和分析師之間「同等」的含義時，沙繆斯（Samuels）做出的區分與我在此處就相互性和對稱性所做的區分是相同的：

> 榮格提到同等（equality）一詞體現出諸多困難。一個更好的詞是「相互性」，這也是一個能廣泛流傳的詞。這個詞帶有舒適甚至排他的內涵，從而有可能被理想化了。關於這一點可以透過**不對稱的相互性**（asymmetrical mutuality）來反駁，該詞暗示病人和分析師具有不同的角色。其他不對稱的相互關係還包括母親和孩子之間的關係，以及老師和學生之間的關係（p. 175）。

根據菲利浦（Phillips, 1988）的說法，溫尼考特最偉大的成就之一是發展出有關精神分析實踐的一個真正的合作模式。「儘管顯然容易被情緒化，但職業關係的互惠理念是一個精神分析的全新音符。」（p. 13）對溫尼考特來說，心理健康是由個體參與到相互關係中的能力來定義的。

除了幾個顯著的例外，在主流精神分析文獻中，直接承認

病人對分析師具有貢獻幾乎是相對罕見的（Bass, 1993）。其中一個例外是溫尼考特向岡粹普承認，他對岡粹普的分析對他這個分析師也有好處：

> 你，也有一個好的乳房。你能夠給予的總是比你所能得到的更多。對你進行分析幾乎是發生在我身上最讓人放心的事情。在你面前讓我覺得我一點都不好。對我而言你不需要是好的。我不需要它，沒有它我也能應付，但事實上你對我而言是好的（Quoted in Guntrip, 1975, p. 62）。

從古典的角度來看，溫尼考特對岡粹普的陳述存在各種技術性的問題。它違反了匿名性；分析師不再是一個空白的螢幕。它滿足了病人，而且很可能滿足了幼稚和全能的幻想，而且是力比多的幻想。它助長了對他人的競爭性貶低。然而，如果承認病人確實在觀察他們的分析師，並對他們的觀察做出推斷，並且這種觀察大部分是在潛意識中進行的，那麼分析師的部分工作就是說明病人把這些觀察和推斷帶到意識中。在病人的觀察中，分析師可能是受到了病人的幫助、影響或感動。對於試圖維持節制和匿名的分析師來說，病人代表他們的分析師所做的治療努力如何能被認可呢？

溫尼考特對相互性的關注可能是主流精神分析中的一個「全新音符」，但在人際傳統中它一直是一個基本的元素。作為費倫齊的病人和被督導者，克拉拉·湯普森在討論分析師的個性在治療中的作用時，描述了在費倫齊之後包括她、蘇利文和佛洛姆－瑞奇曼在內的分析師們如何朝著在分析中更多參與

的方向發展。她寫道，鼓勵病人說出他們關於分析師的所有觀察或想法，這「實際上可以增加分析師對自己的洞察，並使雙方都受益」（Thompson, 1956 p. 170）。

我們來看一下人際學派的另一位發起人埃里希・佛洛姆（Erich Fromm, 1960）的以下言論。在我將要引用的這段話之前，佛洛姆將這一思路的起源追溯到費倫齊和蘇利文。

> 分析師分析病人，而病人也對分析師進行分析，因為透過分享病人的潛意識，分析師也不禁澄清了自己的潛意識。因此，分析師不僅治癒了病人，而且也被病人治癒。不僅是他在理解病人，最終病人也理解了他。當達到這個階段時，也達到了團結和共融（p.112）。

遵循佛洛姆派的傳統，愛德華・陶伯（Edward Tauber, 1952）寫道：

> 治療師無法通過督導或個人分析有效地瞭解所有關於自己的移情－反移情困難，而必須建立一種氣圍，使他能從病人那裡瞭解自己。一個人不會向任何人展示自己的全部個性，他必須在自己的領域內解決每一種所謂的「我－你」關係（p. 228，粗體為另加）。

之後，一位引用了陶伯的工作並且被人際派分析師們大量引用的古典分析師露西亞・托維爾（Lucia Tower, 1956）寫道：

我根本不相信，無論在任何情況下，兩個人把自己關在一個房間裡，日復一日，月復一月，年復一年，但他們對另一個人沒有發生任何改變。如果另一個人不發生一些微小的變化，就不可能在其中一個人身上發展出重大的變化，而這畢竟是治療的目的。至於另一個人身上的微小變化是否是理性的，可能相對來說並不重要。更重要的可能是，對方（即治療師）的微小變化對於我們希望實現重大變化的人來說是特別重要和必要的（p. 139）。

在這個人際派傳統的路線上更進一步的是辛格（Singer, 1971），他提出，不僅病人可能對他們的分析師真的有所幫助，而且分析師也可能對這種幫助表示感謝。這一傳統也許在西爾斯（Searls, 1979）的著名論文〈病人作為分析師的治療師〉中最為突出。在他對「相互促進成長的（治療性）共生關係」的描述中，西爾斯認為病人之所以生病是因為在一定程度上他們針對父母的心理治療努力受到挫折，並且沒有得到承認。在移情過程中，這些心理治療的努力被重新調動起來，以幫助分析師；而病人觀察分析師，看他們是否從這些治療努力中受益。只有當病人現在能夠在針對分析師的同等治療努力中獲得成功，他們才能被修復，減少他們的內疚感，確信他們的「共生價值」（p. 385），並因此感到成為完整的人。西爾斯指出，在他看來，病人的治療訴求並不次於潛意識的敵意訴求；也就是說，它們不僅是修復性的，而且來自於人類對於付出愛並使其被接受的主要需求。此外，西爾斯建議：

我越是舒適地接受這個維度是治療過程所固有的，我越能確定得感到，在與病人工作時，我的全部行為中包涵著一種隱含的承認，即我們之間的治療是一個相互的、雙向的過程（p. 428）。

我們沿著這一思路可以直接關聯到人際派最近的文獻。列文森（Leveson, 1993）寫道：「治療成為一個相互的過程，病人不僅是分析師體驗的詮釋者，而且是治療師進行治癒的合作者。」（pp. 393-394）同樣，沃斯坦（Wolstein, 1964, 1975, 1981, 1983, 1994）闡述了一種人際派的觀點，認為探究交織著移情－反移情的相互共同參與對病人和分析師都具有治療性，為了使分析取得進展，他們雙方都必須改變。

我剛才追溯的思路從未得到主流精神分析界的接受。經常得到的回應是，承認分析師和被分析者之間的相互性有時會出現，而且當它發生時可能是強大的，但如果分析師一開始就有足夠的分析能力，這就不應該太常出現。畢竟，一個顯而易見的論點認為，分析應該是為了使病人受益，而不是使分析師受益。把分析師的需求放在病人的需求之前，是多麼不道德和不專業。

從格羅代克經由佛洛姆、西爾斯、溫尼考特、列文森和沃斯坦到費倫齊的傳統顛覆了這個論點。具有悖論性的是，這一傳統的遺產表明，至少在某些方面，病人很可能需要把治療師的需求放在第一位。除非病人能夠感到他們已經接觸到了分析師，感動了他們，改變了他們，讓他們感到不適，激怒了他們，傷害了他們，治癒了他們，以某種深刻的方式認識了

他們，否則病人自己可能無法從分析中受益。從這個角度來看，精神分析是一種深刻的情感接觸，一種人際間的參與，一種互為主體的對話，一種關係性的整合，一種心靈的相遇。

共情，或分析的愛，必須是相互給予和相互接受的。精神分析觀點認為，兒童需要被他們的父母所愛；然而，分析師們基本上沒有處理與之相對的問題，即兒童也非常需要愛他們的父母，並讓他們的父母接受這種愛。兩位先驅性的客體關係理論家蘇蒂（Suttie）和費爾貝恩關於相互給予和接受的重要性的論斷是最特別的。

蘇蒂（1935）受費倫齊的影響，發展出一個早期客體關係理論，該理論把對於社交和陪伴的渴望，以及愛和被愛的需要認定為人類的基本動機。與他之前的古典傳統形成鮮明對比，他寫道：

> 嬰兒不僅以一種樂善好施的態度開始生活，而且這種「給予的需要」持續一生作為一種占主導的動機……因此，給予的需要和獲得的需要一樣重要。我們的禮物（愛）不被接受的感覺，和別人的禮物不再能得到的感覺一樣令人難以忍受（p. 53）。

費爾貝恩（1952）的取向與蘇蒂有某些相似之處，他在以下觀點中顯示了對相互共情需要的欣賞：「兒童最大的需要是獲得一下結論性的保證：（a）他們作為一個人，被父母真正地愛著，（b）他們的父母真正地接受他們的愛。」（p.39）

沒有哪個精神分析學派像自體心理學那樣強調共情的作

用，而且在最近的著作中自體心理學家開始強調病人和分析師之間相互共情的重要性。在描述病人利用他們的分析師來發揮自體客體功能時——也就是說，分析師被用來喚起、維持或增強病人的自體感覺——巴卡爾（Bacal, 1995a）寫道：

> 實際上，分析師也體驗了與病人的自體客體關係，在這種關係中他開始期望他的某些自體客體需要將由病人的持續反應得到滿足，而當這些反應沒有出現時，他的分析功能可能會受到很大的干擾（p. 363）。

他認為，我們一直如此專注於需要和**接受**自體客體的體驗，而對**提供**自體客體的體驗沒有給予足夠的重視。給予共情和接受共情可能都有益處。巴卡爾（1995b）寫道：「個體在一定程度上體驗到自己正在提供共情，這也可能同時喚起分析師和被分析者的自體意識並使之充滿活力。在這個意義上，自體客體概念的確是關係性的。」（p. 403）

在一個相關的陳述中，史托羅洛（Stolorow, 1995）提到：「主體間領域是一個相互影響的系統（Beebe and Lachmann, 1988）。不僅病人向分析師尋求自體客體的體驗，而且分析師也向病人尋求這種體驗。」（p. 396）正如我在第二章中指出的，巴卡爾和史托羅洛是數一數二的自體心理學家，他們更廣泛地與關係理論搭建起橋樑。而且，這也與我的論點一致，即相互性是關係理論的核心原則，而自體心理學家也越來越關注相互共情和相互自體客體的體驗。

心理治療效果研究的實證性結果可以用來支持這些有關相

互性假設的精髓（關於回顧，見 Whiston and Sexton, 1993）。研究表明，不僅治療師對病人的溫暖和接納可以預測良好的治療效果，病人對治療師的溫暖和接納也是重要的治療因素。有效的治療關係或工作聯盟似乎與相互且互惠的肯定、理解、歸屬、共情和尊重有關。不過，也許與這些研究結果所依據的一些短期療法不同，分析關係必須包涵廣泛的相互性感受，不僅僅局限於溫暖和愛的積極感受，還包括諸如互相不信任，互相恐懼，互相競爭，互相嫉妒和互相仇恨等消極感受。我的假設是，在長程、密集的心理治療和精神分析中，能預測治療結果的不僅僅是相互的共情，在相互溫暖和共情的主導下，參與雙方感受到彼此廣泛情緒的能力也能夠預測積極的結果。[3] 既然結果研究還表明，當我們不是從治療師的角度或從客觀的觀察者整體評價的角度，而是從病人的角度來衡量治療變數是最有預測性的，因此治療師有充分的理由去特別注意他們的病人對分析師的主觀體驗。

█ 協商

我們通常把認知和情感看作是存在於個人自我之中的。我們常說的是，我感到恐懼，或你感到有希望，或他對她的看法是什麼。個體被認為是自主的能動者，而我們把關係看作是次

3　有時，這些感覺可能被體驗為一致的，有時則是互補的（Racker, 1968），但在分析過程中，它們應該包涵了參與者雙方的全部情感。

要的，是個人衍生的副產品。格根（Gergen, 1991）寫道，我們描述「關係的語言是貧乏的」（p.160），我們不提關係中的願望、希望或恐懼。我們說的是個人決定關係，而不是關係決定個人。正是出於這種語言習慣，我們說分析師的詮釋或病人的阻抗導致了一種特定的治療關係。而對於後現代轉向來說，可能更好的說法是「關係在詮釋」，或「關係在阻抗」，甚至說「關係是潛意識的」。也許我們應該談論一種關係性的潛意識，一種相互的潛意識、相互的阻抗和相互的詮釋。當代的關係視角同時考慮個人對關係的決定，以及關係對個人的決定，從而保持了一種辯證的方法。

當代精神分析的語言中充滿了帶有「共同的」（co）、「之間的」（inter）和「雙的」（bi）等首碼的詞彙。因此，人們可以發現這樣一些術語，如共同參與（coparticipant）、共同建構（coconstruction）、共同的研究者（coinvestigator）、互動的（interactional）、主體間的（intersubjective）、人際間的（interpersonal）、關係間的（interrelational）、相互影響性（interaffectivity）、雙人的（bipersonal）、雙向的（bidirectional）。這些術語強調對相互性和互惠過程的重視。「協商」（negotiation）這個詞也被用來表達類似的觀點。我們可以說，病人和分析師不僅就治療的費用、時間和取消條件進行協商，而且病人和分析師在更為基礎的層面上就他們之間共同創造的意義進行協商。我們也可以說，詮釋是在病人和分析師之間被協商的，我們協商阻抗的來源，協商我們與病人之間關係的品質，協商對精神分析敘事的構建。同樣，我們可以認為諮商室裡的情感氛圍、談話或沉

默的相對頻率，以及病人和分析師之間的心理距離都是意識和潛意識互動協商的產物，是心靈的相遇。

米契爾（1991）已經注意到將協商作為分析過程諸多方面的隱喻是有用的。米契爾認為，試圖區分病人的「需要」和「願望」，這樣的做法保留了古典理論中純粹的心理內部框架，即「需求和願望被認為是病人內部的不同動機狀態，分析師應該能夠進行分辨。」（p. 152）相反地，對米契爾來說，分析師對病人欲望的體驗反映了該欲望的性質，但又是由分析師自身性格共同決定的。因此，一個特定的欲望被感覺為一個願望還是一個需要，這取決於關係的背景。

> 最核心的也許還是協商過程本身，在這個過程中，分析師用自己的方式來確認和參與病人的主觀體驗，而隨著時間的推移，他以一種在病人看來是豐富而非破壞的方式來建立他的在場和觀點（p.164）。

回到關係語言的貧乏這點上，如果我們的語言允許我們說出「關係性的需要」或「關係性的願望」，而不是通過我們的語言來暗示願望和需要只存在於個人自我中，這對於我們可能會更好。

皮茲爾（Pizer, 1992）詳細地描述了精神分析的治療行動是如何由兩人參與協商過程構成的。病人和分析師對彼此說：「你可以把我變成這樣，但不能把我變成那樣」；「我將為你變成這樣，但不能為你變成那樣」。皮茲爾寫道：「真理和現實的實質和性質——體現在移情－反移情的建構以及

敘事的重構中——是分析的雙方通過協商達成共識的。」
（p.218）羅華德（Loewald, 1988）通過引入「發明」的概念
對主體性的起源提出了類似的觀點。「母親和嬰兒可以說是在
口乳交融中相互發明的……我使用發明的概念，以區別於發現
和創造，是為了強調能動者和『材料』之間相互補充的張力和
準備。」（p. 76）羅華德以一種徹底的關係語言，強調口－乳
是一種被發明的「組合」（p. 76）。同樣地，我們也可以認為
病人－分析師的關係是一個不斷發明、解構，再發明的組合。

當我們對於自己將成為病人的什麼人，以及他們將成為我
們的什麼人進行協商，我們也就在對於如何看待每次分析的目
標進行協商。病人提出一組問題，而我們聽到的是另一組問
題。我們希望在分析的過程中，病人會更多地和我們一樣看到
這些問題。然而，隨著分析的進展，我們也可能放下我們的一
些成見，認識到病人的觀點比我們一開始看到的要更多。這種
與病人協商的能力讓人想起費倫齊（1928）採用由一位病人提
議的術語，即「技術的彈性」，「分析師就像一個彈力帶，必
須順應病人的拉力，但又不停得拉向自己的方向。」（p.95）

協商是關係模式的一個固有特徵，因為該理論認為分析師
影響病人，病人影響分析師是理所當然的。既然假設存在人
際間的影響，那麼顯然分析師是會被病人感動、影響和改變
的；因此，分析師是誰，分析師如何採取行動，都並不是基於
分析技術的規則或分析師的性格結構，儘管這些的確是影響因
素。相反地，我們假設分析師在不同的關係中對於不同的人而
言是不同的。因此，分析師是誰，這在某種程度上是由病人是
誰來決定的。由於這種人際過程是相互的和互惠的，病人不斷

地受到分析師的影響，反之亦然；因此，我們可以合理地聲稱，病人和分析師對於彼此而言是誰，其本質是協商而成的。

　　關係是由個體組成的，而個體是由其關係構成的。繼畢比、亞菲和拉赫曼（Bebee, Jaffe and Lachmann, 1992）之後，我認為將二元配對系統（dyadic system）看作是由穩定的個人特徵和湧現的關係屬性所組織的，即單人和雙人的心理學是有用的。這一理論立場的其中一個臨床結果與對病人的診斷性思考有關。如果分析師被視為「共同參與者」（Wolstein, 1975）捲入分析系統中，那麼他們也必須成為研究的對象，因為他們不可避免地影響了被調查的資料。從關係或人際的角度來看，分析師不是把病人作為一個個體來診斷，而是試圖評估病人和分析師之間演變的關係狀態。透過這種方式，分析師認識到他們自己的嵌入性，他們在作為參與者的同時也進行觀察。參與式觀察，以及對移情和反移情的研究，是內在於這個模式中的。傳統精神病學，甚至是傳統精神分析學的診斷思維，將疾病概念化為對個體的診斷。直到最近人們才認真考慮發展對關係及其障礙的分類（Sameroff and Emde, 1989），也就是說，在關係障礙和診斷方面進行思考。

　　從發展到此的觀點來看，關係精神分析試圖在思考單人心理學和雙人心理學的角度之間保持某種平衡。個體決定關係，關係也決定了個體。因此，分析師從診斷角度思考時，既要考慮病人相對穩定的特徵，因為這些特徵似乎超越了獨特的治療關係；也要考慮對組織分析互動中湧現的雙人屬性進行關係性的診斷。分析師需要進一步承認，這兩種類型的診斷都是他們在二元配對系統內部做出的，而不是從系統外做出的。因

此，分析師所做的診斷是分析師主體性的反映，正如它們也可能是病人內在特徵的反映一樣。分析師要對病人對分析師的診斷以及病人對治療系統的關係性診斷真的感興趣。

協商與臨床實踐

有關協商的話題引出了一些在開啟治療過程和協商「治療協議」中不可避免遇到的問題。近年來，我比以前更多地與我的病人進行分享，尤其是關於我自己動機，以及我採取不同技術程序和決定的理由，當然也比我在作為佛洛伊德派分析師的培訓中被鼓勵分享的要多。以下案例是對這種工作方式的說明，其中涉及到更多的自我揭露，目的是促進協商，並最大限度地提高相互性。

在關於精神分析技術的建議中，佛洛伊德（1913）寫道，他要求被分析的病人躺在沙發上，而他則坐在對方看不見的地方。他說明了這一程序的歷史淵源，但補充說，這也有個人的和技術上的原因。他解釋說，他不喜歡整天被人看著，並且他想自由地支配他的潛意識反應，而不是讓他的表情給病人留下任何可能影響他們聯想反應的跡象。

佛洛伊德向他的讀者解釋他使用躺椅的個人原因，而不只是解釋技術和歷史上的理由，我相信他這樣做是正確的。我發現向病人解釋我的個人偏好也很有用的。我的經驗是，我越向病人解釋我採取某一技術程序的個人原因和偏好，我在檢查和詮釋病人對這些程序的反應以及它們對病人的意義時，就越不困難。因此，對於躺椅的使用，我可以很好地告訴病人，除了我發現它可以幫助病人放鬆思想而使並他們經常感到它的益

處，我使用它還有個人的原因。我可能會這樣說：

> 我個人更偏好使用躺椅，因為當我沒有被人注視的壓力時，我更容易聽你說話，並讓自己放鬆下來，試著去聽你說什麼。在不被觀察的情況下，我更少關注自我的意識。我可以和你一起進入一種心境，在這種心境中，我們都可能以不同於平時的方式來理解和看待事物。

也有那麼一些時候，病人告訴我，他們在躺椅上感到多麼孤單，而我告訴他們，我發現躺椅也會是一種剝奪，我因為沒有以通常的方式看到他們而想念他們，並且在與他們的關係中放棄了更具社交性的位置。病人得知我不僅可能想念他們，而且對躺椅也有不同的反應時，都感到相當驚訝。病人常常認為分析師是沒有衝突和矛盾的，雖然這種幻想需要被分析，而不是以分析師承認衝突的形式透過引人現實而被糾正，但我認為正是因為通常的匿名性和個人反應的缺乏，使他們產生只有病人才有衝突的觀念。如果分析師在傳達他們是沒有衝突的方面與病人共謀，我看不到這種否認如何能夠被有效地分析。分析師的一些自我揭露（相互揭露）可能會提升相互的認可。

有些病人不能像這種方法所要求的那樣認識到分析師的個性。對此可能有人會說，這些病人需要有不把分析師當作有自己需求的個體來看的自由。這一思路把我們帶回到，把分析師作為系統之外的人，來對那些被認為是存在於病人身上的「需求」進行診斷。這是病人的需要嗎？還是分析師的需要？還是關係的需要？我們應該說是病人不能容忍這一點，還

是說關係在這一點上不能容忍或包含這種互動模式？

然而，我們應該記住的是，按照費倫齊和西爾斯的傳統，那些與最嚴重障礙或「原始」的病人（那些我們可以預期在發展上最不能容忍分析師獨立主體性和自主性的人）一起工作的分析師會發現，這些病人對於分析師在一定程度上採取自我揭露方法的反應很好。在我自己的臨床工作中，我沒有發現病人的診斷或精神病理水準與他們以我在這裡描述的方式工作的能力之間有任何一致的關係。

請看下面這個不太常規的例子。一位受督導者就一個有自殺傾向的病人來找我諮詢。她告訴病人，她很擔心他，覺得他有必要接受精神科的會診。此外，她還告訴他，她覺得讓他的近親知道他有自殺傾向並需要支援是對他最為有利的做法。治療師和病人花了一些時間討論這個問題，並為此爭論不休。病人指責治療師的行為不是從他的最佳利益出發，而是為了她自己的利益。作為對這一指責的回應，治療師變得更防禦、更擔心，也更固執己見。

我建議治療師向病人解釋，他在某些方面是完全正確的。作為治療師，我會對他說，「我確實很焦慮，我覺得我對病人的生活負有一定的責任，我覺得我承擔了對病人的責任，同時也需要在法律上、道德上和專業上保護自己。」我會解釋說，我根本無法很好地工作，這意味著當我過於焦慮時，我無法認真傾聽病人，也無法清楚地思考我正在做什麼。我也會補充說：「現在，鑒於你告訴我，在我的專業治療下，你可能會自殺，我確實也會很焦慮。」因此，為了照顧我自己的焦慮，我會堅持採取我認為必要的任何措施，包括精神

科會診或通知親屬。此外，我還會向病人說明，我希望他這樣做既是為了他自己好，也是為了我好。「我需要你照顧我，說明我把我的焦慮為持在一個可控的範圍，這樣我就可以自在地和你一起工作，發揮我的最佳水準。」這一切並不排除我們需要向病人給出一個詮釋：他試圖透過將這種感覺放到分析師身上來擺脫緊迫感或恐慌感。

這樣做不僅僅是一個進行重構或反向操作的心理學嘗試。我相信，讓病人知道，分析師確實感到焦慮，需要病人的說明，而且病人實際上可以幫助治療師，這對病人是非常有治療意義的。此外，我認為向病人傳達我決心保護自己，並且在必要時可以把自己的需要放在第一位，這一點也很重要。

另一個例子是，當我向病人提出開始治療的建議時，我鼓勵他們盡可能頻繁地來治療。我一再向他們解釋我認為這符合他們最佳利益的一些原因。我可能會說，更高的頻率可以讓我有更多時間瞭解他們以及他們的思維方式；可以讓我在一次又一次的治療中具有更大的連續性；可以讓我能夠專注於他們的內心世界，而不是僅僅關注一週內發生了什麼事情或出現了什麼問題。不過，我也試圖表明，我之所以偏好更頻繁地與病人一起工作，也是因為對我來說，能夠深入地與每個人一起工作會更有趣。坦率地說，當我能夠更頻繁地看到他們時，我更容易理解病人，並融入他們的世界。當然，病人可能會覺得，如果他們選擇不經常來，他們就會讓我感到失望。我試圖對這樣一個事實保持開放，即我們之間發生的很多事情是可以協商的。雖然不是所有的事情，但很多事情可以協商。在任何協商中雙方一般都會各有所得，也各有所失。每一方都想盡辦法做

出最好的妥協：「我可能有時會對你感到失望，我相信你也會
對我感到失望。如果事情進展順利，我們一定會對彼此產生各
種各樣的感覺。」

▌相互退行

　　基於病人和分析師總是以各種方式相互調節的觀點，安
納貝拉・布希拉（Annabella Bushra）和我（Aron and Bushra,
1995）提出，在病人和分析師之間進行相互調節的一種心理
功能在於他們意識狀態的品質，或者用精神分析術語來說，
一般稱之為退行狀態。我們認為，「從關係的角度來看，病
人和分析師相互調節彼此的（退行）狀態，這是分析過程的
一個重要方面。」（p. 3）我們回溯了精神分析界對意識（改
變）狀態現象感興趣的復興過程（兩個很好的例子見布隆伯格
〔Bromberg, 1994〕的人際／關係角度；巴赫〔Bach, 1994〕
當代佛洛伊德的角度）。我們把這種興趣的復興歸因於這樣
一些因素，如對創傷、多重人格障礙和分離性障礙的重新關
注，更普遍的後現代思想的流行，及其對自我的解構和對主體
批判的關注。

　　　由於聚焦雙人的事件，關係理論家們可能有一種對那些通
　　　常被認為存在於個人心理內部的現象重視不夠的傾向。通
　　　過將退行重新概念化為兩個人的過程，我們希望把它置於
　　　關係取向探查的核心領域（Aron and Bushra, p.19）。

退行概念作為一個例子，被古典分析師認為是一種（最經常和最主要的）發生在單個病人頭腦中的現象。但隨著對於分析師參與意識的不斷增強，人們也越來越關注他們在變化的、抽離的和退行的心理狀態中的心理參與。透過關注病人和分析師相互調節彼此意識狀態的方式，我們試圖將退行移出個體的心靈，進入參與者之間的空間。因此，我們說的是相互退行或退行的相互調節。

案例說明

沃芬斯坦（Wolfenstein, 1993）呈現的 P 先生的案例，很適合用來說明退行狀態的相互調節。P 先生是一位二十多歲的成功學者，他來分析時抱怨說他感覺受到了傷害，並表達了這樣的想法：儘管他相信他能在生活中完成偉大的事情，但實現潛力的想法在他的腦海中總是伴隨著災難性的畫面。P 先生是獨生子，他的父母在他六歲的時候就離婚了。父母離婚後，他與母親生活在一起，但與母親很少有感情上的接觸。他描述自己有一個孤獨和孤僻的童年。在他的記憶中，他與母親關係的一個重要特點是，在經歷了漫長而孤獨的一天後，他試圖與母親交談，而母親卻睡著了。

毫不奇怪，沃芬斯坦告訴我們他回應 P 先生的第一個反應是，當 P 先生一開始向他講述自己的生活故事時，他就讓他的分析師睡著了。沃芬斯坦寫道，他發現 P 先生「對此是悄然同意的……他並沒有在我身上喚起強烈的感覺。他確實讓我感到睏倦。」（p. 357）分析師的睏倦從一開始就在治療中發揮了重要作用。

沃芬斯坦講述了一個典型的例子，在治療開始時他感覺自己休息得很好，很有精神。P 先生以一種有序的、有邏輯的、有點重複的方式說話，似乎非常投入地討論他的交流內容，可能是關於他目前生活中的一個事件，或是之前的一次分析治療，或是一個夢。他一動不動地躺著，他的語調被很好地調適在一個狹窄的音域內。沃芬斯坦描述了他如何帶著放鬆的注意力跟隨 P 先生的聯想，這時，「突然間，我覺得自己好像被注射了一種產生睏意的藥物。我發現自己陷入對抗的指令中：我必須睡去！我必須保持清醒！」（p. 358）當治療結束時，分析師感到昏昏沉沉，但在幾分鐘內就恢復正常，也許還有一些揮之不去的倦意。沃芬斯坦報告說，他的睏倦僅限於與 P 先生的會談，與在 P 先生之前或之後見到的病人就沒有這種感覺。沃芬斯坦所經歷這種「對抗的指令」的體驗正是一種旨在產生混亂並導致進入恍惚狀態的自相矛盾的暗示，這很像費倫齊（1913, p. 340）描述的作為誘導恍惚狀態的「對立的心理學效力」方法。

沃芬斯坦（1993）探討了幾種可能性，以確定他對 P 先生感到睏倦所具有的含義。這些可能性包括：這是 P 先生對於他母親體驗的一種明顯的重新共演，當他向母親講述他一天的故事時，母親會睡著。沃芬斯坦還認為，他的睏倦可能是對 P 先生的一種退縮，可能是在表達他對 P 先生在交流中的情感貧乏感到不滿。可能是 P 先生在情感上的退縮使分析師的努力徒勞無功；於是分析師也以敵對報復的方式退縮了。另一種可能是，由於 P 先生的衝突和防禦在某些方面與分析師自己的太相似了，他的睏倦是一種防禦性的反應，努力避免接觸那

些太切中要害的問題。

　　沃芬斯坦從對每一種可能性的思考轉向一種更寬泛的可能性，即他的睏倦可能不僅僅只是一種狹義上的反移情反應。他認為，也許他的睏倦本身就是分析的一個組成部分。他的猜想是，也許 P 先生與自己切斷連接，而分析師連接的正是 P 先生切斷連接的部分。如果睏倦起源於 P 先生，但感到睏倦的卻是分析師，那麼睏倦本身可以被理解為一種與病人連接的形式。病人和分析師總是相互參與到對於彼此意識狀態的調節中。通常情況下，這種相互調節作為一種背景性的現象，不需要關注和詮釋，但在某些情況下，它可能會或需要出現在前景中，成為分析探索的焦點。當分析師發現他自己在平穩地自動調節意識狀態方面遇到困難時，很可能是因為病人過度使用分析師的心靈作為調節器，依賴於分析師自我狀態的相互調節，而不是主要依賴於自我的調節。我的假設是，病人這樣做是因為他在行為狀態的自我調節方面存在一些困難，換言之，在狀態恆定方面存在的困難需要在分析中得到解決。

　　沃芬斯坦的建議與我剛才的思路差不多，他認為 P 先生可能在童年時受到過創傷，那時他可能依賴催眠狀態作為一種防禦。「P 先生現在讓我進入催眠狀態，不僅是為了避免創傷的重複，也是為了向我傳達已經發生的災難的性質。在催眠狀態中可能存在一個夢或一個幻想，可能只有通過我自己的遐想才能進入其中。如果真是這樣，那麼試圖驅除困倦就是一種真實的反移情反應。」（p. 359）

沃芬斯坦認識到，他自身意識狀態的改變正是他能夠進入P先生內心世界的手段。

沃芬斯坦試圖進一步理解與P先生的睏倦體驗，他認為P先生潛意識地進行了自我催眠活動。「他的身體絕不動彈，以及他對聲音的調節和微妙的節奏感都表明了這一點。」（p.364）沃芬斯坦的結論是，他自己的睏倦反應不僅僅只是病人自我催眠的副產品，還是P先生潛意識地努力使分析師入睡的直接結果，就像他對母親所做的那樣。在睏倦狀態的體驗中，分析師抱持了P先生所投射的關於他自己及其母親的形象，這是病人自己無法忍受的關係性體驗。

經過大量的分析工作，特別是聚焦於P先生將他的客體世界分成好的或壞的傾向，P先生感到自己的偏執程度有所降低，他問他的母親，當他還是個需要餵奶的嬰兒時是什麼樣的。他的母親告訴他，她和他在一起非常開心，也很愛給他餵奶。她還說，他吃著奶就睡著了，她也會隨之睡著。

布隆伯格（Bromberg, 1994）指出，「自我領域的分離只有通過關係情境中的共演才能達到符號化」（p. 535），因此分析師必須特別關注病人在任何特定時刻對他們的自我狀態產生的影響。布隆伯格的觀點是，這些分離的自我狀態無法直接用語言表達出來，因此分析師只能透過自身關係性的共演來瞭解。共演具有的影響只有當它作為分析師意識狀態的改變被體驗到時，才能被分析師認識到。分析師如何管理這些意識的改變；他們如何自如地進入和保持這些狀態，並允許深化這些狀態，而不是把自己從這些變化的（退行）狀態中拉出來；他們如何在這些自我狀態的基礎上進行介入介入或詮釋，所有這些

因素都是在調節病人的意識狀態。沃芬斯坦呈現的案例讓人聯想到在整個分析過程中，病人和分析師相互調節彼此自我狀態的方式。

▌相互調節和相互承認

在有關相互性所具有的理論重要性方面，一些相關學科的思想家們正在形成一個共識。畢比、亞菲和拉赫曼（1992）在對嬰兒研究中出現的理論結論進行簡練地概述中，描述了溝通二元配對系統的觀點。他們將溝通定義為「兩個人對兩個持續進行的行為流進行相互的修正。當一個人對另一個人實施行為的可能性產生影響時，溝通就發生了。」（p. 62）使用諸如相互系統、互惠關係系統、相互義務和相互承認等術語，各種研究互動的哲學家和科學家們在溝通的二元配對系統觀點上趨於一致。畢比和她的同事報告說，在對母嬰互動的研究中，他們系統地記錄了雙向的影響，並且建立了一個動態的系統模型。

在早期的工作中，研究者強調了父母對孩子的影響，相對而言排除了孩子對父母的影響。隨著對嬰兒能力識別的增加，當代的研究者對雙向或相互影響的模式更感興趣。當然，相互性並不意味著平等。畢比及其同事們承認，雖然有一些嬰兒研究的結論傾向於成人－嬰兒對稱的浪漫概念，但是畢比及其同事們依然突出了相互性和對稱性之間的區別。「母親顯然比嬰兒擁有更大範圍的控制力以及行為上的靈活性。」（p. 65）

畢比、亞菲和拉赫曼試圖在行為的自我調節和相互或互動

調節的重要性之間達成平衡。心理結構的形成並非僅僅基於雙人互動，還基於有機體自身的自我調節能力。同樣地，個體反應的穩定性必須與湧現的動態屬性相平衡。他們寫道：「整合這些因素提供的觀點是，二元配對系統是由參與者的穩定特徵（單人心理學模型）和湧現的動態屬性（雙人心理學模型）共同組織的。」（p. 67）

畢比及其同事強調，即使在不協調的關係條件下，相互調節也會繼續運作。例如，在「追逐和躲避」的互動中，母親的追逐行為會影響孩子的躲避行為。因此，即使這種互動可能是錯位的或不愉快的，但它仍然是相互調節的。此外，拉赫曼和畢比（Lachmann and Bebee, 1992）提出，母嬰關係的特點不在於持續的和諧與同步，而在於中斷與修復。最好把互為主體性的概念理解為只存在於主－客體關係的辯證張力中，這一立場與奧格登（Ogden, 1986, 1989）關於偏執－類分裂心理位置和憂鬱心理位置之間辯證關係的概念相一致。這一辯證概念與班傑明（Benjamin, 1988）的互為主體性概念有直接的關係。

精神分析是否以及何以是相互的問題，實際上是非常複雜的。當我說精神分析是一種相互的努力時，更準確地說，我的意思是病人和分析師創造了一個獨特的系統，從他們第一次接觸開始，就存在著相互影響和相互調節；這與史托羅洛、艾特伍和布蘭特沙夫（Stolorow, Atwood, and Brandschaft, 1994）的互為主體性的想法，以及畢比、亞菲和拉赫曼（1992）對相互調節一詞的使用是一致的。正如班傑明（1988）和史騰（Stern, 1985）所討論的，相互承認是一個頗為困難的問題，沒有假設的那麼簡單。事實上，病人和分析師可能需要很長時

間才能認識到對方是獨立的人，每個人都有自己的主體性；並且，即使實現了互為主體性，它也不是一個穩定的、最終的結果。相反地，自我和他人作為獨立主體的體驗與作為客體的體驗之間總是存在著動態的張力。我們每個人都同時在偏執－類分裂心理位置與憂鬱心理位置的模式中運作，總是自相矛盾地把自己和對方既體驗為主體又體驗為客體（Ogden, 1986, 1989, 1994）。如果說相互調節是關係理論的一個概念性假設，那麼相互承認可以被認為是其主要目標之一。不過，互為主體性並不能最終替代主體－客體關係。相反地，它們共存於彼此的關係中。

　　也許在這裡我們正好可以重申一下，僅僅說精神分析是一個相互的過程並不是特別有意義。我們需要具體說明它是如何相互的？如果我們所說的相互指的是病人和分析師之間存在著雙向的影響，那麼它當然是相互的。但我們不能假定在任何特定的時刻病人和分析師之間都是相互承認的。這是一個發展性的成就，病人可能還未達到它，而且很可能在病人或分析師退行的時刻又失去了它。這個區別是很重要的，因為互為主體性這個詞常被混淆地用來指代這兩個非常不同的含義。

▌相互性與親密性

　　親密關係包括相似性和差異性、相互性和自主性。當兩個人只有共同性和相似性時，他們就會迷失於對方；那麼這就不是親密關係，而是融合。親密關係包括相似性、共同性、共同的興趣、分享，並相互承認對方作為獨立的個體具有獨立的主

體性。巴赫（Bach, 1994）寫道：「為了使相互性存在，我們必須有兩個參與者覺得自己是自主的人，能夠彼此說『是』和『不』，同時保持對彼此觀點的尊重。」（p. 43）

此外，親密關係不僅需要有能力將對方視為一個獨立的主體，參與到主體與主體的關係、中心與中心或核心與核心的關係（Fromm, 1960）、我與你的關係（Buber, 1923）中，還需要有能力將對方作為欲望的對象，並被對方作為欲望的對象所使用。我們並沒有放棄把與我們親密的對方客體化；相反地，對獨立主體性的相互承認與主體－客體、我－它關係是辯證地共存著的。當巴赫（1994）說，「我認為把另一個人作為一個物而不是作為一個人，這樣的客體關係是反常的，」（p. xv）我相信他的意思是，反常的基礎是把對方基本上或完全作為一個物。正如巴德爾（Bader, 1995）在溫尼考特之後提出的，健康的性興奮需要有無情的元素才能成功。反常性格缺少的是在自我和共情之間、在無情和關心之間維持辯證張力的能力，既把對方看作獨立自主的人，又看作自己欲望的物件。

在缺乏相互性和親密性的情況下，唯一的選擇就是施受虐。如果兩個人不承認對方是獨立自主的主體，那麼在某種程度上他們就是在支配和服從對方（Frankel, 1993）。即使是施受虐的關係也需要相互調節，但不需要承認對方的主體性，因此不存在相互承認或互為主體性。施虐者的行為預測並控制著受虐者的行為。不過，受虐者同時又矛盾地控制和邀請施虐者的攻擊。調節的相互性和承認的相互性之間的差異是至關重要的，因為當分析師和病人參與到支配和服從的關係中時，他們仍然在相互調節這種互動。因此，具備或不具備相互承認的能

力本身就是被相互調節的。親密與合作是不容易實現的，因為病人和分析師之間會產生權力鬥爭，因此必須不斷地進行檢查、闡明和修通。相互性不是透過知識或意識形態的灌輸來實現的，而是透過分析師持續地沉浸在病人的主觀世界中並對其進行主觀調適。互為主體性是在真正的合作和相互信任的方向上逐漸協商達成的。

自主性這個詞在古典理論中顯得如此突出，對精神分析學家來說具有如此重要的價值，它意味著自我管理或自我調節。因此，如果精神分析要促進親密的能力，它必須以相互性和自主性、互動和自我調節的原則來運作。在這個意義上，最好把自主性和相互性、自我調節和相互調節視為辯證的原則。相互承認其實就是承認彼此的自主性。個體在關係中的自主感本身就是一種相互調節的狀態。為了使相互承認在一個關係中存在，兩個參與者必須覺得自己是自主的人，能夠表達贊同或不贊同。在這裡，後現代強調對二分術語的解構（Derrida, 1978, 1981）可用於將相互性和自主性作為矛盾的和辯證的原則而不是二分的觀念進行重新認識。凱勒（Keller, 1985）提出了「動態自主」的概念（p. 95）作為處理自主性經常意味著與他人的根本分離和獨立這一問題的方式。與之相反，動態自主被認為既是與他人關聯的產物，也是與他人分離的產物。動態自主的發展不僅來自勝任感和效能感，也出自形成人際體驗中感到的連續性和互惠性。動態自主的概念試圖解構自主性和連結他人之間所具有的帶有誤導性的對立，這種對立在我們的文化中非常普遍。從這個角度來看，分析師持續重視對病人自主性的維護，但自主性的維持總是被視為與維護連

接和依附的需要相矛盾的。

　　根據畢比對親密關係建立在破壞和修復的循環中的觀察；班傑明（1992）將溫尼考特（1971a）關於破壞和倖存的概念與破裂和修復序列聯繫起來。皮茲爾（1992）也闡述了溫尼考特的觀點，他在討論對於無情和關心的協商中也談到了這個問題。與他們一致，我認為人與人之間，包括病人和分析師之間的互為主體關係是持續受到破壞的，在轉換了主體－客體關係後，互為主體的關係又再次被恢復。我相信，親密與互為主體的關係不是共存的，而是超越了這種辯證的關係。親密涉及的是透過主體間持續的創造和破壞使得關係得以倖存和維持。這裡我們提出的願景是，精神分析是一個創造的過程，個體在與另一個人的親密關係中擴大了他們的意識，並發展了他們最個人化的獨特個性（Wilner, 1975; Ehrenberg, 1992; Wolstein, 1994）。親密關係需要相互開放、相互直接、相互影響，以及個人化的暴露和冒險。病人和分析師必須對彼此相互和互惠的情感參與保持開放，並擴大他們自身個性化的獨特經驗。在平衡相互性和自我的獨特體驗方面，我們可以促進病人動態自主的能力。

　　雖然精神分析發生在一個雙人的主體間領域中，但至少在這個過程的某些階段，它需要允許體驗必要的孤獨的條件存在。我的意思是，按照溫尼考特（1958）的說法，是在分析師在場情況下的孤獨。為了再次說明我們的日常語言在表達關係性想法方面的貧乏，我沒有成功地找到一個可以捕捉這種體驗的詞。班傑明（1988）用「不捲入」（disengagement）（p. 42）這個詞來描述這種狀態；但這個詞意味著一種自由的同時

也意味著退縮和分離。把這種孤獨描述為「關係中的孤獨」（solitude-in-relation）可能會更好，或者參考凱勒（1985）「動態自主」的術語，我們也可以說「動態孤獨」。菲利浦斯（Phillps, 1993）將類似的狀態描述為「雙人的孤獨」（solitude *a deux*）（p. 29）。在此，我們再次討論了自主性和相互性，單人和雙人心理學之間的辯證法。

病人一直進行著對分析師的觀察、對分析師的推斷以及對分析師的分析。不過，這些活動通常是作為背景現象潛意識地發生的，而對病人的分析則處於中心位置。我相信，偶爾把焦點從病人身上移開，調換前景和背景的位置，把對分析師的分析作為中心是非常有用的。例如，史坦納（Steiner, 1993）稱之為「以分析師為中心的詮釋」（p.131）或布萊克納（Blechner, 1992）稱之為「在反移情中工作」（p.164）的分析程序。然而，如果過多地將關注點轉向對分析師的分析，如果分析師在舞台中央佔據了過多的空間，那麼病人可能的確會感到在滿足分析師需要下被犧牲了。分析中的一個重要方面是在關係中的孤獨體驗，即在分析師在場情況下的孤獨。拉斯科（Lasky, 1993）區分了與分析師交談和在分析師面前交談的不同。精神分析方法過於強調互動的缺點在於，病人所有的聯想可能只被聽成是針對分析師的，而不是在分析師面前的聯想，從而剝奪了允許病人在治療中退行到意識狀態變化的體驗，在這種狀態下的感知是向內的，遠離人際互動的（Aron, 1990a, b, 1991a）。

然而，孤獨並不是相互性的反面，我不想在它們之間進行錯誤的二分。孤獨在某些時刻對病人和分析師都是必要的，因

此孤獨本身可能是雙方都希望的，而且必須在兩個參與者之間相互調節。我相信精神分析需要在單人和雙人心理學之間取得平衡，允許承認相同和差異、關聯和疏離、互動狀態和冥想狀態、相互調節和自主性、相互性和不對稱性。

許多尋求精神分析的病人所缺乏的恰恰是形成相互承認的關係的能力（也就是承認自我和他人的自主性）。因此，實現這種能力成為精神分析工作的目標之一。這個目標包括使病人能夠：（1）把自己看作是一個自主的能動者（agent），看作自己體驗的中心，看作具有一個核心的和凝聚的自我，看作一個主體性的中心；（2）認識到自己是世上其他諸多客體中的其中一個客體，包括作為對方欲望的客體。巴赫（1994）將這兩個獨立的目標分別稱為「主觀的意識」和「客觀的自我意識」。此外，精神分析的目標還包括使病人具備將對方既視為自主的主體又視為自己欲望的客體的能力。實現這些能力並保持它們之間的張力可以被視為精神分析的主要目標之一。

如果病人前來分析的一個問題是他們缺乏凝聚和整合，另一個問題是過於統一；那麼他們的身分過於固定，也過於僵化。因此，如果前者的目標是說明病人實現一個凝聚的自我，一個穩固的身分，那麼後者的目標就是讓他們獲得自身的多重性（Aron, 1995a）。臨床上存在的悖論是，為了充分參與到精神分析過程中，一開始需要的正是這些能力。為了開始分析的過程，病人必須至少具備以下的基本能力，例如感到自我和他人是穩定的，感到自我和他人是流動的，並且能夠產生變化和進展。正如巴赫（1994）所建議的：

自戀病人身上或多或少欠缺的正是這種建立成熟客體關係、工作聯盟或移情精神官能症的能力……而成熟的關係和真正的移情神經症需要的正是一個完整的、有生命力的、非破碎的自我和他人（p. 43）。

因此，精神分析中存在的一個關鍵悖論在於，分析過程在很大程度上取決於病人在分析中獲得的品質。正是出於這個原因，所有對於足夠好的病人的描述採用的是「可分析性的標準」，而這看起來本身就非常像是分析的目標。溫尼考特（1971a）寫道，如果分析要起作用，病人需要能夠玩耍；然而，當病人不能玩耍時，分析的目標就變成了幫助病人學習玩耍。同樣，相互性對於參與分析是必要的；而且，當病人沒有進行相互性的能力時，那麼病人需要達成的正是相互性。

然而，存在的一種危險是，精神分析師會試圖將親密和相互性作為隱蔽的規範強加給他們的病人（Barratt, 1994），就像分析師可能試圖強加其他價值一樣，譬如自主性。雖然我的確重視親密和自主性，但精神分析過程的直接目標不應是這兩者中的任何一個（Levenson, 1983），而是在於分析師試圖促進心理內部和主體之間的對話，親密和自主性都是這種精神分析對話的副產品。

馬丁·布伯，人與人之間的對話，以及存在主義的相互性

在所有二十世紀的哲學家中，馬丁·布伯闡述的對話哲

學與關係精神分析取向及其對相互性的強調之間的共鳴最為密切。第一次世界大戰之後，布伯對現代社會的境況感到不安，尤其是他認為現代生活以異化為特點。[4] 我們體驗世界的普遍方式是通過觀察、檢查、定量測量、分析和綜合。這涉及操縱物件以實現對它的理解，並要求我們與所研究的對象保持距離，以便不因我們自己的參與而汙染了我們的調查。這種模式是客觀主義科學思想的典範，布伯將其稱為「我－它」領域。布伯認識到還存在另一種模式，他稱之為「我－你」的境界。在「我－你」的境界中，關係是非目的性和非功利性的，「我－你」關係是即可的、直接的關係。

> 布伯摒棄了根本上把人看作只關心滿足基本需要和本能的單個實體這一流行觀點，他把人的生命看作是建立在關係之上的……與西方思想中盛行的個人主義、原子主義的概念相反，布伯主張的是一種關係觀：人不是孤立於他人而存在的，而是通過關係而存在的（Siberstein, 1989, p.1271.）。

布伯提出對人類存在的關係性看法，主要不是為了從個

4　布伯關於異化的討論可以在蕭伯斯坦（Silberstein, 1989）的著作中找到，他就布伯對存在心理治療影響的介紹也很有用。法布爾（Farber, 1967）對布伯與蘇利文進行了非常有意思的比較。費德曼（Friedman, 1994）梳理了從布伯對話視角出發的諸多心理治療學派。

人或社會群體來解釋人類的異化狀況，而是要處理釋他所說的，人與人之間的關係問題。他認為，當兩個人能夠完全在場，不隱瞞任何事情，並作為完整的人面對彼此時，真正的對話就會發生。在「我－你」的存在模式中，是完整的個體與完整的他人相關聯，而不是作為主體與客體相關聯。與此相反，在「我－它」模式中，自我在體驗客體時，把它當作一個物品來使用或操縱。[5] 用精神分析客體關係理論的語言來說，布伯區分了（發生在偏執類分裂模式中的）工具性的部分客體關係和（發生在憂鬱模式中的）整體的客體關係。像客體關係理論家一樣，布伯假定人們對關係天生就有一種原初的渴望。正如我們在第二章所討論的，根特（1992a）在其著作中使用了布伯（1947）提出的「創造的本能」（製造東西的需要）和「共融的本能」（進入相互性的需要）來闡述動機性的關係理論。

在《我與你》（Buber, 1923）出版後的幾十年裡，布伯完善了他關於人與人之間的分類。在《我與你》中，他將這兩個領域表述為二分的，而在之後幾年中，他提出的概念是：關係可以存在於兩個極端之間的漸變中。布伯提出，為了理解人與人之間的對話，我們習慣性的分類是不充分的。這引導他提出了關於「之間的分類」（Buber, 1967, p. 707）。布伯

5　有趣的是，正如考夫曼（Kaufman, 1970）提出的，布伯的《我與你》（Ich und du）與佛洛伊德的《自我與本我》（Das Es und Das Ich）在同一年出版。從字面意義上來說，佛洛伊德這本書的名字應翻譯為《它與我》

的「之間的分類」與格根（Gergen, 1994）的「之間的領域」（p. 217）在意義和重點上都驚人地相似，而且都可以與溫尼考特（1951）的過渡空間概念進行比較。同樣，布伯強調人與人之間的關係、強調對話，以及「我－你」關係模式，這些都可以與當代互為主體概念進行比較。

在布伯的著作中，諸如對話、本質關係、之間和相互性等術語，雖然它們的含義在不同地方略有變化，但都是在試圖捕捉人與人之間的本質。對布伯來說，要實現人類的實存可以在人類對話關係的相互性中找到（Rotenstreich, 1967）。布伯（1923）區分了互惠性（reciprocity）和相互性。互惠性指的是在任何情況下每個人都對另一個人產生影響；相比之下，相互性指的是一個人既從自己的角度又從另一個人的角度來體驗一個事件。互惠性似乎更接近於我所說的相互調節或相互影響，而布伯所說的相互性則是我所指的相互承認。布伯認為，真正的關係是相互的。然而，我－你的關係也可能存在並不完全相互的情況，例如當一個人以我－你的模式與一個客體或動物相關聯。只有在人與人之間的領域裡，兩個生命才能進入一種完全相互的關係。

布伯在他的一生中都對心理治療很感興趣，在二十世紀五〇年代，他曾多次向心理治療師團體發表演說。布伯和關係主義者一樣，認為心理病理學並不產生於個人內部，而是源於受損的關係，因此他認為心理治療中的關係是一種對話模式。布伯（1965）認為，人類與動物的區別在於，人類具有在關係中確認對方並被對方確認的相互需要。此外，布伯的一個論點與羅華德（1960）的觀點相似，認為我們需要確認和被確認的不

僅是我是誰的問題，還有我們可能成為誰的問題。令人驚訝的是，布伯認為治療師和病人之間的關係，就像老師和學生之間的關係，不可能是完全相互的。他認為這些關係都是工具性的，即一個人對另一個人採取行動以完成一個特定的目標。相互性需要本真和真摯，不帶偽裝。由於治療師試圖實現特定的目標，而且治療師比病人承擔更大的責任，因此該關係中無法實現完全的相互性。真正的對話是心理治療所需要的，但他並沒有把它設想為是相互的。

雖然布伯的哲學方法與關係理論非常相容，特別是在強調人與人之間的關係、之間的分類、對話、相互性等方面。不過，我認為試圖在治療關係中區分相互性的諸多層面，這對於實踐布伯的工作是有益的。正如許多分析師鬆散地使用相互性一詞，布伯也沒有考慮這個詞的不同含義和影響。一方面，布伯認為教師幫助學生，治療師幫助病人，使他們在「我－你」關係中成為完整的人；另一方面，他認為治療師和教師保留了距離，不讓自己完全呈現給學生和病人。在我看來，布伯反對在心理治療不可能是完全相互的觀點，透過注意到關係中不可避免存在的不對稱性，病人和治療師之間角色和責任的差異，可以更清楚地加以說明。精神分析和心理治療在許多方面確實是相互的，但不是所有方面。我們在強調相互性時不應忽視不對稱的影響。當布伯在討論完全的相互性時，他指的是一種超越相互承認的關係，因為相互承認（互為主體性）並不要求兩個人都向對方完全展露自己。布伯的相互性（也許我們可以把稱之為「實存的相互性」）是區別於我之前描述的那些相互性的另一個維度。

對相互性和主體間協商的強調並不意味著在精神分析的關係概念中，病人和分析師之間的不和諧被最小化了。相互性並不意味著彼此贊同或達成未成熟的共識。布伯強調，彼此真正的分歧也許具有相當的肯定性，人們之間真正的對話可能包含了觀點的衝突。

對精神分析的相互貢獻

在結束本章之前，我想提出相互性在精神分析中的另一個維度，它通常沒有被注意到，即病人和分析師都對精神分析理論和實踐的發展做出了相互的貢獻。正是第一位精神分析患者安娜·O（Anna O，即伯特·帕本海姆〔Berth Pappenheim〕）以一種非常真實的方式發展了「談話療法」。正是她發明了「掃煙囪」的宣洩方法，一如布洛伊爾（Breuer）所貢獻的。透過這種方法，她將自己的症狀成因追溯到過去的情感經歷。在布洛伊爾嘗試對她進行催眠之前，是她自己進入了自發的自我誘導的恍惚狀態。同樣，艾米·馮·N（Emmy von N，即范妮·莫澤〔Fanny Moser〕）鼓勵佛洛伊德放棄使用催眠術。另外，正是主要從凱西莉·M（Cacilie M，即安娜·馮·李本〔Anna von Lieben〕）的治療中，佛洛伊德轉向了自由聯想的方法。佛洛伊德多次稱她為自己的「老師」（Swales, 1986）。費倫齊在他的學術文章中反復引用他的病人，有時（如我們在下一章討論伊莉莎白·塞文〔Elizabeth Severn〕的情況），他竟然以同事的身分點名引用病人的貢獻。有關精神分析中的發現，費倫齊（1929）

寫道，它是「一位具有獨創性的精神官能症病人和一位聰明的醫生共同發現的」（cited by Micale, 1995, p.142n）。主要的精神病學史學者邁克爾（Mocale）指出，精神病學史上的重大突破往往都是在病人發揮高度積極和創造性的作用下實現的。邁克爾寫道：「事實上，累積起來考慮，正是歸功於那些『生病』的女性，佛洛伊德才在《歇斯底里研究》中展現的了驚人的才智。」（p. 142）

　　相互性在培訓和督導中起到的重要作用與分析中一樣重要。我最重要的培訓經歷發生在那些奇妙的情境下，即當我的督導師感受到並承認我對他們的思想或他們自己的成長有所貢獻的時刻。我也一直發現，我最好的工作狀態是和那些令我感到充實並給予我啟發的被督導者一起實現的，當我們每個人都能欣賞和承認這種相互影響時，督導關係就會大大加強。我還相信，精神分析中的那些最具創造性的思維不是源自孤獨的、孤立的、英雄式的人物，而是來源於來自不同群體的同道，大家相互影響並促進彼此的成長。因此，任何特定的新想法產生於群體中，而不是任何的個人。但是，正如群體情境不應該被最小化一樣，個人也不需要迷失在群體中。只有同時從自主性和相互性、個人和社會、獨立和依賴他人等不同角度來思考，我們才能最好地理解創造力。關係理論並不接受基進和憤世嫉俗的後現代主義對主體的拒絕；相反地，它採納了持有肯定態度的後現代主義敏感性，認為關係決定個人，個人也決定關係。

第 6 章

相互性與自主性的辯證關係：費倫齊和蘭克對關係理論源起的貢獻

我在本書中一直關注的是，當代關係取向在諸多方面如何將相互性和互為主體性視為精神分析理論和實踐的核心。我強調相互性和關係性（mutuality and relationship，據說是「女性」價值），因為精神分析以及我們的整個文化一直以來給予了個體性和自主性（individuality and autonomy，我們的文化將其標記為「男性」屬性）以特權。然而，我一直認為，以強調相互性的方式對分析情境進行概念化，這需要在實踐中透過承認不對稱性是不可避免的，以此來加以平衡，而且必須在相互調節原則和自我調節或自主性之間保持張力。在對單人和雙人心理學的討論中（第二章），我們回顧了巴坎（Bakan, 1966）對「共融」（communion）和「能動」（agency）的區分，以及布伯（buber, 1947）對「創始的本能」（originator instinct）和「共融的本能」（instict for communion）的區分，並認為關係理論試圖維持這兩種力量之間的張力。

在本章中，我在桑多爾・費倫齊（Sandor Ferenczi）和奧托・蘭克（Otto Rank）這兩位精神分析先驅的早期貢獻中

追溯當代關係理論的起源。他們的臨床思想在自主性和相互性、能動和共融這兩個互補的假設方面是彼此平衡的。我之所以要強調這兩位創造性的開拓者，是因為我相信他們的貢獻共同代表了關係理論的核心。然而，一部全面的關係思想發展史不僅要看這些思想是如何嵌入到佛洛伊德自己的工作中的，而且還要考慮到阿德勒（Adler）、榮格、亞伯拉罕（Abraham）、賴希（Reich）等人的重要貢獻。不用說，這樣的研究本身就夠寫一本書。因此，我在這裡只考察費倫齊和蘭克工作中與相互性和自主性的辯證原則直接相關的那些方面。

　　雖然費倫齊和蘭克都提出了基本的關係理論，但費倫齊的工作偏向於相互性、關係性和共融，而蘭克的理論則更偏向於自主性、個體化和能動性。費倫齊關注的是自我和他人之間相互作用的過程；而蘭克的理論關注的是自我在關係背景下的湧現（請記住在第一和第二章中對關係理論發展的回顧）。

　　讓我們回顧一下，米契爾（1988a）關係取向的一個獨特之處在於，他努力將各種關係理論家的貢獻彙集在一起，而這些理論家在此之前是彼此獨立和孤立的。其中一些理論家傾向於關注客體，如費爾貝恩；另一些理論家側重於關注自體，如溫尼考特和寇哈特；還有一些理論家關注於自體和客體的互動，如蘇利文。我們可以把這些貢獻廣泛地描述為是關係性的。正如巴卡爾（Bacal, 1995b）所指出的，「客體關係理論和自體心理學，就這兩個詞所省略的內容而言都是不準確的。」（p. 406）事實上，客體關係理論將客體置於調查中心的同時，也隱含了由這些內部客體構成的自體心理學；而自體

心理學強調了自體的心理，同時也隱含了對自體進行肯定、維持、破壞和修復的客體關係理論。同樣地，費倫齊的關係相互性理論也隱含了一種自體的心理學，自體可能由於創傷而被分裂、碎片化或解離，最終只有透過愛才能被治癒。而蘭克關於自體誕生的理論也是一種關係性的心理學，對個人意志的強化提供必要的肯定。這兩個側重點之間彼此需要、平衡、互補。

▌桑多爾・費倫齊及相互分析

> 現代精神分析中突然出現的部分早期技術和理論不應該令我們感到失望；它只是提醒我們，到目前為止在分析中還沒有任何一個進展因無用而必須被完全拋棄，我們必須持續準備著在暫時被拋棄的工作中找到新的金礦（Ferenczi, 1929. p. 120））。

當桑多爾・費倫齊寫下這些話時，他可能沒有想到這些話對他自己的工作具有多大的預言作用！在他進行反移情揭露臨床試驗的六十年後，我們又回到他的工作中，「在暫時被拋棄的工作中找到新的金礦」。費倫齊關於相互性的臨床試驗，以及他關於創傷理論的修正，是精神分析史上最有爭議的創新之一。他的治療研究在理論上、臨床上和技術上發現了創傷、解離、反移情使用以及在移情－反移情矩陣中的共演。這些仍有爭議的觀點繼續在當代關於精神分析和精神分析技術的辯論中佔據著中心位置。費倫齊基於他在反移情揭露方面的工作，最終形成了「相互分析」的技術，其大膽程度至今仍無與倫

比。

在當前學者們的著作中，費倫齊以一位複雜的人物形象出現，他是一位英雄，也是有瑕疵的英雄；是一位言行過激的人，也是勇敢的創新者；是一個「可怕的孩子」，也是持不同意見者；是一個瘋子，也是熱情的追隨者，還是古典分析和佛洛伊德的朋友。在一些人看來，他是所有現代趨勢開創性的創新者，是平等主義和相互性的宣導者，也是承認兒童虐待和創傷的改革者。對另一些人來說，他是一位先驅；是他播下了迷人的種子，這些種子在精神分析思想主體中茁壯成長和發展。費倫齊對精神分析運動產生的早期歷史貢獻僅次於佛洛伊德。他是該運動的核心組織者、主要發言人和演講者，以及一流的理論家和臨床貢獻者。他還是國際精神分析協會的創始人，布達佩斯精神分析協會的創始人，布達佩斯大學第一位精神分析學教授，以及《國際精神分析雜誌》（*International Journal of Psychoanalysis*）的組織者。最重要的是，費倫齊被廣泛認為是他那個時代領先的精神分析臨床醫生，是治療「特殊疑難病例的專家」，他「對深度心理學具有的功效懷有一種狂熱的信念」（Ferenczi, 1931, p. 128）。佛洛伊德（1937）把費倫齊作為一位「分析大師」來懷念（p. 230），認為他「把所有的分析師都變成了他的學生」（Freud, 1933, p. 228）。

幾十年來，費倫齊的許多工作都被壓制，他也被主流精神分析學家否定，因為他採取了基進的臨床試驗，因為他恢復了對外部創傷作為病因重要性的興趣，還因為他鼓勵病人出現危險的退行，並試圖用愛來治癒他們。所有這些批評都由於對他

個人性格的誹謗和指責而得到加強，謠傳在他因臨床試驗與佛洛伊德爭論最激烈的時候，他的精神已經惡化，在他生命的最後幾年甚至發瘋了。巴林特（Balint, 1968）認為，「佛洛伊德和費倫齊之間的分歧作為一個歷史性事件對精神分析界而言就如同一次創傷。」（p. 152）精神分析史上最大的悲劇之一就是費倫齊的臨床試驗。他的《臨床日記》（Ferenczi, 1932）以及與佛洛伊德的通信（Brabant et al.,1993）被壓制了半個多世紀。這些資料直到過去幾年才被翻譯成英文得以出版。

費倫齊的工作主要涉及分析情境的核心，即病人和分析師之間的關係。正是在這一領域，他的發現在當前精神分析理論家和實踐者中受到最熱烈的關注。在與佛洛伊德的分歧和爭論中，費倫齊在許多方面幾乎為當前精神分析領域的所有爭論定下了主題：例如，技術對應於後設心理學；經驗對應於洞察；主觀性對應於理論；移情對應於詮釋；「雙人心理學」對應於「單人心理學」。

雖然費倫齊進行「相互分析」的臨床試驗直到二十世紀二〇年代末才開始，但他幾十年來一直在宣導人際參與和相互性的原則。他帶有理想主義地認為，一旦人們真正理解了他們潛意識思維的運作，他們的世界觀就會朝著更加開放、誠實和直接的方向發生重大改變。

> 當它出現在兩個人身上時，這種洞察的最終結果是，他們在彼此面前不再感到羞恥，不保留任何祕密，在沒有侮辱風險的情況下告訴對方真相，或者肯定地希望在真相中不會持久被侮辱（佛洛伊德致費倫齊，1910 年 10 月 3 日，

Brabant et al., 1993, p.220）。

費倫齊對於精神分析中相互性作用的熱情並不僅僅是他後來對某些疑難病例進行技術試驗的產物，它們也不是簡單地產生於他與佛洛伊德短暫分析中未解決的移情感受的殘餘。相反地，費倫齊對相互性的浪漫渴望，對真理的渴求，對開放、情感交流、親近和親密的理想化追求，都是他性格的一部分，並被納入他的精神分析世界觀中。

在費倫齊的工作中，一些臨床經歷彙聚在一起，導致他在生命的最後階段越來越多地嘗試將反移情揭露作為一種促進性的臨床技術。其中一個經歷是他對精神官能症和性格障礙發病機制中創傷因素的探索工作。他發現分析師對病人持有「匿名」和「中立」的典型姿態，會導致病人患病的親子關係要素重複出現。費倫齊認為分析師禮貌性的冷漠是一種職業上的虛偽，它壓抑了病人對分析師的批評，也掩蓋了分析師對病人的真實情感，儘管病人對仍能感受到這些。分析師在情感上的不可接近和不真誠會重複受創傷病人的父母身上類似的情況。除非病人在對他人的情感誠實、真誠和可及性有信心的關係中重新對創傷進行工作，否則創傷是無法被解決的。在費倫齊（1933）看來，構成了現在和創傷性過去之間治療性差異的正是對關係的基本誠實所懷有的信心。

伴隨著在創傷方面的工作以及對放鬆或被動原則的試驗，費倫齊得到另一條途徑，認為需要進行反移情揭露或反移情詮釋。他發現，對於他的被動放任，病人的反應是越來越要求和濫用他的容忍和耐心。費倫齊最終發現，病人的惡化是由

他不自然的被動造成的假像。當費倫齊對此作出反對時，他把病人帶入一個更有利、更真實的關係中，使他們必須考慮到對方的需求和敏感度，於是惡化就減輕了。

費倫齊進行「相互分析」的試驗來自於這樣一個基本的信念，即體驗在關係中具有核心地位，該信念在他的工作過程中逐步發展。對費倫齊來說，病理學的根源在於早期的關係，而關係中新的經驗對治療是至關重要的。這個想法後來成為所有精神分析人際取向的基礎。回憶是分析工作的主要目的，而重複是阻抗的標誌，對於這一普遍觀念，費倫齊和蘭克（1924）提出了挑戰。相反地，他們認為重複是必不可少的。他們提出，為了產生療癒，他們所說的「體驗階段」必須先於傳統的「理解階段」。在這一擴展的治療概念中，分析師的任務是直接激起對早期衝突和創傷的重新體驗，在與分析師的關係中進行真實的重現。在他們看來，分析師對普遍存在的基本的早期體驗的瞭解使他或她能夠「在正確的地方和必要的程度上進行介入」（p. 56），以激起這種基本的重現（reliving）。只有在重現完成之後，才會出現理解的階段。

於是分析師的任務變成通過給予詮釋和重建，以促進病人的回憶和洞察。詮釋的功效以及回憶和洞察力的療效體現在基於分析師和病人一起參與對病人早期關係進行重現的能力上。費倫齊和蘭克認為，正是分析師和病人之間的情感關係使重現得以展開，而重現又進一步加強了情感的聯結。因此，他們的結論是：「這樣的治療在體驗方面的作用遠遠大於在洞察方面的作用。」（p. 56）

這種關於體驗對病人具有重要作用的信念不可避免地使得

費倫齊重新思考分析師在分析關係中的地位和活動所具有的性質。在他眼中，分析首先是一種關係。在對過去進行體驗性的重現中，一個新的現在被發現和創造出來——一個新的自我，一個新的他人，以及自我和他人之間在內部和外部可能發生新的可能性。

在追尋這一思想途徑的過程中，費倫齊越來越相信，分析師的個人現實對病人有著決定性的影響，因此必須在關係中加以考慮。對它的忽視是一種偽裝，而試圖透過構建關係以消除它則是一種計謀，對此病人可能是明顯順從的，儘管他們仍然受到影響。費倫齊逐漸確信了把分析師自己對病人的反應帶入工作中所具有的重要性。他聲稱，如果不這樣做，就會重複來自父母的壓制、否認和不可接近性，而這些都是最初致病的關鍵因素。他認為，對自己的反應保密會「使病人不信任」，因為他們可以「從微小的動作（如問候的形式、握手、語氣、活躍程度等）中察覺到情感的存在，但卻無法衡量其品質或重要性」（Ferenczi, 1932, p. 11）。保密讓病人感到神祕，而揭露則讓病人知道他們在關係中所處的位置，並基於由此產生的信任進入到對自我和他人的全新考慮中。

費倫齊的方法增加了開放和自然的感覺，這不可避免地創造出一種氣氛，使病人感到他們可以自在地看見並談論他的局限性。病人開始向他提出挑戰，他們認為他在治療中存在反移情的阻礙。在《臨床日記》（Ferenczi, 1932）中被稱為 RN 的病人伊莉莎白·塞文（Elizabeth Severn）堅持認為她應該具有分析費倫齊的權利，因為他未解決的衝突阻礙了對她的治療。於是，費倫齊以其獨特的開放精神，開始了「相互分

析」的試驗。我很快將研究 RN 的案例，以確定我們從這個臨床試驗中可以學到什麼，哪些是有用的，哪些是出錯的。

在他的《臨床日記》中，費倫齊（1932）提供了有關提出相互分析的具體原因的片段。他說，第一個想對他進行分析的病人（RN）希望這樣做，因為她「對我的印象是我並非完全無害，也就是說，並非充滿理解。病人在我身上感覺到了潛意識的阻抗和阻礙」（p. 73）。在更具戲劇性的一個片段中，費倫齊指出，RN 堅持進行相互分析，把它「作為唯一的保護措施，以防止在我身上發現傷害或折磨病人的傾向」（p. 11）。在另一條記錄中，費倫齊透露，最初進行相互分析是為了回應病人的抱怨，對方抱怨他缺乏「任何真正的共情或憐憫」，他「在情感上已經死亡」。費倫齊認為，他的反移情實際上證實了這些批評的真實性。分析結果向費倫齊表明，「在我的案例中，我自身具有的嬰兒般的攻擊性和對母親的愛的拒絕被移情到病人身上……我不是用心去感受，而是用頭腦去感受。頭腦和思想取代了心和力比多。」（p. 86）

費倫齊認為對他「自己進行分析只是作為被分析者的資源。而被分析者仍然是主要的主體」（p. 71）。伴隨這個指導原則，有關相互分析的問題一直佔據著費倫齊的思維，直到最後他最初對相互分析的恐懼讓位於更多的熱情。他也懷有疑惑和疑問，但他還是把相互分析的範圍擴大到無所不包的內容，然後又縮回到一個更有限的範圍內。

在他進行相互分析試驗的整個過程中，他意識到了固有的困難。他擔心病人會把注意力從自己身上移開，在分析師身上尋找情結，以此來迴避自己的問題。他還擔心他對自己找錯的

傾向會轉移對病人的注意力，並形成受虐式的屈服。他提出了關於保密和謹慎的問題，並提出分析師不可能被每個病人分析的問題。他意識到病人對揭露的容忍度會隨著時間的推移而增加，但關於時機的問題，他也想知道。

儘管費倫齊對自己以及他人對其探索的評價持相當開放的態度，但他還是在沒有太多批判性保留意見的情況下開始了他的試驗。在他的作品中，他時常轉換立場，並經常採取極端的立場。他形容自己有一種「傾向，即便是最困難的事情也要冒險去做，接著又為這樣做尋找動機」（p.73）。在進行這些相互分析的試驗時（1931 年 9 月 15 日），費倫齊就他自己走極端的傾向寫信給佛洛伊德：

> 以我一貫的方式，我並不迴避將他們的結論引向最遠的地方——即常常把自己引向「荒謬」的地方。但這並不妨礙我。我透過新的路徑尋求進步，這些路線往往是截然相反的，我仍然希望有一天我終將找到真正的路徑。
> 所有這些聽起來都很神祕：請不要為此感到驚慌。就我自己的判斷而言，我沒有超越（或只是很少超越）正常的界限。我確實經常出錯，但我並不僵化於自己的偏見。（Ferenczi, 1932, pp. xiv-xv）。

從他的《臨床日記》中可以看出，他是如何與有關相互分析的想法搏鬥到生命最後一刻的。費倫齊在三篇晚期的日記中強調了他對相互分析所抱持的矛盾和搖擺。1932 年 6 月 3 日，他寫道：「相互分析：只是最後的手段！」。由一個陌生

人進行適當的分析，不帶有任何義務，這樣更好（p. 115）。
僅僅兩個星期後，即 6 月 18 日，他寫道：

> 誠然，作為一名醫生，我會感到疲憊、煩躁、些許愛理不
> 理，時不時會為了自己的好奇心而犧牲病人的利益，甚
> 至不自覺地暗中利用機會發洩純粹個人的攻擊和無情。任
> 何人在任何情況下都無法避免這種錯誤，因此個體必須
> （1）意識到它，（2）接受病人的暗示，並向自己和病人
> 承認這些錯誤。
> 但是，如果我們（1）沒有決心透過相互分析達成激進的
> 理解，（2）作為其結果，我們沒有成功地改變對病人的
> 態度，那麼這種懺悔，無論如何重複，都不會讓我們有任
> 何進展……（p. 130）

最後，在四個月後，也就是他寫日記的最後一天，費倫齊
指出，當他試圖從與病人的相互分析回到單邊分析時，「情感
消失了」，分析變得「索然無味」，關係變得「疏遠」。他的
結論是：「一旦嘗試了相互性，單方面的分析就不再可能，也
沒有成效了」。探討到最後，他問道：「是否每一個案例都
必須是相互的，如果是的話這種相互性要達到什麼程度？」
（（p. 213））直到 1933 年去世，關於開放性和反分析需要達
到何種程度及其性質的問題從未在費倫齊內心得到解答。但他
從未放棄過這個問題。這促使他把這個問題變成他工作的核
心。

「每個案例都必須是相互的嗎？」費倫齊在 1932 年問

道。一個案例能否包含相互分析的要素？在哪些方面精神分析不可避免地是一個相互的過程？這些是我在本書中一直探索的問題。我想探討在費倫齊嘗試相互分析時的想法是什麼，他從這些試中學到了什麼，並且就我們自己的情感參與和對病人的開放而言，我們從這些試驗中可以學到什麼。讓我們來查看費倫齊臨床思想和實踐中那些「暫時被拋棄的工作」，看看我們是否能從中找到「新的金子」。

費倫齊針對分析師的情感開放所做的最重要的發現之一是，它允許病人對被壓抑的童年創傷現實有一種確信的感覺。當費倫齊從一個比較保守的立場轉向一個比較開放的立場時，他開始相信，只有透過分析師非常自然的情感反應，病人才能相信他們回憶起的創傷實際上是真實的。病人最初從他們的父母那裡得到的反應，在分析師大部分的沉默、冷靜、有所保留的反應中被重複。正如費倫齊（1932）所說，「在大多數嬰兒創傷的案例中，父母的回應方法是壓抑——『根本就沒有什麼』、『什麼都沒有發生』、『不要想它』……創傷被隱藏在一種致命的沉默中。第一線索被忽視或拒絕……孩子也就無法維持自己的判斷。」（p. 25）

費倫齊對於分析師對病人重現童年創傷的情感反應的重要性的確信，在 1932 年 1 月 31 日的日記中得到了很好的闡述：

> 如果分析師作為事件的唯一見證人，堅持他的冷靜、不帶情緒，而且正如病人喜歡說的那樣，純粹是理智的態度，那麼病人就無法相信事件真的發生了，或者不能完全相信它。而這類事件必然喚起在場任何人的反感、焦

慮、恐怖、復仇、悲痛和立即提供幫助的衝動，並想要移除或消除原因或責任人。由於捲入其中的通常是孩子，一個受傷的孩子（即使撇開這一點不談）想要用愛來安慰它，諸如此類（p. 241）。

此外，在費倫齊看來，發揮情感參與和治療作用的正是對分析師反應中帶有的最深層的共情進行不加掩飾的交流。費倫齊認為，他的深度共情來自他對病人痛苦的體驗與他自己痛苦體驗的結合。在他的相互分析試驗中，費倫齊允許這種體驗的混合以一種非常基進的方式發生。例如，在一次治療中，RN對費倫齊的反分析使他與她一起探討了他自己嬰兒時期的一場事件情節。他第一次對它產生了情感，並感到這是一個真實的經歷。這種洞察使 RN 對她自己生活中事件的真實性有了更深的洞察，而在此之前她只是在知識層面上把握了這些事件。

在費倫齊（1992）看來，相互分析所具有的基進特質在於消除分析師的恐懼，他認為這種消除對解除嬰兒期的失憶至關重要。他寫道：

> 相互分析的某些階段給人的印象就像是，兩個同樣害怕的孩子，他們比較自己的經歷，由於他們共同的命運，他們能完全理解對方，並本能地試圖安慰對方。對共同命運的認識使對方顯得完全無害，因此是一個可以放心信任的人（p. 56）。

費倫齊認為擺脫分析師的恐懼是「分析中相互性的心理基

礎」，因為嬰兒期失憶的解決正依賴於此（p. 57）。更為普遍的是，相互分析被認為在鬆綁壓抑方面是有效的。藉由相互分析，一直被審查的材料得到了揭露。原本潛意識的感覺和衝動變成有意識的。費倫齊認為，使這成為可能的是在相互分析中產生的對分析師幻想的破壞（p. 14）。

費倫齊開始認識到分析師參與到病人的移情中是不可避免的。他是第一個考慮到病人的阻抗需要被理解為分析師反移情功能的分析師。他開始從我所說的相互參與和相互共演的角度進行思考。費倫齊對病人的深刻觀察，我們今天會用聖歐德（Shengold, 1989）的術語將它們稱為「被謀殺的靈魂」。

> 我終於意識到，這是分析師不可避免的任務：儘管他可以隨心所欲，他可以盡可能地表現出善意和輕鬆，但他將不得不親手重複之前謀殺病人靈魂的時刻總會到來（Ferenczi, 1932, p. 52）。

費倫齊在這裡提出的一個分析過程模型，遠遠超出了分析師需要成為病人的「好客體」或更好的父母這樣簡單化的概念。在這裡，費倫齊承認，分析師不可避免地會以「親手重複」的方式積極參與到創傷的再現中。分析師必須要成為的更好父母與最初造成創傷的父母不同，因為分析師可以對自己的參與有所識別，可以直接與病人討論，並在此基礎上改變自己的參與。正因為認識到分析師作為一個參與者被捲入病人的移情中，然後從反移情反應中進行觀察和詮釋，費倫齊預見並引領了諸如參與式觀察、投射性認同和反移情的有用性等概念的

發展。

　　費倫齊甚至走得更遠；他不僅預見到了我們當代的觀點，而且我們可能仍然要追趕他的見解。他不僅認識到分析師作為創傷重現的參與者被捲入其中，認識到分析師自己必須成為病人的虐待者，而且還認識到病人觀察到了這一點並對此作出反應。不僅僅病人誤認為分析師是「移情扭曲」中的虐待者，而且病人讓分析師實際上扮演了這個角色；用當代的術語來說，移情被「實際化」了（actualized）（Sandler, 1976），於是病人觀察到了分析師的參與。一些理論家傾向於使用「共演」或「被誘導的反移情」（induced countertransference）等概念將責任從分析師身上轉移到病人身上，與這些理論家不同的是費倫齊堅持認為，分析師自己的性格特徵不可避免地在移情和反移情中發生著作用。因此，對費倫齊來說，移情和反移情中涉及相互的參與。此外，病人可以觀察到分析師的反移情反應和性格特徵，並反過來對它們作出反應。費倫齊第一個指出病人成為分析師反移情體驗的「詮釋者」的方式（Hoffman, 1983; Aron, 1991a）。

　　費倫齊（1931）認為，病人的移情並不是一種要被分析師糾正的扭曲。相反地，病人對分析師作為一個人的觀察和反應是應該被認真對待的：

　　　有利的做法是，暫時將每個人納入考慮，甚至把最不可能的溝通都視為某種可能，甚至接受一個明顯的錯覺……這樣，通過拋開「現實」問題，我們可以更完整地感受到病人的精神世界。（這裡應該說一下將「現實」和「不現

實」進行對比的弊端。後者在任何情況下都必須作為一種心理現實而被同等重視；總之，個體必須完全融入病人所有的言語和感覺中。）（p. 235）

最後，對費倫齊來說，正是分析師的情感誠實，加上善意，建立了信任的基石，這對分析關係至關重要。這兩種品質使病人能夠接受，甚至擁抱分析師具有局限和瑕疵的現實，以及他們兩人之間的關係。正如費倫齊（Ferenczi, 1932）在他生命的最後時刻所說的，（分析師）不被允許否認他的內疚；分析性的內疚源於醫生不能提供充分的母性關懷、善意和自我犧牲；因此，由於沒有提供足夠的幫助，他將他所照顧的人暴露在同樣的危險中，這些人之前只能勉強自救……無論如何，我們的誠實與父母虛偽的沉默之間是有區別的。這一點以及我們的善意必然是對我們有利的。這就是為什麼我不放棄希望，為什麼我指望在所有的幻滅中恢復信任（1932, 52-53）。

分析師辜負他們的病人，然後誠實地承認他們的錯誤和局限性，直到病人和分析師達成相互的原諒，在這一描述中，費倫齊為我們提供了當代自體心理學思想的預覽，即關係經由中斷和修復的交替而得以發展（Lachmann and Bebee, 1992）。我們在上一章看到當代互為主體性理論是如何將這一思想從母嬰研究領域延伸到精神分析領域的。

情感上的誠實、可及、直接、開放、自發以及分析師個人的揭露，所有這些在病人身上創造了高度的自然性、直率性、對壓抑的接觸、對他人的認可和敏感、自尊的提升，以及對關係中現實主義的擴大和加深。這些就是費倫齊留給我們的

遺產。他的貢獻的本質在於，打開了把分析師個人作為一個產生重要分析工作的領域。分析師成為一個獨特而真實的人，病人真實地影響他，並受到他的影響。

費倫齊關於「相互分析」的試驗是當代精神分析中一個啟發人心的反思源泉。這是一種基進的臨床技術，伴隨著大膽而開放的思考，引導我們重新審視分析關係的本質。儘管在接下來的篇幅中，我對費倫齊的相互分析試驗提出批評，認為它在極端情況下是不可行的，但它還是包含了豐富而重要的元素。他留給精神分析的遺產是有價值的，這與他的技術方法的具體內容無關。我相信必須保持費倫齊的經驗主義試驗精神所具備的活力。現在的精神分析並不比費倫齊時代的精神分析更接近一種確定的或最終的技術。我們需要像費倫齊（1931）六十多年前那樣承認，「分析技術從來就不是最終確定的東西，現在也不是。」（p. 235）在費倫齊的相互分析這一暫時被拋棄的工作的中心存在著全新的金礦。

對伊莉莎白・塞文（RN）案例的歷史考察

在考察了費倫齊從自己的著作中收集到的關於相互性的想法之後，讓我們仔細看看他最重要的相互分析的案例，即他與伊莉莎白・塞文（RN）的工作。但這一次我們要研究的治療不僅是展現在費倫齊日記中的部分，而且還包括在有關塞文的最新傳記和歷史學術研究中所揭示的部分。下面的描述幾乎完全基於福曲那（Fortune, 1993a, b, 1994）激動人心的歷史研

究。

　　塞文（RN）長達八年的分析始於 1924 年，一直持續到費倫齊去世前不久。這一時間與費倫齊結束主動技術試驗的時間相吻合；這個過程經歷了他的技術彈性期、放鬆期和放縱期；並以他的相互分析試驗結束。正是這一分析經驗，比其他任何經驗都更加促使費倫齊認識到童年性虐待的普遍性和致病意義，他簡單而直接地將其稱為強暴。再者，正是在這個分析案例中，費倫齊瞭解到移情和反移情的相互作用，以及反移情詮釋的價值和意義。此外，塞文協助費倫齊進行放鬆和恍惚狀態的試驗，她讓費倫齊瞭解到分裂和分離現象在嚴重病態的人和童年虐待受害者身上的重要性。

　　我們現在從歷史研究中知道，塞文出生在利奧塔布朗（Leota Brown），是一個多病的孩子，被恐懼和焦慮所困擾。她患有飲食失調、頭痛、疲勞和頻繁的神經衰弱。當她成年後，她的症狀包括幻覺、惡夢和憂鬱症，這使她經常有自殺傾向。她多次在精神療養院待了一段時間，並接受了許多治療師的治療。二十七歲時，她感受到要成為一名治療師的內心召喚，並將自己的名字改為伊莉莎白・塞文，然後開始了新的生活。當她作為一個推銷員，各處挨家挨戶拜訪時，她發現人們很重視她的建議，於是她設立了一個辦公室，並分發名片，名片上面寫著「伊莉莎白・塞文，物理學家」。儘管她沒有任何證書或受過正規教育，但她稱自己為博士，並稱自己被選為倫敦煉金術協會的名譽副主席。1914 年，在倫敦短暫停留後，塞文搬到了紐約，她在那裡花了十年時間從事心理治療工作並撰寫相關文章。她的治療實踐包括推廣積極思維的力量、視覺

化、心靈感應和「治療性觸摸」，她聲稱用這種方法治癒了某人的腦瘤。在進行了多次心理治療的嘗試之後，包括與奧托·蘭克工作的一段時間，塞文被認為是一個無可救藥的個案。1924 年她決定最後嘗試與分析師桑多爾·費倫齊進行分析。她搬到了布達佩斯，帶著四、五個她自己的忠實的、經濟上富裕的病人。閱讀福曲那的著作（1993a, b, 1994），人們可以感受到塞文是多麼深受困擾，但又是多麼的機智和強大。她成為費倫齊的被分析者和共同分析師。佛洛伊德稱她為「費倫齊的邪惡天才」。（Fortune, 1993a）。

起初，費倫齊被塞文嚇住了，也不喜歡塞文。若干年後回想起來，費倫齊寫道：「我似乎沒有讓自己意識到這些印象，而是按照這樣的原則行事：作為醫生，我必須在每個病例中處於優勢地位。」（p. 97）費倫齊掩飾了他對病人的反感，並不遺餘力地縱容她。1928 年，費倫齊當時正在進行放縱的試驗，該試驗被佛洛伊德稱為「狂熱治療」（furor sanandi），即受治療的狂熱所驅使，他每天在塞文的酒店房間裡進行兩次治療，每次四、五個小時，加上週末和晚上。除了去看她自己的病人，她病得無法下床。費倫齊甚至允許塞文陪同他和他的妻子去西班牙度假。在 1930 年，由於擔心塞文的病情惡化，他免除了她的費用，這樣她的女兒就可以來照顧她幾個月。費倫齊後來把塞文稱為「女王」。

塞文將這一切詮釋為費倫齊已成為她的「完美情人」（Ferenczi, 1932, p.98）。費倫齊抗議說，這「只是一個智力過程，我們所說的生殖器過程與我的願望無關」（p.98）。之後，費倫齊從與病人的接觸中抽身出來，減少了她的治療次

數。在這一點上，塞文指責費倫齊是憎恨她的。她堅持要求費倫齊允許她對他進行分析，以便最終使得她自己的分析能夠取得進展。費倫齊對這個建議抵制了一年多，但最終出於自己的邏輯觀點所迫，承認她是對的。他確實對她有著需要分析的怨恨，而還有誰比她更能幫助他克服他的阻抗呢？

相互分析其實就是雙重分析。他們嘗試了各種方式，包括交替分析位置、交替分析日，而且有一段時間，費倫齊接受單獨作為被分析者。福曲那（1994）描述的最新歷史研究表明，在費倫齊生命的最後一年，由於費倫齊的絕症逐漸惡化，對塞文自己的分析停止了，有一段時間（可能在 1932 年秋末）她只對他進行分析。根據塞文在分析時寫給她女兒的信，福曲那（1994）認為費倫齊可能為這一分析向塞文支付了費用。他還表示，費倫齊堅持要求她對他的分析保密，並要求她宣稱自己是被他治癒的。（我們應該記住，費倫齊當時正因惡性貧血而瀕臨死亡，到 1932 年秋天已經病入膏肓，為治病出入療養院）。1933 年 2 月，當塞文離開布達佩斯前往巴黎時，分析工作也終於結束。當時她的女兒給費倫齊寫了一封抗議信，因為她發現她的母親處於精神和身體崩潰的狀態。費倫齊的病已經重到無法回信，他於 1933 年 5 月去世。1933 年 6 月，塞文在倫敦恢復了她自己的治療實踐，並在不久之後出版了她的第三本關於心理治療的書（Severn, 1933）。這本書很少提到費倫齊或相互分析。多年以後，塞文的女兒承認，她毫不懷疑費倫齊對她母親的分析「最終拯救了我母親的生命」（cuted in Fortune, 1994, p.222）。

▎批判意見

我試圖詳細說明費倫齊在相互性和自我揭露方面的臨床試驗產生了諸多豐富貢獻。他的工作一直是體現開放性和直接性的典範，致力於病人的福利，不斷自我反思分析師參與病人的性質，認真對待病人，不因治療失敗而責怪病人。我們可以從費倫齊的努力中持續學習很多東西。然而，我們也需要直面他的臨床方法存在局限和越界的部分。我相信，我在本書中對相互性和對稱性的區分，有助於我們重新審視費倫齊的工作。

在我看來，費倫齊把對稱性誤認為相互性，因此，他在臨床試驗中放棄了精神分析所需要具備的基本的不對稱性。費倫齊意識到他對病人的要求採取了受虐式的服從，由於他試圖避免成為壞的客體，避免重複病人的創傷，於是他無法找到一種既能進入病人的系統，又能透過詮釋使他置於系統之外的方法。既要成為系統的一部分，又要保持在系統之外，這需要具備相互性和不對稱性。根據我在本書中提供的方式使用相互性和對稱性這兩個術語，我把費倫齊和塞文一起做的事情描述為「對稱分析」而不是「相互分析」，因為他們的角色和功能，甚至根本的專業責任和經濟報酬都變得模糊不清，甚至完全顛倒。雖然費倫齊一再聲稱，針對他的分析是作為病人分析的資源。但是，塞文能夠單方面分析費倫齊多久，使費倫齊能繼續真誠地相信這最終是為了對方的利益，而不是為了他個人的利益？

我們回過頭來看，費倫齊困難的部分在於，只要他決定進入相互分析，他就認真得對待自由聯想的義務。由於他把這

理解為分析的基本規則，因此他沒有給自己留下作為「分析師」的權利而對他的病人有所保留。正是這一方式打破了他和塞文之間必要的不對稱性。在這些條件下，費倫齊無法保留必要的距離，以維持他和病人之間的分析空間。此外，我認為費倫齊和塞文實際上並沒有進行相互分析，而是斷斷續續地進行著兩個獨立的、平行的、單邊的分析。他詮釋她的移情，而她詮釋他的移情，費倫齊模糊地認識到他的移情和她的移情是相互構成的，但他沒有鞏固這一微弱的認識。在分別分析他對她的移情和她對他的移情時，費倫齊和塞文進行了兩個獨立但重疊的分析。相互分析意味著他們要共同承認，他們的移情是相互構成的，一方的移情只能在另一方移情的背景下被理解。除了他的性格障礙、他對「真理」的理想化、他對愛的過度需求、他對進一步分析的渴望、他與佛洛伊德（他的朋友、英雄和分析師）的疏離，以及在生命最後一年他的疾病等影響因素之外，還有一個因素在於，費倫齊還沒有獲得必要的概念工具來理解他們兩人移情的交織關係。

費倫齊過度認同遭受創傷的病人，在該認同狀態下他試圖為他們提供他自己希望得到的愛和修復的體驗。費倫齊描述他的母親是「嚴厲的」，不能為他提供他所需要的養育。他認同他的病人所具有的權利，並受虐地順從他們的要求。我們很難指望費倫齊能在他與佛洛伊德短暫的「分析」中（七週的分析分散在幾年中）解決這些問題。由於費倫齊模糊了他自己的創傷和病人的創傷之間的界限，他發展出一種相互分析的技術也就不足為奇了，在該技術中病人和分析師的功能變得模糊不清。在費倫齊成為病人，而病人成為分析師的角色轉換中，費

倫齊受虐地服從於病人對於他們自己童年被虐待的施虐性的重現。費倫齊試圖透過愛來修復病人的非凡努力是為了提供他自己所希望的愛，也是試圖透過反向形成來掩飾他對於沒有得到足夠愛的怨恨。

再次重申一下，我相信除了他個人的問題之外，費倫齊只是還沒有獲得一個概念，以全面理解分析師的參與。他經常寫道，似乎只有分析師的愛和共情才具有治癒性。我相信，這只是部分事實。正如我所指出的，費倫齊在有些時候認識到分析師必須對病人提供更充分的參與；例如，分析師必須感到自己被迫重複病人的童年創傷。當然，在這些不得不扮演「壞父母」角色的時刻，分析師無法以任何簡單的方式充滿愛意和共情（當然，我們可以說在那些時刻分析師共情了病人內部壞的客體）。但費倫齊拒絕充分認識到，他必須允許自己成為病人的「壞」客體，而不僅僅是「好的」、「共情的」、充滿愛的客體。正是由於陷入了成為「好」客體的強烈欲望，費倫齊不再有能力看到，事實上他辜負了他的病人。

顯然，費倫齊性格上的一些困難導致他採取技術性的試驗。他以極端的熱情而聞名，尤其是他的治療熱情，即狂熱的治療（furor sanandi）把他捲進一個又一個的激情中。人們描述他狂熱和放任自流的能力經常就像孩子一樣。這種特質使他一度走向極端，而忽略了人們期望著一個更成熟的思想家鎖具有平衡的觀點。不過，費倫齊的熱情也很好得幫助他把事情推到極致，並在這樣做的過程中比以前的任何人都更清楚地發現某些精神分析思想的基本假設和局限。

在我們對費倫齊的個性及其個人困難如何將他引向相互分

析進行批判性考察時，重要的是要認識到，這種對理論家性格的回顧性攻擊是一種最為糟糕的人身攻擊式的論證！從佛洛伊德開始，有哪位分析師能經得起傳記式的考察而毫髮無損？如果我們因為理論家的個人缺陷而抹去他們的貢獻，那麼精神分析理論就不會剩下多少了。事實上，我們可能會問，為什麼每次討論費倫齊的技術試驗時都要提到他的精神病理？我認為怎麼強調都不為過的是，誹謗理論對手具有糟糕的心理健康狀況，這已經在精神分析歷史上造成了不可思議的損害。在其他地方，弗蘭克爾和我（Aron and Frankel, 1995）寫道：

> 在我們看來，主觀因素可以為提高對各種心理現象的警覺性提供基礎，從而產生具有廣泛用途的發現。佛洛伊德個人伊底帕斯的掙扎就是一個很好的例子。一個人所作的貢獻應該根據其優點進行評估。貢獻者存在一些主觀的事實——包括精神病理——並不削弱其貢獻的價值（p. 318）。

因此，雖然我對分析師的理論貢獻及其個人背景之間的關係非常感興趣，但研究這種關係以獲得更好的理解是一回事，而利用這些發現來使理論無效或詆毀臨床創新是另一回事。

有了這句話的提醒，我們可以回到我們的批評意見上。《臨床日記》中的一些篇幅表明，費倫齊本人可能是性虐待的受害者（例如，見 Ferenczu, 1932 p. 61）。然而，我們很難知道應該在多大程度上相信費倫齊的這些「回憶」，因為它們是

在他與塞文的相互分析過程中出現的。存在的一個問題是，費倫齊和塞文一起試驗了「恍惚狀態」和「放鬆」操作（費倫齊對此有非常豐富的背景，並寫了很多關於臨床催眠的文章），而且他們互相鼓勵對方回憶早期的童年事件。我們現在知道，相比不使用這些操作的情況，在恍惚狀態下工作經常會導致個人產生和報告更多的回憶材料。然而，更重要的是，催眠操作可能導致個人對其報告的回憶的準確性有著不恰當的信心。我們現在知道要非常謹慎地對待催眠操作對記憶的影響（McConkey, 1992）。此外，在費倫齊和塞文對創傷有著共同理論興趣的背景下，相互暗示效應發揮作用的可能性是巨大的。我必須得出的結論是，僅僅基於《臨床日記》中報告的相互分析而做出任何有關童年虐待的推論，都不應被視為塞文或費倫齊的真實傳記，除非它們得到確鑿的歷史證據的支持。（事實上，塞文在費倫齊的鼓勵下，確實聘請了一位調查員，試圖確定其創傷記憶的歷史準確性）。

費倫齊顯然相信他和他的病人正在揭開有關病人童年的「真相」。同樣，當費倫齊恢復自己童年的記憶時，他傾向於認為這些記憶是他童年經歷的真實寫照。費倫齊得出的結論是，創傷最有害的方面在於由父母試圖否認和掩蓋虐待事件所造成的困惑。他把這種由父母引起的困惑與自體的分裂和碎片化的病因直接聯繫起來。因此，用更當代的術語來說，正是體驗的神祕化使病人受到創傷並導致其自體的破碎。正如當代理論家（如連恩和列文森〔R. D. Liang and E. Levenson〕）認為體驗的神祕化起到病因學的作用，費倫齊認為治療方法應該包括解開體驗的神祕化，去發現「真正」發生了什麼，以揭開

「真相」。然而，正是在這一點上費倫齊落入了將現實與幻想、真理與神祕化進行兩極區分的陷阱，由此他維持了一個簡化的、理想化的真理概念。其結果是，有些時候他似乎接受病人（以及他自己）恢復的關於虐待的記憶是真實的，如其所訴的真實；而在其他時候，他似乎認識到這些真相只是在視角上「有效」，也就是說，它們表達的是有關病人體驗的真相。在精神分析中，關於被恢復的創傷記憶的真實性問題仍然存在很大的爭議（關於這個問題更全面的討論，見哈里斯〔Harris, 1996〕、戴維斯〔Davies, 1996〕、克盧斯〔Crews, 1996〕等）。雖然大多數分析師都同意，區分具有創傷性的虐待是否是真實發生的還是被幻想出來的確實很重要，但要認識一段記憶是真實的還是幻想的，非常是個問題。而大多數臨床醫生認為幻想和現實之間的這種差異是很重要的，這對於那些主張基進建構主義的人（一般是學者，不是臨床醫生）而言是一個嚴重的挑戰。

沃斯坦（Wolstein, 1991）有說服力地指出，RN 的案例屬於精神分析發現史上從安娜・O（Anna 0）到朵拉（Dora）再到 RN 的重要案例系列。費倫齊是：

> 極具爭議的，尤其在二十世紀二〇年代和三〇年代初作為新鮮試驗和基進創新的大師被輕視，自從布洛伊爾和佛洛伊德在 1895 年寫下他們里程碑式的發現以來，還沒有看到過有誰在臨床治療上具有如此自由和深遠的影響……也就是說，從布洛伊爾在安娜・O 案例（1880-1882）中對催眠狀態的首次研究，到佛洛伊德在朵拉案例

（1900/1905）中對移情的首次認識，直到費倫齊在 RN 案例中對反移情進行了首次探索（pp. 168-169）。

既然我們已經看到費倫齊是如何與他的病人進行相互分析的，那麼瞭解到他也希望與他的分析師進行相互分析也就不足為奇了，事實上他也確實嘗試過這樣做。費倫齊是佛洛伊德的弟子中唯一一個向這位也是他的分析師的大師認真提議，他（費倫齊）要到維也納去分析他（佛洛伊德）；佛洛伊德表示感激並回絕了費倫齊的提議（Jones, 1957, p. 120）。在試圖分析佛洛伊德的反移情和性格局限時，費倫齊預見到他將為病人勾勒的角色，即作為分析師的治療師，因為分析師可以容忍並鼓勵病人具有這一功能。

讓我們聽聽費倫齊在一封信中的懇求和擔憂，在信中費倫齊提出對佛洛伊德進行分析。請記住，這一時期他們已經是長達十八年的好友和同事了：

> 也許在這個場合我可以對你說，作為把精神分析帶給世界的人，你（發現）要把自己託付給某人是如此困難，你也確實沒有這樣做，實際上我發現這對你而言是一個悲劇。如果你的心臟不適持續存在，如果藥物和飲食沒有幫助，我將花幾個月的時間去找你，並將自己作為分析師供你使用——當然：如果你不把我趕走的話（費倫齊給佛洛伊德的信，1926 年 2 月 26 日〔quoted in Hoffer, 1994, p. 201〕）。

面對佛洛伊德熱情、親切、感人的拒絕，費倫齊堅持不懈地與佛洛伊德這位大師本人就分析的阻抗進行了面質。費倫齊在 1926 年 3 月 1 日寫道：

　　當然，我既不能也不應該對分析施加壓力，但請你記住，一旦你的不情願（我應該稱之為阻抗嗎？）被克服了一半，我可以立即到維也納來……我想的是可以逗留幾個月（p. 202）。

　　正如胡弗（Hoffer）所指出的，費倫齊提出要分析佛洛伊德，這應該被看作是，事實上也被佛洛伊德看作是一份愛的禮物。自始至終，在他們的關係中，費倫齊對相互性的渴望既包括他和佛洛伊德之間作為同道更為親密的願望，也包括被佛洛伊德照顧並反過來照顧他的持續的相互需要。相互性的主題貫穿了費倫齊的一生，無論是作為病人、分析師還是友人。他知道他對相互誠實的理想化有著神經質性的起源，但對此他寫道：「在我對誠實的渴望中當然有著許多幼稚的部分，但它肯定也有一個健康的核心——不是所有幼稚的東西都應該被憎惡。」（p. 224）（關於費倫齊一生對相互性渴望的更詳細的研究，可見我的文章〔Aron, 1995b〕。）

　　我們已經看到，相互性並不意味著平等，它需要與對稱性相區別。我們也看到費倫齊對相互性的嘗試是如何與對稱性相混淆並最終崩潰的。我們需要考慮的問題是，在不損害病人和分析師之間必要差異的情況下，是否可以增加相互的揭露？這是對費倫齊問題的修改和延伸，「每一個案例都必須是相互的

嗎？如果是的話程度如何？」讓我們現在轉到作為費倫齊的朋友、同事和合作者奧托‧蘭克的貢獻上，看看他的工作是如何與費倫齊的創新相融合、卻又與之背離，並與之互補的。

▌奧托‧蘭克與個體性的誕生

奧托‧蘭克和桑多爾‧費倫齊不僅合作撰寫了有關精神分析技術的重要論文，他們還有著共同的命運；在不同程度上，兩人都受到排斥，他們的著作被壓制或否定。費倫齊的某些著作被瓊斯（Jones）隔絕在精神分析研究之外，他使費倫齊的最後一篇論文有近十六年沒有被翻譯成英文；由於各種原因（Aron and Harris, 1993），費倫齊的《臨床日記》有半個多世紀沒有得到出版。同樣，蘭克在與佛洛伊德決裂後所寫的著作也沒有被古典派的分析師閱讀或引用，其中有許多甚至從未被翻譯成英文。蘭克的著作從來沒有被指定為古典派的讀物，而費倫齊的著作直到最近才開始重新受到關注。瓊斯（Jones, 1957）將這兩個人永遠聯繫在一起，他寫道：

> 蘭克和費倫齊，兩人都沒能堅持到最後。蘭克以一種戲劇性的方式結束……而費倫齊則在他生命的最後階段逐漸發展出精神病的表現，這些表現連帶著其他方式反映在他對佛洛伊德及其學說的背離上。長期以來不可見的、破壞性的精神病的種子，終於發芽了（p. 45）。

這只是費倫齊和蘭克被精神分析機構邊緣化的眾多戲劇性

方式之一。瓊斯的評論不僅是對他們兩人作為個體的詆毀，而且還導致人們把他們的貢獻作為他們精神病的表現來否定。

　　費倫齊還能夠留在精神分析運動中（儘管只是因為他最後的試驗沒有被公開），但蘭克，則在 1926 年到 1939 年間一直被精神分析界驅逐，生活在流放中。不過，蘭克找到了一些遲來的具有歷史性的幸運，而費倫齊卻沒有。具體來說，蘭克是詹姆斯·利伯曼（E. James Lieberman）所寫的一部充滿讚賞的知識份子傳記的主題人物（1985）；迄今為止，還沒有關於費倫齊的全面傳記。利伯曼的傳記，加上埃斯特·梅納克（Esther Menaker）對蘭克工作大量的重新發現（1982），使得人們最近重新對他的工作產生了興趣。

　　蘭克和費倫齊一樣，是佛洛伊德的學生和親密夥伴。蘭克在佛洛伊德核心圈子裡的角色是佛洛伊德的養子。利伯曼（Lieberman, 1985）報告說，在佛洛伊德的這些親密夥伴中，只有蘭克經常編輯和參與了佛洛伊德的著作，佛洛伊德甚至把蘭克寫的章節納入《夢的解析》的幾個版本中。從 1912 年到 1914 年，蘭克是兩本最早的精神分析期刊的編輯：分別是《意象》（*Imago*）和《精神分析國際期刊》（*Internationale Zeitschrift fur Psychoanalyse*）。1919 年至 1924 年，他指導了佛洛伊德派的精神分析出版社（國際精神分析出版社〔Der Internationale Psychoanalytische Verlag〕）。蘭克與費倫齊的合作發生在 1923 年左右，同年他寫了《出生創傷》（*The Trauma of Birth*, Rank, 1929）。這本書和《精神分析的發展》（*The Development of Psychoanalysis*, Ferenczi and Rank, 1924）開啟了一個短暫的過渡時期，之後蘭克不幸與佛洛伊德和費倫

齊分道揚鑣（這些人之間的決裂對他們所有人來說都是悲劇性的）。

《精神分析的發展》因費倫齊和蘭克對體驗在此時此刻的移情中具有突變性的首要地位的強調而被人們記住。在他們寫這本書的時期，佛洛伊德強調將理智上的洞察作為改變的媒介。這一重點在柏林學派中更是如此，因為卡爾·亞伯拉罕和漢斯·薩克斯的方法是眾所周知的，在關注治療考慮的同時，也致力於理論性和理智上的理解。與這種對理智的關注形成鮮明對比，費倫齊和蘭克宣導的是情感體驗的鮮活和重現。費倫齊和蘭克在強調體驗的同時，認為行動和重複的價值要大於口頭上的回憶。「因此，我們最終將精神分析技術的主要作用歸功於重複而不是回憶。」（Ferenczi and Rank, 1924, p. 4）他們建議分析師採取主動的治療介入，因為他們相信這對於病人主動重現和重演他們的體驗而言是必要的。費倫齊和蘭克並不主張消除洞察、理解或回憶；相反地，他們認為這些需要在共演和體驗之後進行。

蘭克（1929）撰寫的《出生創傷》並沒有被他自己視作異端之作，但它很快就被視為一個異端。這本書最有名之處在於，它斷言焦慮起源於出生。蘭克將這個想法歸於佛洛伊德，而佛洛伊德又將其歸於蘭克。蘭克最初認為，從字面上看，出生創傷是一種身體創傷，它以心理焦慮的形式留下痕跡。但在該書出版後不久，蘭克明確表示，他主張的是心理分離體驗的重要性，特別是兒童在嬰兒期與母親的最初分離。於是，出生創傷意味著心理誕生的創傷、分離和個體化（individuation）的創傷。蘭克對分離－個體化的早期研究無

疑是關係派傳統的重要先驅，尤其對於馬勒、溫尼考特和寇哈特的貢獻而言。（Rudnytsky, 1991 以及 Menaker, 1982 都對這個主題進行了追蹤。）

當蘭克對焦慮起源的理解從閹割焦慮轉移到出生創傷，他不僅將焦慮源起的時間往前推移，從伊底帕斯期移到前伊底帕斯期，而且他還將對重要客體的關注從父親轉移到母親。對佛洛伊德來說，父權制的父親是重要人物，他用閹割焦慮來威脅兒子，而童年期的核心戲劇，即精神官能症的核心，便是伊底帕斯情結。直到二十世紀二〇年代初，精神分析對母親關係的關注相對較少。在挑戰這種對母親的忽視方面，蘭克並不是孤單一人。奧羅德克（Oroddeck, 1923）和費倫齊（1932, 1933）也考慮到了母親的作用，但他們並沒有像蘭克那樣在理論上給予母親以核心地位。梅蘭妮・克萊恩（1932）很快就給予前伊底帕斯期的母親應有的重視，但她沒有引用蘭克的《出生創傷》，因為他代表了她最糟糕的噩夢——被驅逐的異教徒（Grosskurth, 1986）。

蘭克認為，生命的核心戲劇始於人類與前伊底帕斯期母親的分離和個體化的變遷。然而，蘭克的偉大發現在於將這一想法與移情分析聯繫起來。對蘭克來說，針對分析師的最基本的移情是將其作為母親，而人們必須從她那裡分離並建立自己的個體性。蘭克（1929）認為精神分析過程是一種心理誕生的行為，病人在分析師的幫助下重新創造自己，而分析師扮演了助產士的角色。

分析師作為助產士（大概是女性）的形象很有說服力，尤其與佛洛伊德把分析師描繪成外科醫生（大概是男性）的形象

相比而言。我們可以猜測一下蘭克的思想對 1920 年代的男性分析師的影響。我們知道，佛洛伊德自己曾承認過，他對於自己在病人的移情中被置於母親的角色感到不舒服。他在給詩人 HD（1933）的信中說：「我不喜歡在移情中充當母親，這總是讓我感到驚訝和震驚。我覺得自己很有男子氣概。」（pp. 146-147）毫無疑問，其他分析師也有佛洛伊德類似的反應；他們可能更願意把自己看作是有距離的疏離的男性權威，而不是作為必須參與生育過程的女性。無論如何，正是這些想法成為爭議的核心，使蘭克遭到拒絕。瓊斯（cited in Lieberman, 1985, p. 223）報告說，當詹姆斯和愛德華·格羅弗（James and Edward Glover）批評蘭克的出生創傷理論時，他們攻擊的正是這兩點，一是拒絕了父親的中心地位，二是轉移了伊底帕斯情結具有的初級重要性。

當蘭克離開佛洛伊德和精神分析機構時，佛洛伊德針對他的詮釋是，他的理論是他抵禦自身伊底帕斯衝突的一種方式，尤其與他希望無視父親有關。蘭克反駁說，導致洞察和理論表述的個人體驗與對理論進行價值評價無關。此外，蘭克用他自己的詮釋進行了反駁。在他看來，佛洛伊德對伊底帕斯神話的詮釋忽略了這樣一個事實：父親拉伊奧斯（Laius）之所以要殺死他的兒子，是因為他害怕自己被兒子取代。他影射說，現在，佛洛伊德這個父權制的父親，害怕自己會被蘭克理論中被提升的母親所取代，被作為養子的蘭克在理智層面所取代。從蘭克的角度來看，佛洛伊德就像拉伊奧斯一樣，寧願放棄他的兒子也不願面對自己不可避免的死亡。

蘭克在與佛洛伊德分離並走向個體化（他自己的心理誕

生）之後的幾年裡發展了他的想法，他闡述了一種有關心理發展的獨特願景，並構建了相當於「自體的心理學」的理論。他的重點在於個體自主性的發展以及意義的存在性創造。個體化開始於早期與母親的心理分離，通過意志的發展，並在產生獨特的人格和不同的自我創造行為中達到高峰。蘭克將意志定義為「個人具有的一種自主的組織力量，它不代表任何特定的生物衝動或社會驅力，而是構成了整個人格的創造性表達，並將個人與他人區分開來」（cited in Lieberman, p.404）。對蘭克來說，意志是主動的，而不是被動的；它涉及人們身上的一種力量，這種力量使人們體驗到自己是自己生活的積極能動者，是自己文本的作者，是自己命運的鍛造者。

蘭克（1945）在《真理與現實》（*Truth and Reality*）一書中恰如其分地將其中一章命名為「個體性的誕生」（The Birth of Individuality）。他解釋說，意志總是在與他人的關係中發展的。最初，意志是在與母親的對抗中發展的，是孩子與母親分離的一個方面。可見意志是作為反意志開始的，由於意志的表達總是與他人相關，並以他人為代價，個體行使意志不可避免地會產生焦慮和內疚的感覺。當一個人過多地透過消極的反意志來實現其個體性，因而陷入基於對立的自主性與對愛和聯繫的願望之間的衝突時，就會出現精神官能症。我們掙扎於最基本的衝突之中，一邊是出生、生命、分離和個體性，一邊是依賴、融合、失去自我、象徵性地回到子宮和死亡。

蘭克稱自己的方法為「意志療法」（Will Therapy），它無關乎理智上的理解和認知上的洞察，而關乎肯定病人與治療師關聯的意志。蘭克提倡治療師採取主動、靈活，富有創造性

的方法，建議治療師將病人作為一個人來接受，並透過意志行為鼓勵他們的心理誕生。透過治療互動帶來的信心恢復，解放了病人的意志，迎來了個體性的誕生。我們將在本章的下一節中看到這種治療觀點如何產生關於阻抗的意義和臨床方法的重大轉變。

顯然，蘭克的方法強調了關係的中心地位。更具體地說，他預見到了當代關係理論中諸多突出的標誌。事實上，1929 年蘭克將心理學定義為「關係和相互關係的科學」（Lieberman, 1985, p.283）。他談到了與前伊底帕斯期母親的早期關係，以及這種早期關係是如何在移情中重現的。他在臨床上聚焦於此時此刻，聚焦於直接的治療互動具有的經驗性現實。他主張採取主動和靈活的治療方法，並對阻抗採取肯定的態度。然而，整體而言他的方法代表了一種自體的心理學，因為他（如 Mahler, Pine, Bergman, 1975）認為從融合到分離和個體化的成長方向以自我的獨立為頂點，而非從不依附到依附的發展（更符合鮑比〔Bowlby, 1988〕）年和安斯沃思〔Ainsworth, 1982〕等思想家）。當然，所有這些理論家都承認，依附需要與探索行為相平衡，連結需要與分離相平衡。儘管如此，該方法朝向的方向仍然很重要。蘭克主張遠離他人，走向自主的自我功能。不過他也把某些融合行為看作是朝向創造性的步驟，這也是真的。他的理論的主旨是朝向自主性、個體性和自我的方向。

▌關於阻抗的關係性觀點

　　費倫齊和蘭克的貢獻中可以被視為預見了當代精神分析關係性發展的一個例子是他們關於阻抗的觀點。費倫齊和蘭克的觀點相互補充，它們共同構成了當代關係思想的核心。當代分析師對待阻抗的概念與古典派分析師的方式完全不同。古典派分析師認為阻抗是分析工作的對立面。在佛洛伊德的早期思想中，阻抗被視為對回憶創傷性事件的反對。後來，它的內涵轉變為反對揭開被壓抑的嬰兒期願望。葛林森（Geenson, 1967）寫道：「阻抗意味著反對……反對分析的進展、反對分析師、反對分析師的程序和過程」（pp. 59-60）。桑德勒、達雷和霍德（Sandler, Dare and Holder, 1973）在他們對阻抗概念的古典路徑的回顧中，將阻抗描述為「**病人身上帶有的反對治療過程的元素和力量**」（p. 71，粗體字外加）。我認為，關係視角的修訂是沿著兩條相關的路線進行的，這兩條路線與我在上述阻抗的定義中強調的兩個短語相對應。首先，試圖重新考慮阻抗的位置，重新考慮它們是否最好被認為是在「病人身上」的。其次，試圖通過質疑這些行為是否真的「反對治療過程」來消除阻抗這個詞的貶義內涵。

　　英國客體關係理論家比古典理論家沿著更為肯定的路線看待阻抗。費爾貝恩（Fairbairn, 1952）將阻抗概念化為基於對再創傷的恐懼。他將反力比多的自我（antilibidinal ego）概念化為阻抗的來源，以抵抗帶有需要的力比多自我的依賴需求的出現，由此他談到病人對於放棄他們與內部壞客體聯繫所感到的恐懼。繼費爾貝恩（1952）之後，岡粹普（1969）認為阻

抗是出於害怕感到或顯得軟弱或不足，從而體驗到羞恥和屈辱。因此，病人的動機是使他們不意識到自我的體驗是軟弱和帶有需要的，並與治療師保持安全距離。關於阻抗的客體關係方法在優先考慮病人的安全需要方面是對古典方法的改進。因此，它可以被視為代表了一種肯定阻抗的方法。然而，不幸的是，這一理論本身仍然會使分析師以批評的方式詮釋阻抗，因為分析師可能暗示病人不應該如此害怕冒險或暴露他們的弱點。分析師可能會把缺乏安全感詮釋為心理內部的體驗，而不把它與自己在當前臨床中遭遇的行為聯繫起來。換句話說，病人感到分析師是危險的，這可能會被詮釋為移情的扭曲，而不是作為對分析師的合理看法被接受。然而，除了更肯定地看待阻抗之外，一些英國獨立派的分析師也轉向了一種對於分析過程的看法，認為病人和分析師都被鎖定在相互構成的阻抗中（Kohon, 1986）。

　　寇哈特（1971, 1977）比其他任何精神分析理論家都更能在革新我們對於阻抗的理解方面引領我們。自體心理學認為阻抗是自我試圖保護自己免於創傷體驗的重複，而不是針對驅力的衍生物。人們生活在被壞客體再次創傷的恐懼中。從這個角度來看，阻抗是自我發揮的健康和必要的功能。自體心理學在肯定阻抗方面更進一步，認為病人的阻抗必須被看作是病人體驗到他們的分析是危險的；與其責備病人沒有安全感，分析師不如考慮他們在維持病人的不安全感方面做了什麼。分析師必須考慮到，病人身上看似阻抗的東西實際上是對人際事件的反應，反映的是分析師共情的失敗。

　　沙夫（Schafer, 1983, 1992）是在後自我（post-ego）心理

的精神分析中對阻抗進行重新概念化的領導者。首先，沙夫（1983）鼓勵分析師透過採取「肯定的理論和臨床方法」來消除阻抗概念具有的貶義內涵。這種肯定的方法主要關注阻抗是為了什麼，而不是簡單地關注於阻抗在反對什麼」「（p. 162）。沙夫認為，古典派的傳統鼓勵一種對抗性的阻抗概念，導致遠離分析的態度，並潛在地代表了對分析師共情的嚴重干擾。相對於把阻抗作為對立面，沙夫認為阻抗意味著病人「在分析進程中進入下一個重要的階段」（p. 171）。他的批評顯然挑戰了現有的將阻抗作為「分析進程對立面」的觀點。

　　近年來，沙夫（1992）在批判古典的阻抗方法方面走得更遠。沙夫現在提出了一個更基進的建議，認為我們應取消把阻抗作為分析過程中的核心因素，取而代之的是對反移情的分析。「取代對阻抗的分析，我們可以把反移情分析與移情分析和防禦操作放在一起，作為界定精神分析療法的三大重點」（p. 230）。沙夫的觀點是，我們傳統上認為的阻抗，大部分是病人引起的負面反移情的行為。雖然他承認，他的這些關於阻抗的想法並不是全新的或原創的，而是來自包括自體心理學在內的各種理論框架。不過，沙夫在系統地重新思考這些觀點方面功不可沒。

　　現在讓我們回到費倫齊和蘭克關於阻抗的觀點。正如回顧費倫齊的臨床貢獻會如我們預期的那樣，在他對精神分析的重新概念化中，費倫齊挑戰了關於阻抗的古典方法。費倫齊不再把阻抗看作是對本能驅力的防禦，而是把它看作病人發展需要的表達，是病人對分析師反移情的具體反應。

　　費倫齊（1931）不把偶爾的失敗歸咎於病人不可戰勝的阻

抗，或不可逾越的自戀，或「無可救藥」或「不可分析」，而是歸咎於他自身技巧的缺乏（p. 128）。費倫齊重要的臨床貢獻之一在於他對可分析性概念的批判，以及他拒絕因治療失敗而責怪病人。在直截了當地承認自身局限性的同時，他堅持對技術進行試驗，希望新的方法最終能對那些最無望的病例也有所幫助。

費倫齊認識到，阻抗不僅是由病人的內部防禦決定的，而且也是由分析師挑起的。對病人的阻抗進行詮釋，這相當於在指責病人。費倫齊主張分析師以不同的方式傾聽，修改他的技術，並作出更自然和充滿愛的反應。他也認識到病人的阻抗中包含著合理的自我保護行為。費倫齊（1928）提出，分析師共情的缺乏會激發病人的阻抗。通過這些建議，費倫齊預見了寇哈特（1971, 1977）理解和管理阻抗的一些最突出的技術貢獻，特別是在識別相互性方面。相互性在那時還被看作是病人內部的阻抗。由於病人就他們所觀察到的他自身的阻抗進行詮釋，費倫齊開始聽取病人的意見。費倫齊的貢獻在於把阻抗重新概念化為存在於病人和分析師之間的，即存在於關係中，而不是病人的頭腦中。

蘭克（1945）也以他自己的方式，對阻抗的古典概念重新進行表達。對蘭克來說，自我定義的需求是普遍存在的。個體化的努力在個人意志的表現中得到體現，而它總是從反意志（counterwil）開始的，即與他人的意志相對立，就像小孩常有的反抗。意志能力依賴於獲得他人的肯定。這裡我們聯想到雷尼・斯皮茨（Rene Spitz, 1959）的觀點，對兒童來說，學會說不，是心理發展的一個重要環節。像蘭克一樣，斯皮茨將這

一發展成就與客體關係的早期發展以及「自我的出現和人類社會關係的開始」聯繫起來（p.97 頁）。至關重要的是，父母不要透過行使他們的意志來壓制孩子早期的個性化努力。相反，父母需要理解，孩子的消極性和對抗性代表他們在分離和行使自主權方面剛剛起步的努力，這些努力需要得到父母的肯定（這並不是說父母需要屈從於孩子的奇思妙想）。蘭克（1945）認為，父母與子女的這種情況類似於治療情境，看似的消極和反對（阻抗）需要被看作是病人練習自主和自我定義的努力，這些努力需要得到治療師的認可和肯定（再次說明，儘管這並不意味著治療師要服從病人的意願）。

布隆伯格（Bromberg, 1995）優美得描繪了阻抗和人類關係，其方式讓人明顯地想起蘭克的思想：

> 我認為，人類的人格為了成長，需要遇到另一個人格作為主觀現實的獨立中心，這樣它自己的主觀性就可以在互為主體的環境中進行反對和被反對、確認和被確認。在這個過程中，「作為障礙的阻抗」反而作為自我連續性的必要守護者而發揮固有的作用，在這個意義上，反對的障礙是使臨床精神分析成為可能的成長辯證法的一個內在方面（p. 176）。

費倫齊和蘭克共同提供了重新思考阻抗所需的概念工具。從費倫齊那裡，我們得到了這樣的觀點：阻抗應被視為存在於病人和分析師之間的交流中，它作為雙人關係系統的一部分而相互構成。病人的阻抗很可能是對分析師反移情的反

應，而不是相反。從蘭克那裡我們瞭解到，阻抗應被肯定地視為病人意志發展的重要步驟，如果這些阻抗被治療師的肯定反應所滿足，將產生個體化、自治和自主。費倫齊和蘭克都在關係系統背景下看待阻抗。從費倫齊那裡，我們看到了對相互性的關注；從蘭克那裡，我們看到了對自主性的關注。他們共同預見了構成當代關係思想的辯證方法，平衡了自主和共融、單人和雙人心理學。

第 7 章

共演、互動與投射性認同：
精神分析的人際化

　　古典精神分析理論幾乎沒有為互動（interaction）的概念
留出空間，因為分析師一直以來被視為一個空白的螢幕或鏡
子，其功能是觀察和詮釋病人的心理內容。直到最近，佛洛伊
德未曾使用的「互動」一詞才被主流精神分析概念化為一個技
術性的術語，但即便是現在，它仍然是一個模糊且有爭議的術
語。所有學派的分析師都越來越把精神分析過程看作是兩個獨
立人格的互動，而不是一個人將內部衝動投射到一個空白螢幕
上。無論分析師的技術方法和個人風格如何，無論是主動還是
被動，健談還是沉默，提問還是詮釋，匿名還是自我披露，專
制還是平等，今天所有的分析師都承認，他們與病人的行為構
成了一種特殊的互動。然而，對於如何以一種維持精神分析的
方式來思考互動，還存在著很大的分歧。對於古典派分析師來
說，關鍵的問題在於如何在不放棄調查心理內部體驗所處核心
地位的情況下承認互動的地位。換句話說，古典派分析師如
何才能在不成為「人際派」的情況下充分承認互動的中心地
位？

　　由於傳統分析師們試圖在他們的理論中為互動留出空
間，於是他們創造了另一個新的技術性術語——「共演」

（enactment），該詞在近年來被廣泛地寫進書中，並成為重新概念化佛洛伊德臨床理論的核心（e.g. Jacobs, 1986; McLaughlin, 1991; Smith, 1993）。在試圖思考精神分析過程中的互動元素時，實踐化（actualization）一詞也被作為一個技術性術語引入。互動、共演和實踐化，這三個術語都包含了行為（act）的含義。它們作為技術性術語被引入精神分析詞典，這表明了理論上的一個重大轉變，即精神分析從一種僅僅依靠聯想和詮釋、言語和理解的治療，轉向被承認為是涉及了語言和非語言行為和互動的過程。

另外，投射性認同（projective identification）這個技術性術語與其他幾個術語有關，因為它也開始作為一個互動性的術語而具有意義。互動、共演和實踐化這些術語在古典和後古典佛洛伊德分析師中流行，而投射性認同這個術語主要是從克萊恩和後克萊恩理論傳統中出現的，儘管它已經在所有精神分析思想流派中流行。像其他術語一樣，投射性認同在精神分析中被用來為互動層面創造一個空間，該層面之前未曾被充分理論化，並且被認為是潛意識的。

一方面，這些技術性術語被用來創造一個概念空間以容納互動性的概念，也就是說，在精神分析理論中為它們留出空間。在這方面，它們代表了精神分析的發展。另一方面，這些術語恰恰被用來遏制和限制精神分析的互動層面。通過在「共演」或「投射性認同」的名稱下給予互動概念一個有限的位置，這些傳統理論封閉了對互動的理解，限制了對互動維度中心地位的認識，掩蓋了互動具有持續且無止境的作用，這實際上是把它固定在自己的位置上，從而對精神分析的人際化設

置了限制。

在古典精神分析的文化中，直到最近，反移情在很大程度上仍被看作是一個需要被克服的阻礙。雅各（Jacobs, 1991）指出，當他還是一名受訓分析師時，很少有人關注分析師的心理體驗。反移情雖然被認為是重要的，但仍然以帶有貶義的方式被使用，並且在案例研討會或案例報告會上很少被關注。安妮‧賴希（Annie Reich, 1973）的貢獻被用來強調反移情可以扭曲分析師的觀點，由此焦點在於透過對反移情進行分析，從而消除或弱化反移情。古典分析師的目標是盡可能地消除分析師的主體性，以便分析師能夠以針對病人心理的客觀觀察者的身分發揮作用。因為這個模式要求分析師保持客觀和疏離，所以理論中排除了涉及互動的概念。分析師們致力於保持對自身行為的控制。此外，人們期望一個經過充分分析的分析師能夠滿足這一期望。於是，質疑這一要求就等於承認了自己沒有接受過很好地分析。

透過引入分析師的主體性從而放棄把分析師作為客觀科學家的形象，是危險的事，除了這個理由之外，還有另一個理由來否定精神分析中的互動元素。分析師們對於利用他們的個性來影響病人的變化一直存有顧慮。甚至當佛洛伊德在他對病人的工作中採用催眠時，他也將基於催眠暗示的治癒與基於催眠恍惚中所發現的記憶的治癒區分開來。這種對消除暗示影響的關注之所以非常重要，是因為它保護了病人的自主權。因此，從精神分析歷史之初，分析師們就避免透過暗示進行治療，也就是說，避免基於分析師的說服力或個性產生治癒，而是透過洞察產生治癒。分析師們認為，如果他們能夠透過洞察

或恢復記憶來治癒他們的病人，那麼病人的改變就是從內心深處靠自己的力量獲得的，而不是借助分析師力量的結果。正是為了保護病人的自主性，分析師們試圖消除透過分析關係產生的治癒。然而，在尋求這些合理的顧慮時，分析師忽略了分析過程中的互動特徵。就改變的基礎而言，他們不僅將洞察置於關係之上，而且還忽視了分析師獨特的個人身分和性格。反移情的價值、分析師主觀反應的積極貢獻，以及分析師心理的作用，這些都沒有得到普遍的認可或承認。

出於所有這些原因，古典理論鼓勵分析師依靠詮釋作為精神分析改變的唯一載體。古典分析師認為自己是透過口頭詮釋的傳遞來提供洞察，而不是以任何其他方式作用於病人。病人和分析師不能彼此作用；相反地，病人要進行聯想，盡可能地只透過語言進行交流；同樣，分析師也應該完全（或幾乎如此）透過語言上的詮釋與病人交流。

古典模式在語言和行為之間做出了鮮明的區分。雷尼克（Renik, 1993b）將這種二分法追溯到佛洛伊德（1900）的一些早期想法，他基於當時理解的反射弧概念發展出一個心靈模型。根據該模型，衝動可以沿著兩條路徑被引導：一條是傳出的路徑，產生運動活動；另一條是傳入的路徑，產生對感官接收器的刺激。前一條路徑產生行動，後一條路徑產生思想、幻想和意念。這一概念化導致了對行動和思想的二分：人要麼思考，要麼行動。例如，如果在睡眠中行動受阻，那麼一個人的衝動就會在思想上透過夢表達出來。如果人們表現出他們的衝動，那麼他們就不需要對這些衝動進行思考。因此，要讓人們分析他們的衝動，分析師首先要讓他們停止針對這些衝動的行

動。這些假設導致了這樣一種臨床觀點，即病人的衝動必須受到挫折，分析才會成功。雷尼克斷言，據他所知，從來沒有任何實證研究支持這些假設，而且我們沒有理由相信思想和行動是相互排斥的。雷尼克接著對佛洛伊德的互動觀點提出了嚴重的質疑，並對公認的自我揭露的智慧提出了挑戰。（在本章和下一章中，我們將再次討論雷尼克的貢獻）。

正如我們在第六章中所看到的，桑多爾·費倫齊確實挑戰了佛洛伊德理論和技術的許多基本假設。費倫齊在他的分析生涯中，花了很大一部分時間研究病人和分析師的活動在分析中的作用。他巧妙地批評了言語和行為之間的區別（Harris and Aron, in press）。費倫齊認識到病人總是在交流，無論是口頭的還是非口頭的，而且他還看到交流本身就是一種形式的行動。直到本世紀後期，這一方法才在哲學上得到澄清。維根斯坦（Wittgenstein, 1953）認為，最好把語言設想為一種涉及使用語詞作為工具的活動。語詞不只是針對事物的標籤，它們還透過在社會交流中的使用來獲得其意義，即語言遊戲。如果語言是行為，行為是交流，那麼精神分析就不能再被認為只是一種談話療法；精神分析必須涉及行動和互動。

將談話療法轉化為一種行動、互動和共演的療法，在該療法中，談論的內容被共演，共演的內容必須被談論。人際理論本質上是一種場域理論，它將精神分析概念化為一個人際過程。蘇利文（1953, 1954）提出，我們是我們的所作所為，而不是我們的所言。在人際精神分析工作中，重點是病人與分析師做了什麼，病人如何與分析師相處，而不是主要關注病人對分析師說了什麼。對人際主義者來說，言行之間尖銳的二分法

從未像主流分析師那樣尖銳。蘇利文（1953, 1954）的參與式觀察原則正是在這種人際場理論的框架內被定義的。這是對精神分析的革命性貢獻，現在才開始被精神分析主流重新發現（關於「重新發現參與式觀察模式的優勢」的特別好的描述，見赫希和阿隆〔Hirsch, 1985; Hirsch and Aron, 1991〕）。

當代人際主義者們進一步發展了蘇利文的人際場概念。例如列文森（Levenson, 1983）豐富了人際場的概念，認為精神分析的核心在於把對此時此刻的移情－反移情互動的詳細調查解構為是病人和分析師共同創造的。列文森建議，「說話的語言和行動的語言可以相互轉化；換言之，如果用音樂術語來說，它們是同一主題的諧音變化。」（p. 81）現在得益於符號學、結構主義和後結構主義，繼費倫齊之後，列文森（1972）是首批更準確地解構了語言和行為之間區別的分析師：「精神分析最初假定言語和行為之間存在著嚴重的對立關係。它作為一種『談話療法』，行動不能被談論，也不能被分析。」（Levenson, 1983, p.87）費倫齊不可能用這樣的句子來闡述這一見解，但他的臨床思維預見到了其中的大部分思想。談話療法是一種主動的和互動的技術。對費倫齊以及後來的人際主義者來說，哪裡有行動哪裡就有精神分析！

參與式觀察模式考慮到持續的相互影響或共同參與，這不一定意味著分析師透過自覺或有目的採用某種角色，從而主動或人為地試圖參與或影響病人。使用參與式觀察的分析師主要是一位觀察者，但他認識到觀察者不可避免地成為被觀察的一部分。分析師必須熟練地參與病人的人際互動，同時保持對分析領域的某種觀察視角，包括對他們自己在該領域的參與；同

時繼續認識到他們自己的反思性觀察視角是多麼有限。分析師需要在參與和觀察之間保持平衡，並認識到觀察行為本身就是一種參與的形式，而且必須對參與的效果進行持續的檢視。借用了佛洛姆（Fromm, 1964）和沃斯坦（Wolstein, 1964）的術語，赫希（Hirsch,1987）把分析師這樣的方式工作稱為「觀察的參與者」。赫希強調的是「參與」，而「觀察的」只是修飾的形容詞。正如布隆伯格（Bromberg, 1984）所認為的，參與式觀察的含義並不是說分析師需要比古典派的立場更主動或更為「互動」。參與式觀察不是對分析師某種行為的「處方」（Greenberg, 1986）；相反地，它只是描述或承認參與的不可避免性，以及觀察參與對分析過程影響的必要性。葛林伯格（Greenberg, 1991）寫道：

> 用蘇利文的話說，關係模式假定分析師是「參與的觀察者」，或者用費爾貝恩的話說是「介入者」。這些概念本身並不是技術處方（並不是建議人們應該參與或介入）；它們只是從一個特定的哲學角度對事實的陳述（p. 214）。

我之所以想強調這一點，是因為我發現這是關係理論最常被誤解的方面之一：關係理論並沒有規定分析活動的特定形式，而是堅持承認參與具有不可避免性和持續性。

在後現代主義的廣泛影響下，費倫齊所預料的對言語和行動之間區別的解構，成為人際取向的一個方面，也成為當代佛洛伊德著作的一部分。例如，萊文（Levine, 1994）認為，分

析師的詮釋總是包含一種表現性或行動導向的含義。萊文指出，他的意思並不是說病人把分析師的詮釋當作行動來聽，而是指分析師的話實際上是一種非故意的行動。萊文補充說，佛洛伊德很清楚這些考慮，但在他努力消除精神分析中的暗示時，他反覆聲稱分析師的詮釋是資訊性的，而不是表現性的，並且分析的變化是透過分析師話語的影響而不是透過分析師的行動產生的。萊文認為，如果我們能夠區分語言和行動，那麼消除暗示的影響是可能的；但是，由於無法進行這樣簡單的區分，所以要區分作為資訊來源的詮釋和作為暗示來源的影響是不可能的。

互動

幾十年來，古典派分析師認為任何關於互動的討論都不屬於精神分析的範疇。他們唯一感興趣的互動是心理內部結構之間的互動，而不是人與人之間的互動。近年來，這一焦點發生了巨大的變化——美國精神分析協會在 1991 年和 1992 年秋季發起的專題研討會上試圖定義互動的概念，並提出關於互動的詮釋學觀點（Panel, 1995a, b）。

我想引入「**佛洛伊德派的互動主義者**」這一術語來指代一批廣泛的當代精神分析家，他們認同佛洛伊德的傳統，也關注互動和共演的不同方面。我用這個詞來指涉在佛洛伊德派的「左翼」（Druck, 1989）中出現的一種趨勢，即更嚴肅地關注精神分析的互動性方面。然而，隨後我們會清楚地看到，這是一個有很大分歧的群體，他們在如何對互動進行概念化方面

有很大的不同。他們的表述對臨床技術的影響也有很大的不同。儘管如此，我相信將他們歸為一組，在強調當代佛洛伊德論著的這一趨勢方面具有啟發式的目的，而且在我們之後試圖考察這一組人與當代關係和人際貢獻者之間的異同時，它將是有用的。[1]

戴爾‧布斯基（Dale Boesky）參加了美國精神分析協會的兩個討論小組，他對佛洛伊德的互動觀點做出了重要貢獻。在對「付諸行動」（acting out）這一概念的評論中，布斯基（Boesky, 1982）使用了「實踐化」這一術語來描述病人微妙的、非運動性的、非戲劇性的行為，這些行為在考慮付諸行動時往往被忽略。布斯基的觀點是，付諸行動這個術語很不幸關聯的是那些更重要的衝動和粗暴的動作行為，因此需要另一個術語來描述更經常發生的微妙行為。

在一篇經常被引用的關於精神分析過程的文章中，布斯基（1990）掙扎於如何將互動成分帶入精神分析而又不放棄對心理內部的關注。布斯基承認，分析師的潛意識總是以在過程中輕微滲透的形式體現在分析工作中。布斯基認為，由於這些滲透是無處不在且不可避免的，它們必須被理解為不僅僅是適當的技術失誤。相反，必須研究這些滲透，因為它們揭示了

---

1 主流的佛洛伊德派學者繼續警告說：「強調互動的技術有可能，有時也會，在關注分析關係的現實中起到防禦作用」（lnderbitzin and Levy, 1994, p. 776）。雖然這一點很有道理，但關係派分析家會反駁說：強調心理內部的技術有可能，有時也會，服務於防禦性的目的，因為它迴避了互動性。任何技術重點都必然縮小分析者的視野，並可能被防禦性地使用。

「作為互動體驗表達的精神分析過程」（p. 574）。

一方面，布斯基認為他自己的立場帶有強烈的互動性。他認為阻抗是病人在與分析師的反阻抗和反移情的互動中發生的。他寫道：「如果分析師不儘早以一種他不曾打算的方式捲入情感，分析就不會有一個成功的結論，」（p. 571）這一說法聽起來非常像關係派和人際派的表述。[2] 另一方面，布斯基很快將他的觀點與關係派的觀點區分開來。在他的治療行動理論中，他繼續將詮釋因素置於關係因素之上；他繼續將精神分析情境視為一個單人心理學領域；他繼續認為對反移情和分析師的其他主觀性進行區分是可能的。

在 1991 年關於互動的專題研討會上，布斯基（panel, 1995a）[3] 進一步將他的立場與更為關係性的立場區分開來。他提出，互動這個詞存在的一個主要缺點是，它會導致心理內部和人際間的區別變得模糊（好像沒有互動這個詞，這兩個領域就能截然區分一樣）。對於布斯基來說，只有在分析陷入僵局時，病人和分析師才會在相互共演和未被承認的移情和反移情願望中串通一氣。這一說法似乎比他早先的斷言要保

---

2 將布斯基的說法與米契爾（Mitchell, 1988a）發表的說法相比較：「除非分析師在情感上進入病人的關係矩陣或在其中發現自己；換言之，除非分析師在某種意義上被病人的懇求所吸引，被病人的投射所塑造，被病人的防禦所對抗和挫敗，否則，治療永遠不會是完全參與性的，而分析體驗也會喪失某種深度」（p. 293）。

3 請注意，1991 年的專題研討發言是為專題的形式被出版（199Sa, b）。

守得多，之前他認為來自分析師的滲透是普遍存在和不可避免的。根據布斯基的說法，互動是為阻抗服務的。該專題研討的與會者之一阿諾德‧理查茲（Arnold Richards）正確地指出，布斯基並沒有接受將分析師的行為納入考慮的互動性的觀點。布斯基聲稱自己有很強的互動性，但他和傳統模式的觀點一樣，認為所有的互動幾乎都發生在病人的頭腦中。布斯基是佛洛伊德派互動主義小組中比較保守的分析師之一。

在許多重要的方面，布斯基的佛洛伊德派立場與施瓦布（Evelyn Schwaber）在自體心理學方面的啟發性立場相似（已在第二章討論過），後者也出現在這兩個專題研討會中。施瓦布也認為精神分析仍然是單人的心理學，因為她只從病人的角度對互動感興趣。施瓦布建議我們把精神分析的互動看作是病人對雙人分析互動的體驗。她把反移情理解為分析師遠離病人體驗的任何舉動。理查茲（Panel, 1995a）在 1991 年的專題研討中對施瓦布的論文進行評論時指出，雖然施瓦布聲稱要按照病人的體驗來詮釋互動，但她在試圖達到病人的觀點時顯然使用了自己的主觀性。他問道，那麼她如何能聲稱這代表了單人的心理學呢？

參加了 1991 年專題研討的還有約瑟夫‧桑德勒（Joseph Sandler）。在早期的一篇已經成為精神分析古典的文章中，桑德勒（Sander, 1976）使用了「實踐化」一詞（p. 45）來描述病人試圖將心理內部的客體關係強加給分析師的行為。桑德勒提出了一個很有價值的觀點：移情並不只是對分析師的誤解，分析師並不是一個空白的螢幕。相反地，移情不僅涉及感知，還涉及活動。病人積極地試圖讓分析師扮演一個特定的角

色；移情是通過分析師的「角色反應」來實現的（p. 45）。桑德勒反覆強調，病人在他們和分析師之間積極致力於「挑釁」、「催促」、「操縱」並「強加一種互動行為和相互關係」，以及他們傾向於潛意識地掃描和適應分析師對這種挑釁的反應（p. 44）。這位受人尊敬的古典派分析師的這一重要貢獻意味著分析師是參與者而不是中立的觀察者。在 1991 年的專題研討中，桑德勒拒絕將分析師作為一面鏡子或空白螢幕。他提出，在參與分析的雙方之間不可避免地存在著互動。桑德勒認為有必要在單人和雙人心理學之間擺盪。

我們看看還有誰受邀在專題研討上發言，就可以看出精神分析界的情況正在發生多麼大的變化。1991 年的專題研討中包含了傑·葛林伯格（Jay Greenberg）的論文，1992 年專題研討中包含了列文森的論文。值得注意的是，古典的美國精神分析協會納入了來自人際和關係派作者的論文。事實上，在 1992 年的專題研討結束時，歐文·雷尼克（Owen Renik）在研討會上發表了一篇論文。他評論說，當他在聽列文森的演講時，他發覺自己在思考對方的演講中有多少內容是他贊同的，他認為列文森在過去二十年裡一直在說同樣的話。雷尼克呼籲古典派分析師們放棄他們狹隘的眼界。雷尼克（1993a, b, 1995）隨後發表的論文更直接地承認了人際派的貢獻，而且作為《精神分析季刊》（*Psychoanalysis Quarterly*）的編輯，他已經開始納入關係和人際派的貢獻。

共演：佛洛伊德派互動主義者和人際派的傳統

　　西奧多·雅各（Theodore Jocobs）可能是對主流精神分析界引入和接受「共演」（活現）一詞最有貢獻的分析師。在雅各（1986）開創性的文章之後，共演這一技術性術語成為對佛洛伊德派臨床理論進行重新概念化的核心概念。現在，許多古典派分析師在專門討論這個問題的論文中都使用「共演」一詞。1988 年美國精神分析協會的一個專題研討會討論了這一主題（Johan, 1992）。而雅各（1991）的著作也自始至終都在處理這一問題。共演一詞是什麼意思？它對精神分析有什麼新的或不同的貢獻？為什麼精神分析會採用這個涉及互動各方面的術語，而之前卻從未承認需要這類術語？

　　當佛洛伊德（1914）第一次談到「付諸行動」時，在他腦中移情本身就是一種付諸行動，是與分析師有關的重複，而不是一種回憶行為（Freud, 1914）。之後，分析師們開始認為「付諸行動」是與移情相對立的。付諸行動發生在分析之外，與其他客體有關，並且是和移情中與分析師有關的重複相對立的。另一種情況是，付諸行動發生在分析師身上或與分析師有關，但其目的是反對交流並破壞分析任務（Etchegoyen, 1991）。因此，為了處理分析師的行為中所具有的潛在的建設性作用，需要採用另一個術語。

　　「演繹」（Acting in）這個術語是由澤利格斯（Zeligs, 1957）創造的，指的是病人在分析情境中表現出來的姿勢態度。然而，「演繹」一詞從未被分析師廣泛採用。雖然它指的

是發生在分析中而不是分析外的身體動作、姿勢和非語言活動。然而，使用「演繹」一詞似乎並沒有獲得令人信服的後設心理學或臨床上的區別。「付諸行動」和「演繹」指的都是病人的行為，而不是發生在病人和分析師之間的互動過程。

雅各（1986, 1991）使用「共演」這一術語，是為了描述病人和分析師在口頭和非口頭上相互作用的方式。借鑒布斯基（1982）的早期工作，雅各指出，「共演」和「付諸行動」這兩個術語的一個區別是，「共演」指的是微妙的人際活動，而不僅僅是粗暴或衝動的行為。另一個區別是，「共演」也可以指涉那些在進行技術上正確的分析功能的過程中發生的活動。例如，「共演」可能不是通過分析師的任何行動發生的，而是在做出分析性詮釋的過程中發生的。

通過關注非語言材料，以及他自己在分析過程中的身體和情緒反應，雅各（1991）試圖深入細緻地探索病人和分析師之間有意識和潛意識交流的性質。雅各闡明了精神分析過程的互動性觀點。他承認病人和分析師對移情的相互貢獻，認為病人和分析師之間的潛意識交流和人際影響不斷地在兩個方向運作。雅各認為，病人和分析師都會潛意識地「共演」某些微妙的移情和反移情互動關係。對雅各來說，這種互動是雙向的；它們是由病人和分析師共同發起的。雅各說，「相互作用」（interplay）和「相互交織」（interweaving）是分析過程的重要方面，但卻常常被忽視（p. 32）。因此，舊的術語「付諸行動」和新的術語「共演」之間的一個關鍵性區別在於「付諸行動」是單人心理學背景下的概念。病人付諸行動，或者在更少的情況下，分析師付諸行動；甚至有的時候，他們彼

此都付諸行動。儘管如此，付諸行動在根本上還是被看作是一種個人的活動。與此相反，在雅各的著作中，共演是在雙人互動的心理學背景下進行的：即，共演需要相互參與。

麥考林（McLaughlin, 1981）是佛洛伊德派互動主義者中最有發言權的。他已證明的是，古典派傳統認為病人的貢獻有一個幼稚的源起，並強調分析師的成熟智慧和科學客觀。透過宣稱病人並不是諮商室中唯一具有心理現實、幼稚的願望和移情的人，麥考林試圖說明精神分析情境中的相互性，並使分析理論遠離和超越把分析師作為一個疏離和客觀的科學家－觀察者的視野。麥考林有說服力地論證了一種日益凸顯出相互性的分析觀點，「它將病人和分析師的心理現實置於一種模糊和相對的對立之中，與後者早期聲稱的安全和優越的現實觀相去甚遠。」（p. 658）

麥考林試圖澄清「共演」一詞的含義和重要性。他一開始給出的是一個非常寬泛的定義，認為共演包括了病人和分析師之間所有類型的互動，特別是在病人交流中呈現出的非語言姿態和心態。由於這個定義太寬泛，囊括了病人和分析師的所有行為，於是麥考林縮小了定義。狹義的定義指的是那些發生在病人和分析師之間的事件，其中的每個人都能體驗到對方行為的後果。他這一互動性的觀點意味著，對參與雙方的人際行為進行仔細考查將能更好地理解病人內部的心理衝突，以及更清晰地理解分析關係中那些已被實踐的客體關係。

透過使用共演這一概念，麥考林證明了分析過程持續具有人際和互動的性質。共演、互動、重演、實踐化、付諸行動和演繹，這些詞都有活動和參與的含義。病人的話語和聯想不再

被看作是為了傳達意義的簡單交流。麥考林認為，病人的話語本身就帶有情感訴求和脅迫；語言本身就是行動或是對行動的激發。因此，雖然共演可能是非語言的，但它也不必局限於此，對病人和分析師而言，語言本身就是共演。

麥考林在歷史上和詞源上對共演這個詞的追溯，使他把該詞理解為一種旨在互動領域中影響、說服或強迫他人的行動。麥考林堅持認為，「共演」一詞意味著分析情境中雙人模式的相互影響。麥考林認為，付諸行動、投射性認同和反移情等術語只反映了分析師的單邊視角，以及分析師從一個假定客觀和不參與的位置來決定意義；與此不同，共演一詞表示的是「試圖相互影響和勸說的共同過程」（p. 605）。此外，麥考林並不把共演理解為偶爾的失誤或不連續的現象；相反地，廣義的共演包含在病人和分析師的所有行為中。

雅各和麥考林的觀點比他們的同事要基進得多，因為兩位理論家都從相互參與和雙向影響的角度對共演進行了概念化。出於這些原因，我把他們放在佛洛伊德派互動主義者中更基進的那一端。作為對比，讓我們看一下丘斯特（Chused, 1991）更為保守的觀點。丘斯特把共演定義為「一種非言語的交流（通常被掩蓋在言語中），如此巧妙地被呈現，並與接收者相契合，導致對方在無意中做出反應，而這種反應**被病人體**驗為對移情感知的**實踐化**，即對其幻想的**實現**」（p. 638，粗體字外加）。請注意，這個定義想當然地認為，共演的接收者是分析師，而溝通是由病人發起的。共演的這一定義假定了一種單向的影響，這與雅各和麥考林支持共演具有雙向影響的觀點形成了鮮明對比。丘斯特延續了同樣的思路。她認為，在整

個分析過程中，病人透過參與符號化的行動，在分析師身上產生相應的行動衝動。但這一概念化的觀點掩蓋了這樣的認識，即分析師也參與了符號化的行動，也在他們的病人身上產生相應的行動衝動。

丘斯特支援的理想化狀態是，分析師控制他們的衝動，對其進行檢驗，並使用所獲得的資訊來豐富他們的詮釋工作。然而，她也認識到保持這種理想化可能導致的麻煩：她指出，當行動被禁止時，往往對衝動的體驗也會感到被禁止了。因此，丘斯特鼓勵分析師具有一定程度的自發性。丘斯特很清楚，她不認為分析師應該「懺悔」他們在共演中的參與。（如果這些行為沒有被貶低，沒有被視為失誤或分析師的錯誤，那為什麼要使用懺悔這個詞呢？事實上，在其他地方，她將這些行為稱為「分析師的錯誤」〔Chused and Raphling, 1992, p. 89〕）。丘斯特建議說，當病人向分析師指出他或她意識到分析師參與到共演中，那麼分析師就不應該否認它，或透過將觀察詮釋為移情反應來掩蓋它。相反，丘斯特認為，分析師應該接受這種觀察，並探索其影響和後果。

在我看來，丘斯特對於分析師以不帶自我揭露的方式來處理共演的描述過於簡單了，因為她一開始就假設病人會直接告訴分析師，他或她已經觀察到分析師的參與。當這種情況發生時，分析師當然能夠相對容易地接受這種觀察而不作進一步評論。可是，如果分析師懷疑病人注意到了什麼，但對方又沒有對其進行評論，或者只是透過聯想的掩飾進行關聯呢？在這種情況下，分析師如何向病人解釋，或至少不帶隱含地承認這個觀察是可信的？這也許是可能的，但它也會變得更加難以對

付，而且在許多情況下，對於許多分析師來說，這給人的感覺是不真誠的。

沙夫（schafer, 1992）也使用共演的概念。不過，與雅各和麥考林不同，沙夫沒有採用把共演作為雙人互動現象的觀點，而認為進行共演的是病人。在當代佛洛伊德取向重新審視阻抗的觀點時，沙夫建議分析師不應對阻抗的觀點給予任何重視。相反地，他建議分析師從病人的移情和防禦的角度來思考，把對反移情的持續分析作為分析過程的核心。他還建議我們不要把病人的某些行為看作是阻抗，而是從共演的角度來思考。對共演的關注打破了精神分析作為純粹「談話療法」的穩定地位，而將更多的注意力放在行動和互動上。沙夫認為共演這個概念可以把分析師和被分析者從語言的暴政中解放出來，具體而言，從言語作為內容傳送者的有限作用中解放出來。此外，沙夫指出，「共演」一詞並不像「付諸行動」和「阻抗」這些術語那樣具有貶義的內涵。對沙夫來說，共演是潛意識的交流，其傳達的是在分析師對分析關係中雙方行為的有意識和潛意識體驗中佔據主導地位的幻想。對他來說，共演是病人體驗的表達。共演不被視為來自病人和分析師的相互影響，也不被視為病人和分析師之間的雙向交流，而被視為從病人到分析師的單向活動。

在我們討論過的所有佛洛伊德派互動主義者中，歐文・雷尼克近年來採取了最為基進的立場，這種立場在許多方面可以被描述為是人際性的。[4] 在我回到有關佛洛伊德派和人際派傳統

4　人們可能會提出一個合理的問題，為什麼我選擇將雷尼克作為

之間的關係問題之前，我先簡單考察下雷尼克最近的貢獻。雷尼克（1993a, b）認為，即使是最微妙的反移情行為，如輕微的運動性緊張或分析師的其他「微小動作」，也常常會對病人產生影響。雷尼克的結論是，反移情的共演先於反移情的意識。就像我們期望病人在意識到他們的行為和動機的意義之前就表現出他們的移情一樣，我們也應期望分析師在意識到他們的意義和動機之前就共演出反移情。在雷尼克看來，關於反移情的意識總是在共演之後出現的。對於雷尼克來說，這一觀點的臨床意義在於鼓勵一種為分析師的自發性留下更多空間的技術。分析師對該理論觀點的接受將導致一種臨床氛圍，使分析師期望自己會「共演」，會「表現出他們的反移情」，並對他們的參與進行分析，而不是試圖消除他們的參與。正如霍夫曼、米契爾、葛林伯格、我以及其他關係派分析師認為分析師不可避免地要使用並溝通自己的主觀性一樣，雷尼克得出的結論是，分析師的主體性是不可缺少的。

雷尼克對分析匿名性原則持批評態度，認為分析師之所以認可這一戒律，主要是因為它保護了他們自己，這有助於維持他們的理想化和權威。雷尼克採取基進的立場，認為我們不應該僅僅拋棄分析匿名性原則，我們還應該積極地與之相抵

佛洛伊德主義者。我們是否必須接受一個理論家的自我描述，還是說我們必須說明其他標準？在這裡，我把雷尼克指定為佛洛伊德派互動主義者，因為他長期隸屬於美國精神分析協會和《精神分析季刊》，並且他的著作直到最近之前都是相當古典派的。我承認以這種方式對理論家進行分類是非常武斷的，但我相信就教學目的而言有時是有用的。

觸。取而代之的是，他提出了一種自我揭露和真實坦率的道德規範。（下一章會更多介紹關於他對自我揭露的爭議性觀點。）雷尼克（1995）已經成為精神分析機構中的主要代表人物，他引用人際和關係派的貢獻作為對他自己思想的直接影響來源。最後一個明確這樣做的佛洛伊德派分析師是莫頓・吉爾（Merton Gill），他因此遭遇了巨大的批評甚至是敵意。

在描述了各種各樣的佛洛伊德派互動主義者的貢獻之後，並且看到主流精神分析已經越來越朝著承認互動的方向發展，我們可能會問，這些理論家的工作與當代關係和人際派分析師的工作有什麼不同。然而，在轉向這個理論問題之前，我首先必須解決一個似乎不太重要的、主要是政治性的問題。首先，我們必須問，為什麼除了極少數的例外（雷尼克是值得注意的），這些佛洛伊德派互動主義者中沒有一個人引用了人際派的文獻，或者根本不承認人際取向對他們的思想產生了重要的影響！唯一被佛洛伊德派分析師們普遍提及的「人際主義者」，是莫頓・吉爾。雖然吉爾被佛洛伊德派學者引用，雖然吉爾（Gill, 1983b）確實在其職業生涯後期採用了人際視角，但他並不是真正的人際傳統的代表。在人際派期刊上具有代表性的，且被認定為該取向的作者所代表的人際派的參考文獻在哪裡？我們必須先處理好這個政治問題，然後再轉向對這些理論家的異同進行考察。由於沒有引用人際派學者的文章，使得比較和對比這些佛洛伊德派學者們各自的傳統變得更為困難。

漢斯・羅華德是最早在佛洛伊德傳統中工作的分析師之一，他強調分析師在互動領域中的參與是不可避免的。他是當代佛洛伊德派互動主義者中的先驅，正如在更廣泛的意義

上，他被德魯克（1989）視為「佛洛伊德左派」的典範。羅華德（1970）寫道，分析師是一個場域中的參與者。像幾乎所有跟隨他的佛洛伊德派互動主義者一樣，羅華德覺得有必要將他的立場與人際主義者的立場區分開來。羅華德小心翼翼地提醒道：

這樣的理論表述並沒有摒棄心理內部結構和衝突（例如蘇利文的人際關係理論中所固有的傾向），它是基於從個體心理的組成部分對個體心理進行重建，並考慮到形成個體心理結構及其內部衝突的組織化趨勢（p. 293）。

　　但我肯定要質疑的是，人際理論（即使是蘇利文的最初觀點）是否真的不會考慮到「形成個人心理結構及其內部衝突的組織化趨勢」，或者蘇利文的理論是否恰恰是在人際體驗的基礎上試圖解釋這些組織化趨勢。蘇利文會反對過於具體化的心理「結構」概念，而且他確實會反對「衝突」一詞，如果這個詞狹義地指的是驅力和防禦之間的衝突，因為他確實承認人們之間是存在衝突的。但是，羅華德對驅力的概念做了很大的修改，將其視為基本的「關係現象」，即使是這一表述也不能將他與人際主義區分開來。

　　波蘭德（Poland, cited in Jacobs, 1991）承認，對於抵制這種典範轉變的古典派分析師來說，從單人觀點轉向雙人觀點的進展很緩慢。他寫道：「對『人際』的全新關注的抵制不僅來自於不屈不撓的保守主義，而且來自於一種有效的看法，即『人際』常被用來作為一種複雜的防禦，以抵制對主動的潛意

識力量的信任。」（p. xii）波蘭德的主張是，古典派分析師之所以需要將自己與人際主義者分開，是因為儘管人際主義者可能在承認分析師是互動的參與者方面做出了寶貴的貢獻，但他們還是利用這些見解來「遮罩潛意識的力量」（p. xii）。波蘭德聲稱，當代關於分析過程的觀點不再認為分析師是從一個疏離的、非個人化的距離來研究病人的思想，就像在一個試管裡一樣。他說，分析也不被看作「僅僅是一個雙人小團體治療的私人化的動力，其中互動總是相對更為表面的」（p. xiii）。這是波蘭德關於他如何看待人際工作方式的唯一暗示。

吉爾（Gill, 1994）觀察到，古典派分析師對人際視角的否定往往是基於這樣一個錯誤的想法：人際派和關係派最關心的是對「外部」人際關係的研究，即社會學意義上的關係而不是精神分析意義上的關係。然而，吉爾認為，對他們貢獻的研究表明，人際和關係派分析師不僅在社會學意義上理解人際關係（因為他們會從外部觀察者的角度來看），而且也特別把人際關係作為參與者心理現實中的體驗。值得注意的是，在將自己與人際學派區分開來時，波蘭德、麥考林或雅各都沒有提到任何具體的人際主義者。我相信，這種學術上的遺漏進一步掩蓋了這些方法之間任何的相似或不同之處。此外，這讓我懷疑這些佛洛伊德派學者對人際傳統的熟悉程度，以及他們是否仍然禁止在佛洛伊德派的著作中引用各種人際派學者的名字。當然，正如我在前面提到的雷尼克最近的工作，有一些證據表明這種情況正在開始改變。

正如我們所注意到的，麥考林（1981）認為分析師作為一個參與者被捲入一個雙人交流的領域，使得移情－反移情不斷

發生，從而使中立和不參與是不可行。麥考林覺得有必要將他的立場與人際派的觀點分開，就像羅華德之前所做的那樣。麥考林（1981）寫道：「我所指的不是人際心理學這個一直存在的替代方案。」（p. 652）然而，麥考林卻沒有一處繼續說明他的立場與人際派的立場到底有何不同。我只能得出結論，與其說他將自己的觀點與人際派的觀點區分開來，不如說他是在維持政治上的正確，將自己與不被接受的派別脫離開來。

雅各（1991）在解決他關於互動和共演的想法與人際精神分析的觀點之間的關係時，承認人際學派在更早的時候就發展了類似的想法。然而，出於某些原因，古典派分析師在當時還無法採納這些思想。雅各認為，當時古典分析在這個國家還很新，並受到很多方面的圍攻，因此在他看來他們把人際主義者視為對手是可以理解的。雅各認為，人際主義者忽視了潛意識，否認了嬰兒的性慾。此外，他們強調客體的作用而忽視了驅力。從受過古典訓練的精神分析師們的角度來看，人際派的從業者在他們的實踐中似乎忽略了精神分析的本質。雅各（1991）承認，在這種氛圍下，對精神分析中互動元素的讚許和探索就發展得很緩慢。

> 針對人際主義者的對立，以及伴隨著將交流層面的材料視為膚淺的、不值得認真研究的傾向，這減緩了對於分析師在移情發展以及分析過程的特徵方面的貢獻所具有的重要性的認識（p. 221）。

雅各繼續討論了佛洛伊德派分析師是如何逐漸開始越來越

關注人際派的觀點。他認為，英國的客體關係和克萊恩學派在為古典分析的這一發展方面發揮了歷史性的鋪路作用。這些學派既強調了早期客體關係的重要性，也強調了病人和分析師之間的互動。根據我對雅各的解讀，他的觀點是，早期美國的古典派分析師無法從人際學派強調治療的互動維度中獲益，因為他們與該學派的關係過於緊張，並簡單地將對方的貢獻視為非分析性的。但由於他們與作為國際精神分析協會成員的英國分析師之間少有敵對的歷史，因此古典派分析師能夠更容易地吸收他們的一些貢獻。

讓我們來看看雅各（1991）對人際主義的描述。我對他的解讀是，他認為古典學派否定人際主義，認為它不是真正的精神分析。那為什麼它不是精神分析呢？他說，因為人際主義者否定了潛意識。由於關注人際方面，所以他們是膚淺的。但人際主義者是否真的否認了潛意識（雅各反覆聲稱這點卻沒有引用任何一個來源）？並非如此。蘇利文確實反對在一個還原的意義上談論潛意識，就好像它存在於頭腦中的某個地方。不過，蘇利文非常關注那些被迴避的、被選擇性關注的，或被解離的方面。（關於蘇利文對潛意識的立場以及心理內部和人際間關係的詳細討論，見米契爾〔Mitchell, 1988b〕）。當然，任何對當代人際派文獻的閱讀——哪怕是粗略地閱讀一下《當代心理學分析》（*Contemporary Psychoanalysis*）這一領先的人際學派期刊的任何一期——都會使讀者相信人際主義者們對於潛意識過程是感興趣的。雖然關於潛意識過程應該如何被思考和概念化存在著爭論和分歧（關於這個話題的簡練討論，見史騰〔D.B Stern, 1983, 1990〕），但人際派分析師肯定

是在潛意識過程的意義上工作的。

更合理的問題與潛意識的內容有關（見葛林伯格〔Greenberg, 1991〕對這個問題的出色討論）。在認為早期人際主義者否認嬰兒的性欲和驅力方面，雅各（1991）的論點更為堅定。然而，即使如此，這個論點也是不可靠的。蘇利文、佛洛姆和其他早期人際傳統的貢獻者都承認生物驅力。真正的問題在於，精神分析的理論大廈是否要建立在以生物驅力為中心的基礎上。人際主義者不願接受伊底帕斯情結的普遍性，也不願接受性欲的生物性展開對心理發展的核心意義。在這一點上，他們領先於他們所處的時代；當今，大多數分析師依然認為病人的前伊底帕斯和後伊底帕斯問題在心理發展和精神病理學中同樣重要。許多當代的佛洛伊德派現在已相對較少關注性欲期的問題，而較多關注自我功能和缺陷，以及客體關係的變遷。

早期的人際主義者們很明確，他們不接受性欲理論和伊底帕斯情結的中心地位。然而，在他們試圖將自己與佛洛伊德主義者區分開來的過程中，他們可能將嬰兒與洗澡水一起扔掉了，因為他們似乎不僅否定了性欲，而且也弱化了性衝突的臨床重要性。同樣，在反對基於驅力的伊底帕斯的中心地位和普遍性時，人際主義者可能沒有輕視用不那麼帶有還原性的術語來思考伊底帕斯動力的價值。正如我們在第一章和第二章中所看到的，當代關係取向的出現正是為了糾正這些過度的方面。由此，發展後的關係理論已經開始允許增加佛洛伊德派和人際派團體之間的對話。

雅各認為古典派分析師有實質性的理由否定早期人際主義

者的貢獻，對此我相信雅各（1991）的說法有一定道理。然而，應該清楚的是，這些理由也對主要的政治分歧進行了合理的掩蓋。此外，無論過去有何理由來否定人際派的貢獻，這些理由在今天都不再成立。在我看來，鑒於人際派思想的相似性，即使只是在某些方面與佛洛伊德派互動主義者的著作相似，出於對學術研究的尊重，這些佛洛伊德派學者們沒有提及眾多人際派的相關貢獻，這一點是不可辯解的。

在一篇全面的、最令人欽佩的學術性文章中，葛蘭·加巴德（Glen Gabbard, 1995）表明我們對反移情的理解已經成為持有不同理論觀點的精神分析學家們的共同基礎，儘管如此，他仍以一種微妙的方式延續了排斥人際派貢獻的長期傳統。他比較了投射性認同和反移情共演，以及角色反應性（role-responsiveness）這幾個關鍵的概念，以表明我們已經把反移情看作是一種相互的構建。他總結說，反移情是一種共同的創造，同時包含了分析師和被分析者的貢獻，這一觀念現在得到了古典派分析師、現代克萊恩學派、關係派理論家和社會建構主義者的認可。但是，令這份涵蓋的清單如此引人注目的是人際主義者的缺席，尤其對於這個話題的討論。半個多世紀以來，該話題一直是人際主義者關注的核心。我讚賞加巴德將米契爾、赫希、吉爾、霍夫曼、坦西和我等關係主義和建構主義者納入其中。但他為什麼沒有提及參與式觀察這樣一個重要的概念？為什麼沒有提及列文森、沃斯坦、艾倫伯格、史騰以及其他許多人際主義者，他們幾十年來一直在處理這個話題？也沒有提及佛洛姆、蘇利文、佛洛姆－瑞奇曼和湯普森這些歷史人物，更沒有提及辛格和陶伯納這些第二代人際主義

者，他們都關注了反移情和分析師參與的問題。

隨著互動、共演和實踐化這些術語被接受甚至被讚揚，佛洛伊德派經歷了一場概念和技術的革命。他們已經從心理內部轉向人際：這並不是說他們放棄了心理內部的部分，而是以不同的方式理解它。從這個當代的角度來看——這確實是蘇利文的觀點（Mitchell, 1988b; Ghent, 1992a）——與其將人際和心理內部進行對比，不如把心理內部視為人際的更為合理。在語言、聯想和意義方面，佛洛伊德派互動主義者已經轉向病人和分析師的活動，以及微妙的互動行為。言語和行為之間的鮮明區別受到了挑戰。他們已經從病人的心靈轉向病人－分析師雙人互動，並把移情－反移情領域作為行為場景進行分析性研究。對這些理論家中的許多人來說，現在心靈本身被看作天然具有關係性和人際性。可見，精神分析已經走向人際性了！然而，這個轉變並沒有承認和囊括所有的精神分析歷史。

▎投射性認同和互動性概念

佛洛伊德派對「共演」一詞的積極接受，在某些方面與後克萊恩派和關係派對投射性認同一詞的接受方式相似。克萊恩（Klein, 1946）最初創造投射性認同這個詞來描述一種心理內部的幻想，使嬰兒（或病人）內部的一些內容被放入到母親（或分析師）身上。投射性認同指的是嬰兒（或病人）心理的幻想，因此這個詞描述的是關於互動的心理內部幻想，是一種單人心理學的表述。

無論分析師在多大程度上受病人行為的影響，克萊恩都

認為這反映了反移情，這裡的反移情指的是該詞的狹義（和貶義的）內涵（Spillius, 1992）。克萊恩和她的親密合作者保拉・海曼（Paula Heimann）陷入嚴重的人際衝突，因為海曼（1950）希望把反移情的概念擴展到包括分析師對病人的所有情緒反應。克萊恩擔心這樣使用這個概念，會導致分析師將自己的困難歸咎於病人。雖然對克萊恩來說，投射性認同在嚴格意義上是一種幻想，但對當今的英國克萊恩主義者來說，他們普遍認為病人的行為會引起分析師的感受，而這些感受是病人自己無法控制的。如果病人找不到任何其他方式來傳達這種感覺，那麼一種選擇就是以投射性認同的方式行事，從而激起分析師的感覺。

斯皮琉斯（Spillius, 1992）追溯了這個概念的歷史，它在比昂（Bion）、羅森菲爾德（Rosenfeld）、摩尼－凱爾（Money-Kyrel）和約瑟夫（Joseph）的工作中得到了發展。特別是比昂對投射性認同的概念影響最大，把它變成了一個互動性的結構。比昂（1959）認為，分析師實際上會感到被病人操縱著，這在病人的幻想中扮演一個角色。對比昂來說，投射性認同的幻想伴隨著潛意識的努力，脅迫分析師扮演一個角色。而約瑟夫（1989）認為，病人「慫恿」他們的分析師，潛意識地推拉他們，使分析師採取與他們的投射相對應的立場。她進一步提出，為了意識到病人投射的性質，分析師有必要以一種弱化的方式對這些壓力做出反應。約瑟夫相信，分析師應該允許自己在這些弱化的感覺被粗暴地表現出來之前意識到它們，但她承認，在某種程度上這些行動是可能發生的。這個想法與雷尼克（1993a）的建議非常相似，即分析師在意識到反移情之

前，必然不可避免地對其採取行動。然而，不同的是，約瑟夫堅持不對這些感覺採取行動，或只以非常微弱的方式採取行動；而雷尼克認為，持有這種想法會阻礙分析師的反應能力。

湯瑪斯・奧格登（Thomas Ogden, 1979）作為一位後克萊恩分析師，他對於投射性認同的概念在美國被接受作出了貢獻。對奧格登來說，投射性認同指的是在幻想中擺脫自我不想要的部分，並伴隨這些幻想在客體關係中的共演。此外，它還指的是，將自我的這些方面存放在另一個人身上。最後，它還包括了以修正的形式恢復自我的這些部分。在這一思路的基礎上，坦西和伯克（Tansey and Burke, 1989）將共情和投射性認同看作是根本性的相互和互動過程。

加巴德（1995）把克萊恩關於投射性認同的著作與佛洛伊德派關於互動、共演、角色反應和實踐化的著作聯繫起來，在這方面做了很好的工作。他的結論是，現在有一個廣泛的共識，即投射性認同不是一種有關精神內容的神祕交流，而是一個互動的過程，它依賴於一個人對另一個人施加人際壓力。賽明頓（Symington, 1990）把這個過程說成是病人透過欺負分析師，讓他思考病人的想法。加巴德認為，這種人際壓力的接收者不會被打動，除非投射與他或她自己的某些心理因素有關。因此，他認為投射性認同需要在接收投射的人身上有一個「鉤子」（p.477），使它能夠被掛上去。從這個角度來看，就像比昂所描述的那樣，即使分析師覺得他或她被操縱著去感受一些不屬於自己的東西，實際上發生的是分析師自我中被壓抑或不相關的一面被病人施加的人際壓力所啟動。這導致分析師感到他不完全是他自己。

多年來，出於某些原因，人際主義者對投射性認同的概念頗有微詞。首先，它似乎是對發生在人與人之間事情的描述。然而，人際主義者認為，由於把這個過程歸結為個體頭腦中的內部幻想，投射性認同的概念混淆了行為和互動的成分，而這些成分對詮釋這個現象是最有用的。就像克萊恩所擔心的那樣，如果分析師開始感到無望，分析師很容易把這種無望通過歸咎於投射性認同的方式責怪病人：是病人把他的無望放到我身上的！這樣做是很容易的。因此，人際主義者對研究兩個人之間的相互作用更感興趣。病人做了什麼、以什麼樣的方式行事，才導致我感到無望？此外，我身上的哪些方面使我對病人所做的任何事情作出反應？作為一個人，我在哪些方面容易受到無望感的影響？這到底是誰的無望——是我的還是病人的？我所感受到的是病人母親的無望嗎？還是我母親的？

人際派對投射性認同概念的標準回應是，它維持了分析師作為空白螢幕的形象，而現在，透過使用比昂的函容者（container）和被函容（contained）的比喻，人際主義者認為克萊恩派正在鼓勵分析師作為一個空的容器的形象（Hoffmann, 1983; Levenson, 1983; Hirsch, 1987）。然而，我相信，隨著克萊恩派在使用這一概念方面獲得的經驗，他們也注意到了這些顧慮，從而越來越多地把投射性認同概念應用於兩個人之間的互動。克萊恩派已經開始強烈關注參與者之間的實際互動，特別是將詮釋作為互動來體驗的方式（Joseph, 1989）。

在我看來，互動、共演和投射性認同這三個術語的理論目的非常相似。雖然這些術語並不等同，但每個術語都定義了某

個調查的領域，在精神分析理論的某個空間中允許分析師考慮病人和分析師的互動行為。投射性認同之所以成為一個重要的、流行的臨床概念，正是因為它填補了精神分析理論中的一個空白：它允許分析師透過將互動偽裝成幻想來關注互動。投射性認同在心理內部和人際之間起到橋樑的作用（Ogden, 1979），但它是透過掩蓋這種轉變確實發生的方式起到該作用的。米契爾（1995）將這一概念的轉變描述為「投射性認同概念的人際化」（p.79）。米契爾的這句話可以正確地適用於許多當今的精神分析概念，以至於談論精神分析的人際化是正當的。

我對共演和投射性認同這兩個術語有很大的保留。由於它們將分析過程的某個方面孤立出來，並將其標記為互動的，因此它們可能無意中掩蓋了分析過程中其他方面的互動性。換句話說，人們可能承認分析過程的某些方面是共演或投射性認同，從而把這些現象識別為互動的；但是透過將這些孤立的過程標記為共演，這就使人們允許將其他方面視為不是共演的，從而不被看作是互動的。共演和投射性認同這兩個術語的積極貢獻在於，它們在某些時刻將精神分析師引向互動的層面；但這一優勢同時也是它的主要缺點，因為它可能在很大程度上阻礙了將整個精神分析過程的其他方面看作是互動的。

基本上，我認為目前對共演和投射性認同這兩個概念的使用只是一種修辭策略，它允許在正統的（佛洛伊德派和克萊恩派）精神分析理論中承認互動的元素。談論共演意味著這些「事件」時不時發生著，甚至可能有一些頻率，但它否認了病人和分析師總是在共演的，否認了分析從開始到結束都是互動

性的。就像接受反移情的無處不在始於承認反移情只在某些時刻是不可避免的，特別只存在於那些非常不安的病人或只存在於嚴重的僵局中；我們也開始承認病人和分析師的互動或共演是偶爾的，同樣特別只存在於那些非常不安的病人或只存在於慢性的僵局中。

投射性認同這個概念讓我們再次回到了對言語和行為的區分上。使用這個術語的分析師區分了那些可能比其他人更為本能的病人，只有他們才使用投射性認同，因為他們在心理和情感上不夠成熟，無法採取更成熟的形式，即無法透過語言來交流這些特殊的感受。由於他們沒有能力進行符號化，所以他們求助於行動上的微妙形式。語言比行動更有特權，被視為是比行動更成熟和健康的。但是，當我們越來越關注投射性認同，當我們能夠更好地識別投射性認同的使用，當我們能識別其更微妙的形式，我們就會意識到，投射性認同的存在得比我們想像的更廣泛。就像我們逐漸將反移情與移情聯繫在一起，並認為兩者同樣恆定和普遍，我們需要將共演看作一個持續的過程，而不是一個離散的事件。同樣，投射性認同也是如此。

我們一開始把共演描述為一個相當不常見的事件，它只發生在需要使用原始交流形式的那些非常不安的病人身上。不久，我們意識到健康的病人也使用這種機制，後來我們意識到分析師也使用這種機制。現在我們可能開始懷疑語言是否只用於交流，而不是作為一種行動形式。然後我們意識到，如果病人的聯想是一種行動，那麼我們的詮釋也是如此。於是，語言和行為之間的區別就被打破了。這並不是說語言和行為之間沒

有任何有意義的區別；畢竟，僅僅因為它們沒有明顯的區別並不意味著它們之間沒有區別。有些話語可能比其他言語更像行動，而有些行動可能比其他行動更具有交流性。然而，分析師必須認識到，在精神分析過程中，這兩個層面都會不斷出現。沒有人只用語言來交流；也沒有人只透過語言來交流。

在我看來，互動這個詞傳達了這種連續性和過程性的感覺，而共演這個詞則太容易被理解為是一個離散的事件（also Smith, 1993）。史密斯（Smith）聲稱，他無法想像一種完全沒有共演的交流。同樣地，布斯基（Boesky）指出，「要說什麼不是共演是有些困難的。」（cited in Smith, 1993, p.96）不幸的是，儘管史密斯以令人信服的雄辯方式把共演的普遍性作為移情的一種互動成分，但他和我們考查過的所有其他古典派分析師一樣，既沒有提到人際理論，也沒有引用任何長期宣導類似觀點的眾多人際派的作者。

▌方法的比較

我們現在可以詢問，包括佛洛伊德派互動主義者和後克萊恩主義者在內的當代主流分析師，他們與當代的關係和人際派分析師有什麼相似或不同之處。相似之處有許多，也有一些微妙的區別。首先，就相似之處而言，我同意加巴德（1995）的觀點，所有派別的精神分析師都越來越承認反移情是由病人和分析師共同創造的。我更願意說，病人和分析師相互構建他們的關係，相互調節他們的互動以及他們對互動的體驗。精神分析師們已經開始注意到病人和分析師之間的微妙互動。所有派

別的精神分析師都開始承認，即便是最純粹的詮釋也是基於他們自己的主體性，並表達了有關他們自己的某些方面。簡而言之，我們正在見證精神分析的人際化（interpersonalization）。

我相信，關係派分析師們作為一個群體，比其他分析師更有可能主張分析師具有高度的表達自由和自發性。他們傾向於給自己更多的自由度，以感覺到的個人化的表達方式進行回應。如果被認為具有變革性的不僅是洞察，還有新的參與形式；如果關係與詮釋一起被賦予特權；如果最重要的是病人與分析師的真實反應相遇；如果詮釋最重要的方面在於它表達了關於分析師主體性的一些基本方面，那麼為什麼我們要把介入只局限於正式的詮釋？

雖然洞察和詮釋（語言符號化）對關係派分析師來說仍然是有價值的，但它們並沒有保留它們對於古典的佛洛伊德和克萊恩派而言的中心地位。互動本身被看作是可能導致分析變化的因素。我們一般不知道是什麼幫助人們變得更好；但是，當被問及這個問題時，那些看起來在分析上獲得相對成功的人常常回答，有益的是那些非詮釋性的因素。關係派分析師一般認為，最重要的是病人有一個植根於新關係中的新的經驗。舊的模式不可避免會被重複，但是，我們希望病人和分析師能夠找到超越這些重複的方法，透過釋放他們的關係來構建新的相處方式。這就是關鍵所在，也是最終導致改變的要素。有時，詮釋和洞察可能是推動關係發展的最佳方式；有時，改變我們更直接的互動方式可能會達到同樣的效果。關係派分析師比傳統的理論家更有可能把產生的直接變化歸功於互動。對所有的分析師來說，最理想的情況是，洞察和新的人際參與形式兩者結

合協同產生變化。[5]

　　一個更有力的觀點是，在精神分析的背景下，詮釋和由語言實現洞察都是關係性的體驗，而互動本身也具有詮釋性，也就是說，它傳達了意義。正如米契爾（1988a, p. 295）所說，或者正如吉爾（1993）所建議的，我一再強調，詮釋是「複雜的關係事件」。波羅特（Protter, 1985）指出，每一個互動也是一個詮釋。奧格登（1994）指出，分析師經常透過非語言行為向病人表達他們的理解，他把這稱為「詮釋性的行為」（p. 108）。我在這裡想說的是，（語言的）洞察和（互動的）體驗的二分法需要被解構，而在傳統精神分析中前者比後者更受重視。洞察是一種體驗，而體驗同時也是一種洞察（Gill, 1993）。這並不是說它們是兩個共同產生作用的獨立事件；相反地，它們始終是同一現象的兩個方面。

　　不可避免地，由於我們都只不過是人類而非其他（Sullivan, 1953），分析師會有一些與原始客體相似的特徵，同時也會有一些不同的特徵，至少是強度上的不同。理想的情況下，這些特質會讓病人沿著他們童年重要他人的路線來組織他們對分析師的體驗（重複）；但也能夠使病人將分析師視為獨特的、全新的，不完全像他們的父母（新的體驗）。與古典模式不同的是，關係派模式承認分析師在某些方面確實會像之前的客體，而病人對這些相似性的感知不會被視為需要由分析師的權威來糾正的扭曲。在這個模式中，共演和重現是關鍵的

5　關於不通過語言詮釋而帶來的症狀緩解的說明，以及各種具有關係意識的分析家對這種現象的討論，見 Eagle, 1993。

治療事件，構成了治療的本質。戴維斯和弗勞利（Davis and Frawley, 1994）對童年性虐待的成年倖存者的精神分析治療的描述主要基於這種概念化的方式，將共演的功能作為一種手段，在行動中潛意識地表達自我和客體表徵的分離。從這個角度來看，中立性指的是「臨床醫生保持這種重現的流動性和不斷變化的能力」（p. 3），而不是讓自己陷入任何單一關係模式的頑固重現中。詮釋是使互動的流動不至於停滯不前的一個工具，而共演本身也可以達到治療的目的。

霍夫曼（1992b）指出，看起來是舊事物的一部分（重複）可能會變成新事物的一部分，而看起來像新事物（新經驗）的東西可能會變成對舊事物的重複。即便當分析師與病人一起重現了舊的客體關係的某個方面時，這種重複也不可能完全等同於舊的體驗；相反，它可能只是與之相類似而已。同樣地，當分析師作為一個新的客體，甚至為病人提供了一個「糾正性的情緒體驗」時，分析師也不可能完全與舊的客體不同；相反地，分析師可能只是提供了一個相對健康的舊體驗的變體。[6]

6　霍夫曼（1995）批評葛林伯格（1991）建議分析師通過維持作為舊客體和作為新客體之間的張力來保持中立的立場。他認為這個建議是一種「技術理性」的形式，並認為葛林伯格想當然地認為分析師可以事先知道病人會把什麼當作舊的或新的客體體驗。我個人對於葛林伯格的閱讀從來沒有給我這樣的印象，我不覺得他在表達分析師可以事先肯定地預測病人的反應，而是像霍夫曼一樣，葛林伯格試圖表達的是分析師需要在過於像原始客體與過於不同之間保持某種平衡。

相互共演和相互參與

　　許多佛洛伊德派互動主義者繼續認為，反移情可以與分析師的其他主體性區分開來。他們繼續認為，一個經過良好分析和訓練的分析師對反移情的監控可以消除這種干擾源，使分析師的行為保持在正軌上。同樣地，當代克萊恩主義者也建議，分析師應該能夠區分來自投射性認同的感受和屬於他們自己的心理內容。我相信，這種期望是佛洛伊德派和克萊恩派這一方與人際派和關係派這一方之間最重要的區別。從關係－視角主義的立場來看，我們沒有辦法在分析中分清哪些內容屬於病人，哪些屬於分析師。換言之，因為互動是相互的和持續的，所以我們永遠不可能分清是誰發起了特定的互動序列。傳統的分析師認為，在經過充分的分析和訓練後，他們應該能夠以相當程度的自主性和無衝突的自我功能來運作。他們假設所具有的「客觀性」程度要高於關係派分析師願意給予的程度。分析師的每一次詮釋，以及每一次介入，都揭示了分析師的主體性，並且病人不斷地觀察我們與他們一起參與的性質；他們經常注意到我們參與的各個方面，有些是我們自己都未注意到的。如果我們贊同相互共演和相互參與是不可避免的，那麼我們必須認真關注病人對於我們參與的看法。

　　由於關係派分析師認為互動和共演是不可避免的、持續的和有用的；因此他們允許自己在自由和自發的反應方面有一些迴旋的餘地；也由於他們假設病人注意到他們的參與並根據他們的觀察做出推斷，因此關係派分析師比其他分析師更有可能與他們的病人談論他們所觀察和推斷的內容。這種參與式觀察

的形式使得關係派分析師比其他分析師更有可能使用有意的自我揭露作為正當的介入手段。

▍臨床案例

下面這個來自戈德斯坦（Goldstein, 1994）的臨床材料可以說明一些關於互動、共演和分析師自發性的問題。戈德斯坦描述了一位三十三歲的女性，她是兩位精神病學家的女兒，在結束了與一位男性分析師長達十年分析的一年後，開始接受她的治療。雖然病人報告說，之前的分析對改善她與男人的關係有幫助，但她繼續遭受與工作和自尊有關的問題。有一天，當她離開戈德斯坦的辦公室（在她的公寓裡）時，她已經開始形成一種理想化的移情。病人承認她在客廳裡看到一架小型平台式鋼琴，並問戈德斯坦是否會彈奏。戈德斯坦輕描淡寫地回答說：「我彈得不是很好。」（p. 423）戈德斯坦報告說，起初她擔心她「自謙」的回答會干擾正在發展的理想化移情。

自體心理學認為，反移情的一種常見形式是對自戀移情的強烈理想化感到不舒服。採用自體心理學方法的戈德斯坦很快想到，她可能是透過放低自己來回應這種反移情的不適，從而為理想化設置了限制。據她的推測，病人可能會對她拒絕扮演移情中的理想化客體的角色表示異議。

然而，她的病人並沒有像她預測的那樣做出反應。相反地，她讓戈德斯坦知道，她非常欣賞分析師的誠實和謙遜。

雖然我確信你彈得比你說的要好，但你這麼說讓我感覺很

好，你沒有覺得你必須把所有事情做到完美，或者把自己描繪得好像你能做好一切……我一直認為我的父母是完美的，我也必須如此。我之前的分析師表現得好像他很完美，而我從來沒有覺得自己足夠好。當我離開這裡時，我突然意識到，也許我不需要成為一個明星，也不需要把每件事都做得恰到好處（p. 424）。

戈德斯坦報告說，伴隨著這一自我揭露，病人在自己的生活中承擔更多風險的能力發生了重大變化。戈德斯坦說：「我確實相信，在這個特殊時期，她對我的體驗比我所做的任何詮釋都更有說服力，因為她是如此不信任她父母和前分析師對她的詮釋立場，似乎他們總是『對』的。」（p. 424）

戈德斯坦自發的自我揭露，超越了病人直接問她的內容，是一種治療性的共演，似乎在不涉及明確詮釋的情況下推進了分析工作。當然，我們看待這一事件的一種方式是，她的病人透過將分析師的自我揭露納入其理想化的結構中，從而繼續將她理想化。現在，分析師會被理想化，正是因為她如此謙虛。從這個角度來看，進一步的分析是必要的；例如，在某些時候，分析師可能希望對持續的理想化進行詮釋，並面質病人不願意接受她對分析師的自我貶低和不安全感的看法。但也許也不用如此。也許當病人準備好聽到這樣的面質時，她可能不需要繼續以這種方式將分析師理想化，於是詮釋將被證明是不必要的。

如果分析師告訴病人，她擔心她這樣告訴病人是個錯誤呢？她可以對病人說，她擔心病人會對她的分析師如此缺乏安

全感而感到不滿，她擔心她說了一些話會干擾他們的關係。當然，這可能被證明是一個糟糕的錯誤，透過暴露分析師更多的不安全感來加重原來的錯誤。如果病人「需要」將分析師理想化，那這就不會造成干擾了嗎？也許吧，但是，正如我們所看到的，如果病人確實「需要」將分析師理想化，那麼有很多方法可以做到。病人可以簡單地堅持說，這一新的「坦白」正好反映了分析師理想的品質。而打開這個話題，讓病人和分析師進一步相互分析，可能會引出一些有關理想化需求的有趣的問題。這種需求是否只存在於病人身上，或者說，分析師方面是否也有一些被理想化的需求，又對這種需求存在一些衝突。不是所有的理想化需求都發生在病人身上，也不是所有的衝突都發生在病人身上。病人對分析師衝突的瞭解可能比她此刻所能表達的要多。

在這個例子中，什麼時候我們會想要說他們之間「共演」了什麼？這些共演在何時何地發生？什麼時候開始的？什麼時候停止的？在這個例子中，誰在「慫恿」誰？誰在喚起誰的角色？誰被要求在誰的劇本中扮演一個角色？誰在向誰投射認同了什麼？當分析師說她的鋼琴彈得不好的時候，這個共演過程開始了嗎？共演是從分析師選擇在她的家裡設立工作室的時候開始的嗎？是從病人第一次問起鋼琴的時候開始的嗎？還是從病人第一次來到辦公室，沒有注意到鋼琴或沒有讓自己提到鋼琴的時候開始的？當分析中第一次提到音樂或表演時，沒有人把它與可見的鋼琴聯繫起來，共演是否從這個時候開始的？

難道病人和分析師不是一直在共演他們內部自我和客體關

係嗎？難道我們不是一直在共演我們內部的心理世界，把對方當作我們正在上演和表演的劇本中的人物嗎？無論我們是聯想、詮釋、質疑還是保持沉默，這種互動在我們之間難道不是一直在持續著嗎？當我們能夠幫助病人，讓他們能夠幫助我們注意到一些我們與他們互動中我們沒有意識到的方式，這難道不是一個了不起的分析成就嗎？不僅共演是一個相互的過程，而且對持續進行的「共演的相互作用」的分析也是如此。

如果戈德斯坦告訴我們，這一事件並不是像它看起來那樣自發的。如果戈德斯坦說，事實上，在病人向她詢問鋼琴的那一刻，她就想到，讓病人知道她這個分析師並不是什麼都會，這對病人有好處。如果她的腦海中閃過這樣的念頭：病人生活中的其他人都試圖做到完美，而此刻正是一個讓她知道自己並非如此的機會呢？這可能會成為一種「有意的」或故意的介入，讓分析師試圖成為「好」的客體。那這是否是一種操縱呢？根據吉爾（1994）的說法，只有當分析師不打算分析它時，它才可能成為操縱。但分析它意味著什麼呢？這是否意味著僅僅詢問病人，分析師告訴她所做的事情對她意味著什麼？這就根本不是真的在分析互動。分析互動是否意味著戈德斯坦之所以告訴病人她不是一個好的鋼琴演奏者，因為戈德斯坦覺得病人對她過於理想化？這更接近於雷尼克（1995）的建議，即分析師試圖盡可能多地就他們分析活動的原因進行交流。當然，要很好地做到這一點，分析師可能必須與病人一起自由聯想一段時間，這將導致類似於相互分析的結果。也許最重要的是，分析師與病人分享她的直接反應。在這個例子中，這種反應是分析師擔心她擾亂了他們的關係，因為她自己

對於被理想化感到不舒服。

很明顯，我們對這些問題的傳統思考方式並沒有很好地發揮作用。一旦我們認識到共演和互動具有持續的性質，一旦我們認識到我們的語言是一種行動，我們的詮釋是一種建議，那麼標準的分析規則就不成立了。分析情境由兩個人組成，每個人都把他或她的全部個性帶入相遇之中；每個人都對另一個人採取行動，並對另一個人作出反應；每個人都注意到他或她自己和別人的行動中的一些事情（而不注意其他事情）。對共演和互動的研究不可避免地將我們引向下一章所談的爭議話題：自我揭露。

第 8 章

關於認識和被認識的過程：
與自我揭露有關的理論和技術

　　關於自我揭露文獻研究的不斷積累，讓我們驚嘆精神分析界在短短幾年間發生了不可思議的轉變。事實上，有關分析師的自我揭露只是在最近才出現在精神分析舞台上，成為會議中的小組討論和專題研討論的主題，並成為各大期刊中值得研究的課題。在不久的將來，精神分析教科書中無疑將包含關於自我揭露的章節，而研究所也會有專門針對這一主題的課程和臨床案例研討會。

　　分析師直接且有目的地進行自我揭露，這無疑是當代精神分析中最具爭議性的話題之一。然而，隨著最近對互動和共演在精神分析中重要性的承認，在邏輯上也隨之產生有關自我揭露的問題。如果人們想當然爾地認為分析師要保持匿名、節制和中立的底線，那麼以下問題就沒有必要問了：病人能從他們的分析師身上學到什麼？關於分析師的主觀經驗或對他們作為病人的個人反應，分析師應該告訴病人什麼？分析師的自我揭露是否曾是精神分析技術中的一個有用且具有建設性的層面？正如葛林伯格（Greenberg, 1995）在最近一次以自我揭露為主題的研討會中問道的：「它（自我揭露）屬於精神分析嗎？」

從歷史上看，對葛林伯格的問題的一個決定性的回答是，自我揭露不屬於精神分析。佛洛伊德自己也很有說服力得這麼說過！雖然佛洛伊德個人以相當開放和自發的方式對待病人，但他強有力地、果斷地建立了精神分析的匿名和節制的規則。

考慮一下佛洛伊德（1912）關於技術的論文中的以下段落。其中包括他著名的、經常被批評的比喻，即分析師要保持不透明，並且要像鏡子一樣。我相信佛洛伊德對技術的思考在很大程度上是回應他早期與他的朋友和同事桑多爾・費倫齊的交道。後者在 1911 年和 1912 年期間開始與佛洛伊德進行短暫的正式分析之前，不斷地推動佛洛伊德朝向相互開放、個人坦誠和揭露。請考慮佛洛伊德關於技術的以下建議，同時牢記我們在第六章中對費倫齊所宣導的採用相互性和開放性情感技術的評論。

> 年輕而熱切的精神分析師無疑會情不自禁得把他們自己的個性自由地帶入討論，以便跟隨病人的節奏，讓對方越過自己狹隘的個性障礙。可以預見的是，為了克服病人現有的阻抗情緒，醫生讓對方看到自己心理的缺陷和衝突，並透過向病人提供有關自己生活的親密資訊，使對方能夠把自己放在一個平等的位置上，這是被允許的，而且確實是有益的。一個人的信任值得另一個人付出信任，任何要求別人提供親密的人都必須準備好回報以親密。
>
> 但在精神分析的關係中，事情的發生往往與意識層面可能使我們產生的期望不同。我們的經驗並不支援這種情感技

術。也不難看出，這樣做涉及對精神分析原則的背離，並接近於暗示治療。這可能會誘導病人更快、更容易地提出他已經知道的內容，否則這些內容就會透過保守的阻抗而被暫時保留下來。但這種技術對於揭開病人潛意識的內容沒有任何作用。它使病人更加不能克服自己深層的抗拒，在嚴重的情況下，由於鼓勵病人不知滿足，因而往往使得分析失敗：對此病人想扭轉局面，並發現對醫生的分析比他自己的分析更有趣。處理移情是治療的主要任務之一，它會因醫生的親密態度而變得更加困難，從而使一開始可能有的任何收穫在最後都會被抵消。因此，我毫不猶豫地認為這種技術是不正確的。醫生對他的病人應該是不透明的，就像一面鏡子，除了他們所展現的內容之外其他的什麼都不展現（p. 117-118）。

這段話可以理解為佛洛伊德在回應費倫齊對他和佛洛伊德之間開放和坦誠的個人（分析的）渴望。佛洛伊德譴責「這一種情感技術」，而該技術特別注重相互性和親密的自我揭露。他提醒道，以防禦的方式來使用相互性會導致對心理內部探索的阻抗，以及多年後被稱為「惡性退行」的危險性（Balint, 1968, p.149）。佛洛伊德推薦的是更為疏離、遠離的方法，最終使自己像一面鏡子。費倫齊後來挑戰的恰恰是這種方法。這兩位先驅分析師中的每一位都發展出一種適合其個人性格和氣質的精神分析技術方法。今天的分析師能不能足夠長的懸置佛洛伊德的建議，以便自己發現自我揭露存在的優缺點？

由於費倫齊對相互分析的基進試驗，這個巨大的禁忌限制了分析界對使用自我揭露的技術進行探索。儘管如此，在英國，溫尼考特（1949）對保守地使用反移情揭露進行了一些暗示之後，利特爾（Little, 1951，1957）主張更自由地使用自我揭露。在美國，人際關係傳統為自我揭露的使用提供了一些鼓勵（特別參考陶伯、辛格、西爾斯〔Tauber, 1954; Singeer, 1968, 1977；Searls, 1979〕等人），但即使在人際關係文獻中，也很少有著作系統地探討有關自我揭露原則的技術考慮。最近，這個問題得到了越來越多的討論。在目前的文獻中，一些重新考慮自我揭露的優秀例子包括巴拉斯（Ballas, 1987, 1989），高爾金（Gorkin, 1987），艾倫伯格（Ehrenberg, 1992, 1995），馬洛達（Maroda, 1991, 1995），戴維斯（Davies, 1994），米契爾（Mitchell, 1995）和雷尼克（Renik, 1995）。[1]

　　對分析師來說，什麼時候刻意地進行自我揭露是有用的？（這裡我強調的是有目的和有意識的自我揭露，因為我理所當然得認為，無論我們有意與否，我們總在揭示自己的某些方面）。對哪些病人來說，自我揭露是有用的？在分析的哪個階段進行？出於什麼目的？關於什麼主題？在什麼條件下？按什麼順序？首先應該滿足什麼條件？病人如何為分析師的自我揭露做好準備？這些自我揭露以何種方式與詮釋形成互動？病

1　其他文獻進行了反對自我揭露的研究，對此感興趣的讀者可以參考相關文獻瞭解細節（Burke and Tansey, 1991; Gorkin, 1987，Greenberg, 1995）

人提供的哪些線索表明自我揭露的適當性？分析師的自我揭露應該如何自發地進行？是否存在某些自我揭露應該在仔細反思之後才嘗試；如果存在，如何為自發性和情感的直接性留出空間？分析師直接表達多少情感是合適的？是否存在某些話題永遠不應該被揭露──例如，分析師的性慾或對病人的謀殺衝動？需要考慮哪些預防措施可以保護病人不受分析師自我揭露的侵入？分析師如何評估自我揭露的影響？分析師應該如何處理自我揭露引發的焦慮？關於自我揭露，需要考慮哪些倫理方面的問題？

開啟這些話題的真正美妙之處在於，作為精神分析師，我們第一次開始以一種更精緻、更有區別、更系統的方式共同思考自我揭露的主題。從我目前閱讀有關自我揭露的辯論中，我對於符合自我揭露的廣泛行為，以及個人風格和技術方法具有的多樣性印象深刻。這些技術方法由具有不同個性和理論承諾的分析師所發展，並在不同環境下與不同病人群體的工作中，嘗試自我揭露並報告他們的發現。

▌臨床案例

下面這個軼事是我在與一位年輕人工作時的一個臨床時刻，它說明了自我揭露在「詮釋」中的應用。用不太專業的語言來說，下面這個小插曲描述的是我自己進行分析工作的一種方式：有時我和病人一起大聲思考，有選擇地進行聯想，即使我也不知道我的想法到底是什麼。既然自我揭露有很多種類和形式，我的這段軼事只是其中一個例子；它不代表一般的自我

揭露，也不具有可證明的或科學的價值。我把它作為一個談話要點，使我們可以借此開啟關於自我揭露的對話。

這位病人知道我已經結婚了，但在我們一起分析工作的這些年裡，他很少直接問我關於我妻子或婚姻的事情。在最近的一次治療中，他描述了他的擔心，他與女友的關係已經變得相當認真，但他擔心自己將無法在他最近認識到的、對她的矛盾情緒中讓關係繼續維繫下去。他的情緒異常激動，淚流滿面地表達了他的擔憂：既然他知道女友身上有很多他不喜歡的東西，那他怎麼可能繼續和女友交往。我提出了一些挑戰性的意見，問他為什麼不能繼續與她親近，就因為她身上有一些他不喜歡的東西？我們曾多次討論過的情況是，他期望人們必須喜歡他的一切，否則人們就會拋棄他。如果她「不喜歡他身上的缺點」，那麼她就不會愛他。

但現在我們談論的是相反的情況：如果她身上有他不喜歡的東西，他還能繼續愛這個人嗎？他突然問我，用一種挑戰和挑釁的，但也是懇求的語氣。「你妻子身上有哪些重要的方面是你不喜歡的嗎？」我聽後吃了一驚，但在猶豫了一會兒後，我回答說：「有的，我妻子身上有一些重要的東西是我不喜歡的。」又一次短暫的、深思熟慮的停頓之後，我補充說：「也許更重要的是，我身上有一些重要的東西，是我的妻子不喜歡的。」再一次沉默、深思之後，我繼續說：「你知道，我自己身上也有一些重要的方面是我不喜歡的，那她又為什麼要喜歡它們呢？」

我沒有對這一事件進行任何詳細的跟蹤調查（無論如何，這不能成為證明我的介入有效性的結論），但我想說的

是，我當時覺得，而且我現在也相信，我的病人所經歷的這個事件是相當有用的。這段插曲當然會導致我們直接討論有關移情的問題。他能在多大程度上承認我身上存在重要的方面是他不喜歡的，還繼續覺得我是個對他有益的分析師？我在多大程度上可以不喜歡他身上的重要方面，而仍然真心喜歡他，想要幫助他？毫無疑問，我的回答可能掩蓋了他所要傳達的其他方面。例如，在延遲了一點時間後，這可能使他產生一個可怕的想法：他可能真的會決定放棄這段關係，不可避免地失去女友，並面對自己拋棄女友的愧疚。也許，我是在向他傳達，我（潛意識的）希望他在決定放棄這段關係並繼續前進之前，與這位女人再保持一段時間的關係。也許，我也在建議（同樣是潛意識地），他也如此對待我以及我們的分析。

我們該如何看待這一類型的介入？它是一種自我揭露嗎？從嚴格的意義上說，當然是的。我沒有「分析」他的問題，而是直接回答他，甚至主動提供更多的資訊。此外，這些也是個人的資訊，因為我透露了一些涉及我和妻子，以及我們關係的想法和感受。我以一種象徵性的方式，讓我的病人看到了原始的場景，看到了我和妻子之間的一些動力。我是否應該擔心這將滿足他，或過度刺激他？

另一方面，我真的透露了任何個人的東西嗎？也許並沒有。所有的人際關係都是矛盾的；沒有人完全喜歡別人，也沒有人完全喜歡自己，也不應該覺得自己必須這樣。那麼，我的言論可能是對病人的一種詮釋，一種以自我揭露為表現形式的詮釋。在沒有明確說明的情況下，我已經對病人表達了類似以下的話：「人們對他們所愛的和最親近的人有著矛盾的感

覺，這是可以預期的。你似乎錯誤地認為，如果你對某人有任何負面的想法或感覺，那就意味著你並不真的愛他們。如果按照這一標準，那你肯定永遠無法愛任何人，或感覺到你被他們所愛。而且，由於你有這種感覺，你無法忍受看到自己身上任何不喜歡的部分，因為如果你這樣做，你將不得不得出結論，你根本不喜歡自己。因此，你否認這些負面的感覺，避免認識自己身上的任何缺陷，就像你對女朋友所做的那樣。」

由於我們已經反覆討論過這個問題，因此如果我的病人能從我的回答中聽到這一隱含的詮釋，他也會明白到，他的衝突與他的家人無法承認和討論他們之間存在的任何衝突或分歧有關。他還會明白到，他的衝突妨礙了他對於我的批評想法，影響了他如何看待我對他表達的任何批評。另外，我的「詮釋」中清楚地暗示了這樣一個觀點：他並不是唯一一個對他所愛的人感到矛盾的人，感到矛盾是正常的，甚至是不可避免的。事實上，考慮到這之後的治療進展，我非常肯定我的病人之前也聽到過我沿著這一思路對他說過類似的話。但由於這次的表達是個人的、自發的、溫和的、幽默的、有感情的，而且更多的是關於我自己而不是關於他，因此它以一種之前任何詮釋所沒有達到的方式被他接受了。

不過，我的病人一直感到強烈的悲傷和恐懼，並向我展示了他的強烈感受，也許我試圖用輕鬆的方式讓他從這些痛苦的感受中轉移注意力。我的回答中還隱含著這樣一個想法：與我的病人不同，我不難承認我的關係是不完美的，而且我對自己有一些幽默感。也許我是在向病人炫耀，我比他有著更少的防禦。我具有競爭性的地方在於，我不僅在說我的確有一段關

係，而且我還在說我不像他那樣過於認真對待自己。我的病人最終能夠根據暗示意識到，這是一場權力遊戲，是一種我在超越甚至威脅他的方式。讓事情變得更加複雜的是，對病人來說，正是因為他覺得我是真誠的、用心良苦的，所以他特別難以面質我的性格中展現的這一方面。

像任何介入一樣，我對病人說的話比我有意識透露的要更多，因此它們表達了我的主體性的一個方面，而這個方面我和我的病人可能並不瞭解。之所以要進行這個介入，因為它直接揭示了一些關於分析師主體性的東西，但這並不使它區別於任何其他可能有著同樣作用的詮釋，儘管是以更微妙的方式。也許我們可以把某些自我揭露看作是「一種隱性的詮釋」或是「為詮釋服務的自我揭露」。按照奧格登（Ogden, 1994）最近的提議，我們可以把自我揭露視為不同的「詮釋行為」，儘管我認識到奧格登並無意圖支持或鼓勵自我揭露。然而，他的觀點是，詮釋常常以語言符號化以外的方式被直接傳達。

有人對這一類型的介入提出了反對意見（Rothstein, 1995），認為我利用了放任的父性移情，而不是分析性的移情，我這樣做是在鼓勵病人的依賴性，從而干擾了他進行自我分析的自主能力的發展。我基本上是在對病人說：「好吧，我們對關係都很矛盾。你是這樣，我也是這樣，這很好。」這種確認有望導致移情性的治癒或基於人際暗示的治癒，但不是基於「內部結構的變化」。

羅斯坦（Rothstein）提出了一個重要的觀點，但在我看來這並不能作為對這一介入的決定性反對意見。首先，這種反對意見植根於一種我所不贊同的心靈理論。也就是說，它是建立

在人是「個體的」，心靈是「自主」的模式之上的。正如我在本書中提出的那樣，我更傾向於一種不那麼個人化、而更具關係性的心靈模式，在這種模式中，心靈只存在於與他人的關係中，在一定程度上總是具有依賴性，而永遠不會是完全自主的。雖然促進病人的自主性具有極其重要的價值，但在我的思維方式中，它並不是最終的目標。重視連結和關聯性與重視自主性和獨立性同樣重要。對於包括自我揭露在內的任何介入措施而言，重要的並不在於它是否促進了自主性或連結，而在於它是否開啟或排除了分析性的探究。

其二，我確信羅斯坦是正確的，這裡存在一種父性移情的作用。然而，他似乎暗示了，如果我不回答病人的問題，如果我不進行自我揭露，我可能有辦法避免進入移情關係的共演。但是，如果我沒有回答病人的問題，難道我就不會共演病人父性移情的其他版本了嗎？誰能判定病人會把哪種行為體驗為是更有權力和父性的？無論分析師如何回答，我們的工作中總是存在某種暗示的因素。再次重申，我不認為「移情治癒」和基於暗示的治癒之間存在著絕對的區別。在洞察和詮釋中總有一個暗示的維度，而互動也可能傳達洞察。分析的「結構性」變化是透過洞察和關係的某種協同作用實現的。羅斯坦所持立場的含義是，他知道一種避免使用暗示的方法（古典技術）。這就是我們的分歧所在。

其三，我們必須考慮我的介入對特定的病人意味著什麼。例如，這位年輕人的父親是不可能與他分享這種印象的。他永遠不會承認他的妻子不喜歡自己的某個方面，或者他不喜歡妻子的某個方面。因此，在我的回答中，我明確地表達

了我與他父親是不同的。我並非有意識地採用一個人為的角色；相反地，我試圖把我體驗到的表達為一種令人驚訝和自發的聯想。當病人後來告訴我，這是他父親永遠不會說的話時，我告訴他，也許我是想告訴他，我並不完全像他的父親。

與其避免共演，我更傾向於創造一種分析氛圍，在這種氛圍中我能在自己身上容忍比傳統上可接受範圍更大的行為，我可以試圖盡可能地分析它們，但我知道我將無法完全分析所有的行為。透過更為自發和個人的參與，我們有可能將自己的大部分暴露出來，接受病人的檢查。但是，如果分析師能夠對病人的這種回饋保持開放，那麼病人以這種方式參與治療不僅會產生出更大的關聯性，也會產生更大的分析自主性。我的介入畢竟是在多年探討了這個問題，在我們多次以傳統方式詮釋這些動力情況下進行的。在這些條件下，在保持匿名性和傳統詮釋的距離，與增加個人和自發參與的影響之間進行平衡是有益的。

▎自我揭露的不可避免性

我不能不強烈強調的是，**自我揭露對於分析師來說不是一種選擇；而是不可避免的**。在這一章中，我們關注的是那些有目的、有意揭露分析師主體性方面的介入措施。但是，我們對這種有意的自我揭露的討論，不應該掩蓋語言的和非語言的自我揭露所具有的、持續的不可避免性。關於治療師內部狀態的交流會不斷地傳達給病人。我們所有的介入都是行為，包括我們決定不介入，我們的沉默也是行為，而所有的行為都是溝

通。

瓦茨拉維克、巴維拉斯和傑克森（Watzlawick, Bavelas and Jackson, 1967）將溝通理論的第一個公理陳述如下：

> 首先，行為具有的一個最基本的，也經常被忽視的屬性
> 是：行為沒有反面。換句話說，不存在不行為這回事，或
> 者更簡單地說：一個人不可能不行為。現在，如果我們接
> 受這樣的觀點，即在互動的情況下，所有的行為都具有
> 資訊價值，也就是說，都是溝通，那麼無論人們如何努
> 力，都不能不溝通。活動或不活動，言語或沉默都具有資
> 訊價值：它們影響他人，而這些他人反過來也不能不對這
> 些溝通作出反應，因此他們自己也在進行溝通（p. 49）。

重複一下，溝通理論的第一條公理是「人不能不溝通」
（p. 51）。源自貝特森（Bateson, 1972）的工作，溝通理論的
第二條公理是，所有的溝通都涉及後設溝通。所有的溝通都涉
及陳述、內容、命令，或關係的方面。因此，每一個溝通都定
義了關係，並傳達了內容。定義關係意味著一個人如何看待
自己，如何看待對方。在後設溝通的層面上，溝通傳達了這
樣的資訊：「這是我對你的看法」，「這是我對你對我的看
法」，「這是我對你對我對你的看法」，諸如此類。

透過將這些溝通理論的原則直接延伸到精神分析的情境
中，（正如列文森〔Levenson, 1983〕所做的那樣），我們可
以說，分析師總是以各種各樣的方式在行事，因此，總是在溝
通，總是在定義並重新定義他們與病人的關係。鑒於溝通理

論的這些基本公理，我們假設分析師從來都不是中立或匿名的，而一直在進行自我揭露，並且確實在**暗示著他們與病人的**關係，且共同構建他們的關係。用皮茲爾（Pizer, 1992）的話說，關於他們將成為對方的什麼人，病人和分析師一直在相互「協商」。病人和分析師在彼此的每一次交流中，都在說類似於「不，你不能把我變成這個，但你可以把我變成那個」（p.218）這樣的話。在我們考慮分析師有意的自我揭露時，我們不應該忽視持續的、無心的自我揭露所具有的不可避免性。有意的和無意的（有意識和潛意識）自我揭露之間的界限是非常模糊的。

▎自我揭露的優點和缺點

　　存在一些非常好的理由使分析師不向病人自我揭露。通常給的理由包括：它不必要地使治療變得複雜；它使病人承擔分析師的問題；它轉移了關注病人的注意力；它反映了分析師的需要而非病人的需要。從古典的做法來看，它不符合分析師作為「空白螢幕」的要求。它可能會讓病人過於滿意；它也可能是分析師「付諸行動」的一種形式；而且，也許最重要的是，它掩蓋了病人移情的本質。由於在古典模式中，移情被視為一種扭曲，被認為是從病人內部展開的，是基於對舊客體的移置，分析師所傳達的任何關於自己的資訊都會干擾來自病人自發的湧現，或者可能使分析師更難理清扭曲的結束和人際現實的起始。揭露太多關於分析師的資訊可能會抑制或限制病人的幻想和反應。雖然我顯然不認為移情是以這種方式運作

的，但我確實認為有理由對自我揭露持謹慎的態度。就像任何其他技術介入或分析師的任何其他類型的參與一樣，反移情的揭露確實有可能是不利於治療的。

對分析師自我揭露的另一個反對意見是（甚至由當代關係分析師提出），它有可能破壞精神分析的過渡空間，因為它把應該留在象徵領域的東西具體化了（關於這個問題的有趣對話，見班傑明〔Benjamin, 1994〕、戴維斯〔Davis, 1994〕、加巴德〔Gabbard, 1994〕）。例如，如果病人懷疑分析師想殺他，這個幻想會停留在象徵的領域；但如果分析師告訴病人她想殺他，這個坦白就會使幻想具體化，潛在的空間就會被關閉，而不是被打開。關閉分析空間意味著病人在分析情境中創造他們想要創造的內容的自由受到了限制。然而，我們必須記住，病人的這種分析性創造始終是虛幻的。病人從未真正擁有這種自由，因為分析師總是在塑造分析空間方面發揮作用，而作為精神分析本質的「潛在空間」是由病人和分析師通過相互參與而創造的空間。分析師總是與病人共同創造分析空間，因此分析師關閉或打開這個空間的說法是有問題的；它是一個相互創造的空間。分析師揭露他或她的感受確實會以這樣而非那樣的方式塑造分析情境；但不與病人討論分析師的感受，這也塑造了分析空間。分析中的互動打開了一些可能性，也排除了其他的可能性。分析師不能不參與分析空間的塑造；在這個意義上，分析師總是在限制病人的分析自由。

但是，自我揭露是否有任何好處，使它值得我們冒著不利因素的風險進行？高爾金（Gorkin, 1987）認為，對反移情進行有選擇的、少量的揭露可以為治療提供支援。他列舉了以

下支援選擇性自我揭露的論點：（1）自我揭露可以證實病人的現實感。（2）它們能夠有助於建立治療師的誠實和真誠。（3）它們表明，治療師與病人並無太大區別，治療師也是人，也會有移情作用。（4）自我揭露澄清了病人對治療師和對一般人影響的性質。（5）自我揭露能夠有助於打破治療僵局和根深蒂固的阻抗。

　　一些分析師，特別是那些受人際理論影響的分析師，他們認為對分析師的主觀體驗進行明智的揭露（其中想法、印象、觀察，以及最為重要的情感反應，都由病人和分析師共同分享和評論）會創造出「合作式的探究」（Chrzanowski, 1980），其中包含了由病人和分析師共同貢獻的「資訊」，使分析變得豐富。茨辈諾維斯基（Chrzanowski）寫道，「（人際精神分析）的一個主要治療手段就是與病人明智地分享反移情的體驗。」（p. 141）

　　除了擴大分析的資訊庫之外，有選擇地分享反移情更容易產生有感情的人際接觸和捲入。戈德斯坦（Goldstein, 1994）從自體心理學的角度寫了關於自我揭露的文章（我們在上一章討論了他的案例），他也同樣報告說，使用自我揭露可以被認為是一種共情調諧和自體客體的回應。艾倫伯格（Ehrenberg, 1995）從當代人際角度寫道，明智的反移情揭露能鼓勵病人在當下分析互動的探查中更充分地進行合作。她表達了一個基進的立場：明智地使用反移情揭露可以促進所有病人的分析參與。雅各（Jacobs, 1995）關於共演的工作在上一章中被集中考慮，他像許多主張克制和謹慎自我揭露的作者一樣，指出有時以自我揭露的形式向病人傳達一些東西，這可以使病人把分

析師的資訊體驗為更真實和更個人的，從而對病人產生更大的影響。但這些不正是佛洛伊德（1912）所提出的反映了「意識心理」的論點，並警告說精神分析的方法並不能證明這些論點嗎？我們是否應該放棄佛洛伊德的建議，轉向費倫齊的相互分析這樣的情感方法？

葛林伯格（Greenberg, 1995）原則上不反對自我揭露，並在其他地方（Greenberg, 1991）列舉了其有用性的例子，他介紹了一個病人的案例，該病人向他詢問一個相對簡單的資訊，即他（葛林伯格）是否收到病人留在他答錄機上的資訊。葛林伯格在說明中指出，隱瞞這個簡單的資訊（不揭露）啟動了一個強大的、最終具有建設性和變革性的與病人的互動。在這個例子中，分析師拒絕自我揭露的做法比揭露資訊更能表達和確立他獨立的主體性。

因此，我認為，分析師要充分自由使用自己，包括選擇增加自我揭露或不揭露，這一自由為認知層面的詮釋性理解和情感層面的人際交往提供了最佳條件。為了適應現實，具有靈活性並保持選擇的開放性是重要的。同樣地，對於分析師來說，保留靈活的介入方式也是很有用的。我們的理論不應該如此嚴格地限制我們的分析行為，以至於讓我們把自我揭露從保留選項中剔除，就像佛洛伊德要我們做的那樣，因為有時它可以成為一種強有力的治療介入。然而，我們的理論也不應該使我們覺得必須強迫性地進行自我揭露，就像費倫齊那樣錯誤地認為這是唯一「誠實」和「真實」的參與形式。正如第五章所討論的，親密關係既需要自主也需要連結。理論不應該限制我們的選擇；它應該幫助我們，至少回過頭來，理解我們如何以

及為什麼選擇這個選項而不是另一個。

▍關於認識和被認識

　　精神分析關係從根本上說是自相矛盾的：它涉及到在同一時間病人和分析師既是一種最個人的、親密的、自發的關係，又是一種專業的、有保留的、技術的關係。它要求兩個人誠實且真實地接觸；但同時，作為一種信託關係，它要求關注於病人的體驗而不是分析師的體驗；它要求持續地承認病人和分析師之間存在著權力和責任的不平衡。我試圖通過平衡我對相互性的探索和不對稱性無法避免的認識，來捕捉這種辯證的張力。

　　霍夫曼（Hoffman, 1994）用辯證思維來描述治療過程。一方面是分析師更為疏離、反思和詮釋性的立場，另一方面是與病人進行更多的個人參與，霍夫曼聚焦於這兩者之間的運動。他將這一過程描述為精神分析自律和反思性參與之間的辯證運動或張力。然而，個人和技術之間的二分法，如果劃得太遠，是有問題的。要決定一個做法是出於個人原因還是職業原因並不是那麼容易；事實上，當代精神分析思想趨勢更傾向於宣稱技術總是受到個人影響的。正如雷尼克（Renik, 1993a）所建議的，精神分析技術總是具有不可還原的主觀性。

　　例如，當分析師對病人說話感到有些猶豫，這是個人反應還是專業反應？它是精神分析技術的一個方面，屬於策略和時機的範疇，還是自發的、個人參與的、對他人敏感問題的共情反應？當然，這些都是。女權主義告訴我們，個人的就是政

治的；而我想說的是，對精神分析師來說，**個人的就是技術的，技術的就是個人的**。如果不考慮自我揭露對分析師的個人意義，我們的技術理論就無法確定分析師應該在何時、何地、如何進行揭露或揭露什麼。自我揭露對不同的分析師來說必然有不同的意義和不同的結果，這取決於他們個人對於被看見和被認識的舒適程度。正如第六章所討論的，佛洛伊德的技術規則不可能對具有類似於費倫齊氣質的分析師起作用，正如費倫齊的情感方法所強調的相互性，不可能適合具有類似於佛洛伊德人格的分析師。

就像孩子們觀察和研究他們父母的性格一樣，我們的被分析者也研究我們的性格。透過進入對方的內心世界，孩子們試圖與父母接觸，而被分析者試圖與分析師接觸。他們都有強大的動力深入到父母和分析師自我的中心。一種心靈狀態不可避免地尋求另一種心靈狀態；這就是被描述為互為主體性的一個層面（見第三章）。然而，我們也知道，人們不願意被如此深入到他們自我的中心，這也是理所當然的。成人、兒童、被分析者、父母和分析師，他們都有著保護自己某些方面的強烈需要，保持私密和有所保留的需要。我們每個人都有一種基本的、內在的與他人接觸的欲望（對於那些喜歡這種語言的人來說，是一種尋求客體的驅力），這包括兩個不同的方面：認識他人的欲望，以及被他人認識的欲望。在古典術語中，這些欲望通常由戀童癖和露陰癖這兩個組成部分的驅力來表達，但也被簡化為戀童癖。而我想強調的是向對方揭示自己的願望，以及尋找對方本質的渴望。在一些家庭中，這種願望可能透過性的方面進行展示，以及戀童癖的幻想或行為來具體表達

（Mitchell, 1988a）。

　　除了這兩個互補的願望——認識和被認識——之外，還有一組矛盾的願望和需要。一種強烈的願望是避免與對方接觸，希望被隱藏、被保護、被單獨留下。如果嬰兒可以被證明在生命的最初幾天移向客體，他們也可以被證明在生命的最初幾天遠離客體。溫尼考特（1963）發展了這一衝突的主題，並區分了「病態的退縮和健康的核心自我溝通」。他寫道：「儘管健康的人溝通並享受溝通，但另一個事實也同樣真實，那就是，每個人都是孤立的，具有永遠的非交流性，永遠不被認識，即不被找到。」（p. 187）溫尼考特注意到存在兩種趨勢：溝通的需要，以及更為迫切地不被發現的需要。溫尼考特暗示，自我與他人不斷地玩著捉迷藏的遊戲。從這個角度看，阻抗體現的不僅是表達願望的消極方面，而且也成為自我保持捉摸不定以保護自主性願望的積極方面（有關這一概念在第六章中我們回溯了奧托・蘭克的工作）。人們似乎在趨向他人和遠離他人這兩個方向上都有自然的牽引力。在這裡，我們也可以把這種傾向分成兩個部分：一個是隱藏的願望，通過不被對方發現來保護自己；另一個互補的願望是迴避瞭解對方，避免接觸對方的內心世界。用一個性的類比或隱喻可能是，一個是穿透對方和被對方穿透的願望，另一個是避免被穿透的願望以及對穿透對方的恐懼或迴避。

　　現在，延伸到分析過程中，存在著分析師和被分析者兩個人，每個人都有這兩套互補和矛盾的欲望。病人和分析師同時都希望既被瞭解又能隱藏，也希望既瞭解對方又迴避瞭解對方。病人和分析師都被激勵著既朝向孤立又朝向關係，既朝向

自主性又朝向相互性，既朝向能動性又朝向共融。但傳統的分析情境將這幾對關係不對稱地分割開來。分析師應該認識對方但不被對方認識，而被分析者應該被對方認識但不認識對方。躺在沙發上的病人是被看見但不是去看見的，是被穿透但不去穿透的；分析師在看不見的地方，認識病人自己看不到和不知道的部分，但分析師自身卻保持著不被看見的、未知的、匿名的和不可穿透的狀態。

　　然而，從關係的角度來看，病人和分析師行為的每一個方面都可以被看作是我剛才描述的衝突動機之間的妥協（這是關係理論作為衝突理論的一個重要方式，在第二章中已經討論過了）。病人和分析師被認為是在不斷協商他們對親密和孤立這兩個相互衝突的需求（Pizer, 1992）。每一個聯想和詮釋既是揭示又是隱藏；每一個聯想和詮釋既是試圖接觸又是迴避接觸，既是認識對方又是迴避認識對方。葛林伯格（1995）做了一個類似的觀察，他提出，「如果我們做的每件事都揭示了一些東西是真的，那麼我們做的每件事也都隱瞞了另一些同樣也是真的的東西。」（p. 195）根據這些觀察，我應該澄清一點，當我之前寫到「自我揭露不是一種選擇；它是不可避免的」時，我的表述是描述性的，而不是規定性的。相對的，匿名也不是一種選擇，也是不可避免的，因為我們總是在隱瞞，甚至在揭示的時候也在隱瞞。如果我們揭示自己的某些方面是不可避免的，那麼我們隱瞞自己的某些方面也同樣是不可避免的。

　　我建議，這種互補和矛盾的欲望組合可能有助於我們考慮分析師有目的或有意的自我揭露所帶來的困境。我們注意

到，在這些多層次的衝突中，分析師有目的地向病人透露一些東西，會啟動病人和分析師互補性的衝突，因為每個人都糾結於被認識和不被認識，都有認識對方和不認識對方的欲望。精神分析技術不能獨立於分析師個人的個性而被規定。對於有些分析師的性格而言，圍繞這些認識和被認識問題的動力衝突可能會鼓勵他們不進行有目的的揭露，也就是說，以更傳統的匿名方式工作，即使他們承認自我揭露一直在潛意識層面進行。對於另一些分析師而言，他們的性格類型使他們對更自由地使用自己和更積極地使用自我揭露感到更舒服。除了分析師之間的這種多樣性，病人在這些衝突方面也有差異，這使情況變得非常複雜。自我揭露這一表達方式本身就具有誤導性，因為它意味著一個有凝聚力的自我作出揭露其存在的內在中心的選擇。然而，在我對互為主體性的討論中（第三章），我提出互為主體性不可避免地是指多個自我和多個他人的相互作用。從這個角度來看，當分析師自我揭露時，問題就變成了分析師眾多自我中的哪一個正在揭露，以及向病人多個自我中的哪一個進行揭露？

自我揭露與分析師的權威

就像病人的聯想一樣，對於分析師有目的的自我揭露，我們需要考慮它所表達的內容和它所掩蓋的內容。這是一個很容易被忽視的問題。葛林伯格（1995）指出，「病人和分析師都認為，當分析師分享個人的想法或感覺時，就已經給出了一些內容，於是他們共同忽略了被掩蓋的內容。」（p. 196）因為

分析師總是被視為在臨床情況下具有一定的權威性，當他們向病人透露一些關於他們自己的事情時，會存在著一種它會被接受為真理的期望（Hoffman, 1983）。出於這個原因，分析師自我揭露的一個潛在危險是，它可能會阻止進一步的調查，因為揭露的內容所具有的表面價值被當作是分析師權威性的真理。

雷尼克（1995）從傳統佛洛伊德派的技術出發，擴展了辛格早期的人際立場，他認為我們不僅應該無視分析匿名性的原則，而且必須積極有力地反駁它。他認為，透過不進行自我揭露，透過保持古典的匿名立場，我們徵求並接受了病人對我們的理想化，儘管我們聲稱我們致力於分析這種理想化。雷尼克建議，與其以匿名和個人的模糊性為目標，分析師們不如盡可能地讓病人瞭解他們有關參與病人的思考。他認為，我們之所以迴避這樣做，是因為我們懷有保持權威地位的動機，即使我們聲稱精神分析避免對病人產生這種暗示性的影響。

然而，與此形成鮮明對比的是勞倫斯·愛博斯坦（Lawrence Epstein, 1995）的人際立場，他認為我們不應該為病人「解密」我們自己；相反地，我們應該為病人解密我們建立最佳條件。愛博斯坦擔心的是，在建立我們自身主體性的名義下，我們可能反而將我們的主體性強加給病人，而不是讓病人在他們準備好的時候發現並揭開我們的主體性。愛博斯坦這番話的含義是，分析師的模糊性可能會起到有用的作用。在分析中過快地將分析師的主體性強加於人，這可能會限制病人試驗他們對分析師全部看法的嘗試。這個跡象說明，在這裡，我們看見身為著名的佛洛伊德派分析師的愛博斯坦主張自我揭

露，同時又身為一位備受尊敬的人際主義者的他建議要謹慎行事。

讓我們考慮一下雷尼克（1995）提供的一個例子：

> 一位病人有這樣的想法：我在前一個小時對他非常溫柔和小心，因為我害怕傷害他。我回答說，我沒有意識到我有任何特別的擔心，因此，至少從我的角度來看，病人有他自己的理由來想像為何我認為他如此的脆弱。我覺得明確說明我自己在這一小時內的情緒狀態是有益的，因為我的假設部分基於這種感覺，即病人有不可告人的動機，認為我很溫和、很謹慎（p. 485）。

雖然我很理解雷尼克有著想把建立自我揭露作為合理的分析介入的願望，但我認為這個例子是非常有問題的。不幸的是，這個例子說明了這樣的危險：分析師對自己與病人參與的看法會被分析師和病人視為關於他們互動性質的權威性真理。雷尼克斷言，他向病人提出的想法只是他對自己情感體驗的看法。然而，在雷尼克的自我認知基礎上，病人被鼓勵把注意力轉回到他自己身上，以及他扭曲的、對分析師感知的「不可告人的動機」上。這有可能阻止病人對分析師主體性的進一步探究。在努力將分析師去神祕化和非理想化的過程中，雷尼克最終宣稱他自己是判斷他與病人參與品質的權威，甚至正式聲明他是作為真理的仲裁者行事。

我建議不要對病人說：「我沒有意識到我對你的脆弱感到過度關注，因此你一定有其他理由認為我為何如此關注。」

我建議對病人說：「我沒有意識到我對你的脆弱感到過度關注，但你似乎認為我是。那是我做了什麼讓你產生這種印象？也許你發現了一些我沒有注意到的東西。」

不論自我揭露是否是有意的，對任何自我揭露的影響進行分析都會變得複雜，因為病人對分析師的看法很可能是潛意識的。作為我們傳統工作描述的一部分——使潛意識意識化——我們有責任幫助病人有意識地瞭解他們可能潛意識注意到的關於我們的任何方面。幫助病人意識到對分析師的潛意識認知是很複雜的，因為無論病人對我們有什麼認識，我們可能自己都沒有意識到。事實上，病人保持潛意識的原因之一，可能是害怕承認它會在分析師那裡產生焦慮。因此，正如他們很可能在童年時對父母所做的那樣，以及他們很可能在生活的其他方面所做的那樣，病人不會讓自己知道他們對我們的認識，因為他們認識我們，會使我們過於焦慮。這基本上是蘇利文（1953）對選擇性不注意這一看法的起源。

但是，當我自己還沒有意識到我的病人所知道的方面時，我作為分析師又怎麼能幫助病人意識到關於我的部分呢？在第三章中，我建議分析師發展一種技術，即尋求病人對分析關係的看法，或者我稱之為病人對分析師主體性的體驗。這是對雷克（1968）建議的延伸，即調查病人移情的最佳途徑之一，是探尋病人對分析師反移情的幻想。然而，如果你一直在探尋病人對你自己主體性的體驗，病人可能很快就會要求直接從你這裡瞭解更多關於你的主體性。透過關注病人對分析師主體性的體驗，你很可能會在病人和你自己身上激起有關認識和被認識的衝突。當你沒有把分析視角對準這個領域的

詢問時，不向病人透露太多是一回事，但是，一旦你這樣做了，病人可能無法容忍沒有得到任何回應，而你的不提供回應可能也會讓自己覺得很煎熬。此外，詢問病人對你的主體性的看法，這些看法他們可能不知道他們自己知道，這一行為也包括他們對分析師關於被瞭解的衝突的認識。

自我揭露不是一種技術。它也不是一種關係性的新噱頭。它只是與病人相處的眾多方式中的一種。它不再是禁忌，而是一種技術性的和個人的選擇——這一選擇總是包含了揭示和隱藏，使分析師和病人更容易接近，也更不容易接近，因此，這種選擇必須由兩個參與者進行仔細檢查和反思。我們不能像雷尼克（1995）提議的那樣，簡單地反對標準技術，並用自我揭露原則取代匿名原則。這種簡單的原則顛倒並沒有給我們留下足夠的技術靈活性。我們不應該重複費倫齊的錯誤，把自我揭露作為標準技術來應對佛洛伊德的匿名性，從而走向另一個極端；相反地，自我揭露應該被看作是一種技術性的和個人的選擇，在臨床上酌情使用，並相互反思。

無論在何種程度上，如果自我揭露是為了刻意成為好的客體，那麼在這一程度上它就變成了一種技術，失去了存在於其自發性和真實性中的好處。正如布隆伯格（Bromberg, 1994）關於自我揭露所寫的：

> 它對分析過程的有用性是由它作為人類行為的真實性來組織的，特別取決於分析師在多大程度上不具有要證明他的誠實或可信性的內部壓力（有意識的或潛意識的），以此作為一種技術手段來對抗病人的不信任。分析師的自我

揭露必須是一種賽明頓（1983）所說的「自由的行為」，在這種行為中，分析師舒適地保留他不揭露的權利；或者，如果他選擇揭露，他有權利要求自己的隱私並設定自己的界限（p. 540）。

我認為，對分析師來說，這種技術性的和個人的自由是最有利的工作立場，而且，在保留我們有意分享或隱瞞體驗的選擇時，我們保持了不對稱性的最佳程度。正如我們在第六章所看到的，費倫齊在他的相互分析的臨床試驗中失去的正是這種自由。

自我揭露的種類

要對自我揭露進行歸納是非常困難的，因為這個詞指涉許多不同的行為。以下這個清單幾乎難以窮盡所有自我揭露的行為，但它展現了那些屬於自我揭露的行為範圍有多大：

（1）一些自我揭露涉及和病人在一起時分析師所思所想的內容。一個簡單的例子是告訴病人關於分析師對病人報告的特定夢境的聯想。

（2）一些自我揭露涉及和病人在一起時，分析師的直接情感反應；例如，告訴或向病人展示自己感到悲傷或惱怒。

（3）一些自我揭露涉及與病人分享更多關於病人和分析師之間互動的思考和情感反應；例如，當病人注意到分析師在過去一週表現得有些疏遠和疏離時，告訴病人關於他們之間發生了什麼的一些想法以及分析師在意識層面留意到的感受，並

討論在分析師看來是什麼導致了自己的這種行為。另一個例子是告訴病人，分析師對於如何處理分析中的一個特定問題感到矛盾。

（4）一些自我揭露涉及分析師對病人的想法，這些想法完全發生在治療環境之外；例如，告訴病人你在某天早上的報紙上看到一篇文章時想到了他或她。這種類型的自我揭露的一個更極端的例子是，分析師分享他們關於病人的夢。我之所以稱之為極端，是因為被揭露的材料可能比分享其他資訊要複雜和模糊得多。

（5）一些自我揭露涉及的是分析師為什麼會有這樣的感覺，包括在當前分析互動之外，分析師在發生學或性格上的決定因素。

（6）一些自我揭露涉及的是簡單客觀的問題，如病人詢問分析師的年齡或婚姻狀況，或分析師是否有孩子，或分析師開什麼車。

（7）這些類別中的每一種都是直接的和有目的的自我揭露，我們必須把它們與分析中經常發生的所有隱含的或不太直接表達的自我揭露區分開來。

（8）然而，超越所有這些類別的另一個區別是，分析師分享那些已經思考和處理過的想法、感覺或經驗；或者在有機會處理它們之前更為自發得分享這些內容，這兩者之間是不同的。（參見伯克和坦西〔Bruke and Tansey, 1991〕，關於艾倫伯格〔1992〕與這個問題有關的工作之討論）。

（9）還有一個區別是，分析師主動揭露自我，或者在病人提出話題並直接向分析師索取資訊後才透露一些資訊。

（馬洛達〔Maroda, 1991〕將此作為決定何時揭露反移情的唯一最重要的標準。）

（10）我們還可以根據分析師的體驗內容來區分自我揭露的類型。例如，我們可以選擇將那些具有攻擊性內容的自我揭露，那些具有性內容的揭露，和那些具有其他影響的揭露區分開來。

關於最後一個區別，戴維斯（1994）討論了一個例子，她告訴一位男性病人她對他有性幻想。這一有爭議的介入引發了一場非常激烈的交流，其中加巴德（1994）提出，有關分析師性感受的揭露應該自成一類，在任何或幾乎任何情況下都不應該向病人透露。高爾金（1987）和馬洛達（1991）在向病人透露情感方面都採取了自由的立場，但他們對與性有關的反移情透露相當謹慎。巴拉特（Barratt, 1994）在討論艾倫伯格（1992）《親密的邊緣》（*The Intimate Edge*）時指出，儘管她經常舉例說明與病人分享她對病人的情感反應，但她從未列舉任何向病人揭露她被他們喚起性欲的例子。巴拉特從這一觀察中得出結論：「這種臨床方法有其假設和限制，而這一方法的特點要求它們是不被質問的。」（p. 279）本章討論的正是這類對臨床方法中固有假設和限制的質問，戴維斯（1994）的論文以及班傑明（1994）和加巴德（1994）隨後的討論也是如此。

區分自我揭露類型的另一個特徵與揭露的內容關係不大，而與揭露的方式關係更大。有些揭露（詮釋或其他介入）是以關閉話題的方式進行的，而其他揭露則是以開啟進一步對話的方式進行的。在我看來，這裡的區別可能在於，所說

的內容是帶著肯定和權威的語氣，還是帶著探索和遊戲的精神。例如，溫尼考特（1954）就曾敦促人們謹慎對待分析師對精神分析情景的侵入行為。然而，波拉斯（Bollas, 1987）指出，作為一個臨床醫生，溫尼考特以一種非常道地的方式工作，與他的病人在言語上來回切磋。波拉斯問道，如何能夠調和作為臨床理論家的溫尼考特與作為臨床分析師的溫尼考特，前者主張在分析中不冒失，後者在分析中的存在感又如此強烈。波拉斯認為，答案在於溫尼考特在他與病人分享想法時所持的態度。他把自己的想法和詮釋當作：

> 主觀的物件……，而不是對個體潛意識生活進行官方的精神分析式解碼。他的態度起到的作用是至關重要的，因為他的詮釋是可以拿來被把玩的——被思來想去，反覆琢磨，條分縷析——而不是被視為官方版本的真相（p. 206）。

一個人對自己的想法、感覺、聯想和詮釋所持有的態度可能比內容更重要。無論分析師揭露了什麼，正是分析師對揭露持有的態度決定了介入是使得病人感到越來越安全，還是越來越危險。

在之前區分各種自我揭露類別的嘗試中，最有說服力的建議也許是西爾斯（Seals, 1975）提出的，他不贊同如辛格（1968）這樣的人際派分析師，後者主張明顯減少分析師的匿名性。西爾斯寫道，在他的實踐中，「雖然我在分析過程中相對自由地透露我的感受和幻想，但我很少告訴病人我在諮商室

外的生活。」（p. 458）揭露治療過程中發生的事情和揭露治療之外的生活，這兩種揭露之間的區別已經成為探究是否進行自我揭露問題的關鍵區別之一。

巴斯庫（1987, 1990）斷言，揭露個人對治療情境中發生事情的反應，這是自我揭露中最相關、最重要、也最沒有爭議的類型。瓦赫特爾（Wachtel, 1993）列舉了一些理由，來說明這種類型的揭露對分析過程是有益的，特別是分享自己對病人和病人所說的話的反應，這類的揭露可以表明自己一直在傾聽，自己在情感上在場，並對病人做出回應。瓦赫特爾認為，透過與病人分享自己的情感反應，可以表明病人對自己產生了情感影響，而這可能正是病人需要意識到的。在瓦赫特爾看來最重要的是，與病人分享自己的情緒反應可以促進對病人體驗的更多理解。分析師的自我揭示可能有助於病人更好地理解移情發生的人際環境。

雖然瓦赫特爾（1993）同意其他人的觀點，當揭露的內容似乎與分析過程的即時性直接相關時提倡使用自我揭露，但他也提出，「內部」和「外部」之間的區別很容易被打破。他認為，即使分析師向病人透露的內容似乎與治療互動沒有直接的關係，但經過反思後，所透露的東西很可能以某種有意義的方式與當下正在發生的事情有關。因此，即使是分析之外的材料也可以被有效地利用。

例如，讓我們來看看馬洛達（1991）在她的《反移情的力量》（*The Power of Countertransference*）一書中提出的建議。這是一部了不起的、在某些方面具有突破性的作品，作者在其中就調整臨床實踐使其朝向分析師更自由地使用直接的情感反

應方面進行了有力地論證。馬洛達對使用自我揭露的臨床主張是迄今為止所有分析理論家中最周到、最系統、最徹底的。她建議分析師首先只分享他們的直接情感體驗，在分析的後期才揭示這些情感在他們個人生活中的來源。換句話說，她主張首先揭露分析師的反移情；其次，分析這種揭露對移情－反移情的影響；最後，通常只在分析的最後階段，分析師才會從發生學和性格的角度對反移情進行深思熟慮的分析。她的首要準則是，分析師應該只在病人的要求下，或在與病人仔細協商並得到病人的批准後才對反移情進行揭露。我認為這些準則在臨床上是非常有用的。

然而，我擔心的是，原本作為指南的準則可能會被當作規則，而這一錯誤的使用可能會阻止進一步有用的臨床探索。例如，我曾與一些病人一起工作，我覺得他們從我願意在分析的早期就透露自己的一些隱私中獲益匪淺，包括我個人生活中某一特定反應的起源。此外，馬洛達的區分意味著病人會等到分析終止階段才去探究分析師的反移情困難。也許是因為我專注於病人對分析師主體性的體驗，我的經驗是，有些病人會在分析工作的更早階段就推動我與他們一起發現這個問題。另外，馬洛達指出，在分析後期階段，分析師可能會向病人透露更多自己的反移情；但我繼費倫齊之後，關注更多的是病人對那些我可能沒有意識到的反移情方面的隱性詮釋。換句話說，馬洛達似乎更關注分析師對他們自己的反移情的揭露，而我自己更強調病人說明他們的分析師認識到分析師自己沒有意識到的參與方面。當然，這兩個過程是同步進行的。

馬洛達還建議，只有在分析師弄清並處理了揭露對病人可

能的影響之後才可以進行自我揭露。我認為，這可能是一個很好的準則，特別是對於教導分析師學員來說，但我傾向於同意艾倫伯格（1992）的觀點，有時最好更立即和自發地做出反應，而不首先處理自己的反應，然後與病人一起分析其對分析過程的影響。

　　從我提出的關於馬洛達指南的這幾個問題可以看出，關於自我揭露的問題，也許最重要的是，一旦把它作為一個重要的臨床問題來討論，就會發現確實有很多問題需要討論。如果自我揭露因被認為模糊了專業界限而被排除在外，或者被認為違反了分析框架，那麼就不可能思考這些區別或技術性問題了。儘管我對馬洛達的一些臨床準則有所保留，但是我相信我和她有很多共同點：我們都相信精神分析過程中固有的相互性；我們都重視分析師的情感反應；我們都提倡至少某些形式的自我揭露是有效的。更重要的是，馬洛達、高爾金、艾倫伯格、坦西和伯克、戈德斯坦、波拉斯、葛林伯格、米契爾、雷尼克和瓦赫特爾，這些人雖然各自對這個話題的處理方式有些不同，但都在努力研究如何處理自我揭露，使其能夠促進分析過程、保護病人不受虐待，並將分析空間作為一個主要為病人的治療需求服務的場所。我相信，從無盡的聯想和感受中選擇什麼與病人分享，這是個人的決定，這個決定因分析師而異，因病人而異，也因任何分析中的每一時刻而異。我認為，這些分類的嘗試作為促進臨床研究和調查的第一步是有用的。

反對自我揭示的理由在於它分散了對病人體驗的關注

　　分析師最常提出的對自我揭示（self-revelation）[2] 的反對意見之一是，任何分析師主觀性的表達都會分散對病人體驗的關注。同道們指出，分析師不保持對病人的這種關注很可能是源於分析師自己對關注的需要，它在分析情境中的出現正是許多病人在童年時遭受問題的重現，即他們的父母也曾強迫他們去適應父母的需要。因此，對於分析師來說，將注意力從病人的體驗轉移到分析師的體驗上，這侵入或侵犯了本應屬於病人的潛在空間；其結果充其量是虛假的自我順從。當分析師指出，我們的病人往往是自戀脆弱的，其客體關係是沒有充分發展的，也沒有能力進行真正的相互性或互為主體性所需的複雜關係，這一論點便得到了進一步加強。在此基礎上，他們論證了對待自我揭示需要極端謹慎。

　　當然，我們都會同意，出於專業和倫理的理由，在分析中我們必須以病人的長遠利益為目標。儘管如此，分析師的個人揭露和捲入在多大程度上符合病人的長期利益，對於這個問題還是存在合理的討論空間。病人需要被給予空間，以他們需要

2　譯者注：作者用 self-disclosure、self-revelation、self-exposure 三個詞來表達相近的含義。本書我將 self-disclosure 翻譯為「自我揭露」，self-revelation 翻譯為「自我揭示」，self-exposure 翻譯為「自我暴露」。前文討論的是「自我揭露」的問題，此處作者換了一個詞，但討論的是同一個問題，為了不使讀者困惑，特此備註說明。

的方式利用分析，但圍繞著給予病人盡可能多的空間是由什麼構成的，這個最重要的問題是含糊的。首先，即使人們接受分析師過多的自我暴露可能是破壞性的這一觀點，但仍存在相當大的空間使一些自我揭露得到建設性的利用。其次，剛剛提出的發展性論點有其局限性，它強調當父母要求他們的孩子滿足父母的需要會隨之帶來破壞性。瓦赫特爾（1993）認為：

> 完全無私地養育兒童，將父母自己的需求和感受排除在外，這不僅不可能，而且也不可取。孩子需要瞭解他們的父母，也需要被父母瞭解。有能力建立親密和個人身份的基礎在於，孩子需要把父母作為另一個擁有體驗，有著自己願望的積極能動性的人（p. 213）。

然而，我想快速補充的是，孩子們也有不去瞭解父母生活各個方面的需要，也需要保有他們自己不為父母所知的方面。我們可以從這個發展模式中推斷出，同樣地，病人不僅需要被他們的分析師理解和認識，而且還需要認識和理解分析師的性格和人際關係的很多方面。反過來，病人也需要被給予不去瞭解分析師的空間，也需要分析師不瞭解他們的個人空間。馬洛達（1991）的技術性建議是，在自我揭露之前，分析師總是跟隨病人的節奏，直接詢問病人是否想知道分析師的反應，這是處理這一問題的一種嘗試。雖然我基本上同意這個建議，但就像所有的準則一樣，可能會存在例外的情況；甚至馬洛達也建議，病人使用投射性認同可能是在隱含地要求分析師進行自我揭露。然而，有些時候，分析師很可能會決定讓病人

直面分析師的反應，哪怕病人寧願「獨自清靜」。這種臨床判斷可能是一個困難但重要的臨床決定，而「正確的選擇」可能總是不同的，這取決於病人或治療階段的因素，也因分析師的不同而異。此外，不論病人說他們想知道或不想知道關於分析師的一些情況，經過檢查後很可能會發現這並不完全反映他們的願望。

考慮一下加巴德和威爾金森（Gabbard and Wilkinson, 1994）在討論對邊緣型病人使用反移情時提供的以下例子。N 女士很激動，一直在恐嚇她的治療師 M 博士，威脅要毀掉他的辦公室，還威脅要自殺。她憤怒地表示，治療是無用的，她的治療師是沒有價值的。最後，M 醫生告訴她：「現在我感覺像在地獄，我很擔心。我認為你讓我感覺到了你身上地獄般的部分」（p. 147）。在這次自我揭露之後，病人冷靜下來，並第一次感到真正的悲傷。根據作者的說法，透過與 N 女士分享他的情緒反應，M 醫生識別並調整了他們共同創造出的移情－反移情互動。透過使用加巴德和威爾金森所說的「臨床上的誠實」（p. 143），透過揭露他自己糾結的無能和憤怒，M 醫生重新獲得了不同於 N 女士的自我，從而推動了臨床工作。有些時候，分析師不應該等待病人詢問他們的反應或感受。還有些時候，分析師需要用自己的情感反應直接面質病人，無論病人是否要求這種回饋。

▌自我揭露與分析師的焦慮

這讓我想到了另一個反對自我揭露的論點，我想討論一

下。吉爾（1983b）建議，當分析師確實透露自己的事情時，他們需要分析病人對此的體驗。他說，分析師最好保守對待自我揭露，因為它們可能會關閉對病人體驗的進一步探究，特別是由於這種探究可能會暴露分析師身上一些他自己都不願意知道的內容（Gill, 1983b, p. 228）。

瓦赫特爾（1993）詳細闡述了這一點，他認為分析情境的不對稱性，以及分析師不透露他們自身聯想的自由是一種保護措施，這允許分析師在一個焦慮相對較少的氛圍中工作，因為他們較少面臨對自身進行暴露的個人威脅。他認為，維護分析師的隱私最終是為了病人，因為每當我們揭露時就讓病人承受了一些羞恥或焦慮，如果我們覺得有必要揭露自己身上類似的東西，那麼我們就必須成為力量和美德的典範才能完成這項工作。他提出，由於我們不是這樣的典範，所以我們需要不對稱結構的保護，以保護我們不受自身焦慮的影響，這樣我們在行事時就可以知道我們不會被個人暴露。霍夫曼（1994）也闡述了這一點。他認為：

> 對分析師的尊重部分是由於病人對分析師的瞭解比分析師對病人的瞭解少得多。相對的匿名性不僅有助於分析師權力的非理性方面，也有助於更具理性的方面。分析師畢竟處於一個相對受保護的位置，這有可能促進他們個性中最具寬容、理解和慷慨的方面（p. 199）。

這些作者提出的觀點是，正是由於相對匿名性的不對稱位置為分析師提供了保護，使分析師能夠作為分析師發揮最

佳作用，從而為病人對分析師的理想化提供了互動的基礎（Hoffman, 1994）。

概念和語義混亂的一個主要來源是將分析師的主體性等同於自我揭示。在我看來，有時選擇不揭露的行為本身可能是主張和表達自身主體性的最佳方式。我們不應該認為，有目的地揭示自己的某些內容比不揭示這些內容更具有自我揭示性。不透露自己的某個方面可能是對自己另一個方面的有力揭示。例如，直接回答病人的問題，雖然看起來是一種自我揭露的行為，但很可能是在努力（有意識或潛意識地）掩蓋自己的焦慮或敵意。誠實、真實、開放和真誠總是非常含糊的。主體性不像「真我」那樣具有簡單或單一的本質（Mitchell, 1993a）。

例如，一位病人問分析師為什麼在會議開始時晚了幾分鐘。分析師有意識地試圖對病人開誠佈公，回答說她很抱歉自己遲到了，因為她剛剛正在處理另一位處於危機中的病人。該病人立即的反應是覺得很受傷，很沮喪。他告訴分析師，她一定對他「非常生氣」。起初，分析師感到驚訝和困惑。她自己的體驗是，她試圖直接和開放地對待病人，她完全沒有意識到自己有憤怒的感覺。然而，病人指出，他的感覺是，分析師之所以告訴他她與另一位病人的關係，是為了傳達另一位病人的問題比他的問題更緊急和重要。他覺得分析師這麼快就告訴了他，而沒有像往常那樣詢問這個問題對他有什麼意義，是因為她想讓他知道她在忙於其他病人的事情。經過反思後，分析師認為病人所說的很可能有一定的道理，於是他們能夠一起推進分析。

然而，我們要考慮到病人可能沒有能力面質分析師的這一

觀察。如果這位病人迅速壓制這一想法，並接受分析師的自我認知，認為她是善良、有愛心、有意義的呢？這類的互動有時可以得到解決，並證明是有成效的；有時也可能對病人造成不必要的傷害；而且，也許最危險的是，它們可能會把分析師有意識的自我描述強加給病人。問題在於，即使是那些分析師即時地以開放、誠實和直接的方式進行的揭露，它們也表達了很多分析師沒有意識到的部分，並總是同時阻礙和揭示著分析師的主體性，總是比分析師透過具體的自我揭露所能表達的更為複雜。這種複雜性不應該使人們產生不要進行自我揭露的結論，而是應該理解到，自我揭露的意義不應該被認為比病人的聯想更簡單和不言而喻。

在我看來，分析師成熟的一個面，就在於認識到我們傾向於隱藏的東西可能確實是一種暴露；而且，如果我們工作得好，我們的病人可能會看到我們自己還沒有承認的一面。雖然我不想把我們作為分析師的個人素質或自我分析能力理想化，但在我看來，要做好這項工作，分析師必須有一定的能力和意願來暴露令自己焦慮的面向，充分控制這種焦慮，並以出於病人和自己長期利益的考慮來處理這些材料。**我建議，思考我們「專業知識」品質的一種方式是，我們作為分析師的部分職能是允許自己成為並（透過我們自身的「訓練分析」）準備好對我們的病人展現情感上的脆弱性。**我同意列文森的觀點，他說我們分析師是被付費來展現脆弱的（cited by Hirsch, 1992）。

這並不是說我認為分析師可以暴露自己而不迷失在移情－反移情的糾結中；我只是認為迷失在這種糾結中是有價值

的，並且病人和分析師可能會一起努力擺脫這種糾結。我們的分析專業性部分地體現在我們接受了嚴格的技能訓練去傾聽病人關於他們對我們參與的看法的回饋的聯想。有時，當我們願意與他們分享我們的一些想法、感受和反應時，我們的病人可能會更好地幫助我們理解我們是如何參與他們的。我們的能力是有限的，這一點很清楚，但匿名並不能安全地迴避參與。如果在古典模式中，我們的想法是要被分析得足夠好，以保持自己的問題不受影響，那麼在關係模式中，我建議分析師需要被分析得足夠好，以容忍他或她的性格被病人揭露和審視的焦慮。我們需要適應我們矛盾的欲望，一方面是去瞭解和不去瞭解對方，另一方面是被瞭解和避免被對方瞭解。

多年來，我們對洞察的理解已經發生了根本性的變化。我們現在認為的洞察並不局限於事物對我們意味著什麼、我們的聯想意味著什麼、我們的夢意味著什麼，或我們的症狀意味著什麼，就好像這些意義只存在於我們的頭腦中。現在我們把更多的注意力放在去理解我們對他人的人際影響以及他人對我們的影響上。列文森（1983）將此描述為從問病人「這意味著什麼？」轉變為問病人「此刻發生了什麼？」（p. ix）。此刻病人在對我做什麼，我是如何參與到正在發生的事情中的？我也許能夠在心理內部的層面弄清楚一個夢的符號對我的意義，但如果不瞭解另一個人的情況，我就無法洞察另一個人是如何對我產生特殊影響的；同樣，如果我不能很好地觀察別人的情況，我也無法洞察我是如何影響別人的。這一類型的洞察是情境性和人際性的。它要求兩個人瞭解彼此的重要方面。它不可避免地也是雙向的和相互的。

病人獲得對分析師的洞察是其獲得自身認識的一個重要方面。由於自我存在於與他人的關係中，對自己的洞察必須包括對他人的洞察。我對自己的洞察必須包括意識到我對他人的影響以及他人對我的影響。在促進我的病人意識到他們對我的影響和我對他們的影響時，我必須準備好被他們研究、影響和分析，並服務於他們的分析需要。自我揭示作為技術和個人參與的一種形式，既可以澄清也可以掩蓋分析互動的性質。任何技術性的公式──無論是匿名規則還是強制的自我揭露──都不能消除分析師需要在每一個案例中，在每一個時刻做出個人的和專業的決定，即什麼行動方案最符合於平衡病人和分析師之間關於認識和被認識、隱藏和避免接觸對方、危險和安全，以及保持個人的和技術性關係之間的最佳張力。正是這些力量在參與雙方中產生的結果，將決定任何介入是否以及如何推進分析過程。

▌結論：自我揭露和真實性

　　曾經，在幾十年前，精神分析師們對進行分析懷有某些普遍接受的基本信念。他們知道，分析師應該是匿名的，作為一個空白的螢幕；分析師應該避免過於滿足，應該保持中立，不應該對病人的移情做出即時的反應。隨著分析師們對這些技術性建議所依據的假設提出質疑，特別是當他們淡化了洞察獨具的重要性，而強調關係的重要性時，他們就試圖放棄這些規則和準則。對一些人來說，真正重要的是與病人建立一種強烈的、個人的接觸，一種情感上的回應關係，一種存在性的相

遇。

　　一種觀點是把分析看作一種個人的相遇，其中規則和準則是障礙和阻礙；另一種觀點是把分析看作一種技術性的、非個人的、編纂的、更受限制的程式，包括一個狹義的治療聯盟。現有的強烈趨勢是從一個極端向另一個極端轉換。而我在本章中的任務是在思考自我揭露的問題時不至於長時間陷入這兩個陷阱中的任何一個。我不贊同相對保守的立場，即分析師不應該透露任何關於自己的事情；我也不贊同「怎麼都可以」的心態，即分析師說什麼，做什麼都可以，只要它們被「分析」或談論。正如英德比森和萊維（Inderbitzen and Levy, 1994）所指出的，並不是所有的東西都要被「研磨」。雖然分析師們可能試圖分析一切，但並非一切都可以被分析（p. 764）。

　　米契爾（1995）在對比人際派和克萊恩派關於精神分析的互動所持的立場時也採取了類似的立場。米契爾認為克萊恩主義者強調分析師對情感反應的克制和沉默處理，對反移情進行遏制，並利用它來形成適當的詮釋。相比之下，米契爾將人際派分析師描述為更有可能以自我揭露的形式直接表達他們的直接情感反應。米契爾試圖在這兩個極端之間進行調和，他認為這兩個極端各有利弊。他喜歡人際派所提供的自發性、自由和情感誠實等元素，但也重視克萊恩派對反移情的遏制以及克制的情感處理。在思考克萊恩方法的優勢時，米契爾指出，當分析師向病人揭露一種特定的感覺時，這種感覺可能代表了被病人分離的面向（通過投射性認同投入到分析師中）。透過向病人揭露這種感覺，分析師可能會加強病人身上對這種感覺的

解離。米契爾的建議是，透過遏制這種感覺而不是直接表達它，分析師可能會鼓勵病人將這種感覺作為他們自己的感覺。

米契爾的論點所具有的含義是，透過遏制、保持、處理和消化直接的情感體驗，分析師超越了這些瞬間的個人反應，並在他們與病人長期互動的更廣泛的情境中獲得對這些感覺的更好理解。他寫道：「分析性反思迫使分析師注意到分析師對病人感受的其他特徵，而不是在任何特定時刻都處在直接的中心。」（Mitchell, 1993a, p.146）一個衝動的反應不一定比一個克制且深思熟慮的反應更真實。「在分析中說出一切並不意味著真實性，關鍵是真誠地說了什麼。」（p. 146）

雖然我完全同意米契爾的觀點，即真實性不等同於衝動地對病人說話的強迫需要，但真實性的問題是非常複雜的。畢竟，確定所說的話是否「真誠」真的比確定什麼是「真實」更容易嗎？一位分析師的真實性和自發性可能對另一位分析師來說是衝動和自我放縱。一位分析師感覺到的自律克制以及對感情的把持和處理，對另一位分析師來說可能是「如坐針氈的感覺」，於是進行過度的約束、情感上克制、個人的不參與，或倒向維持權威性。米契爾明智地建議將這兩種方法結合起來，以平衡深思熟慮的自律克制與自發性和自由表達情感具有的活力。

雖然傳統上分析師被期望要保持一個相對（如果不是極端）匿名的基線，但最近有人提出，這樣做可能會阻礙有效的分析工作。例如，賴爾（Lehrer，1994）建議，「就治療性互動進行人性的回應和自我揭露可能被證明是進行分析的一個更具建設性的基線。」（p. 514）我不認為存在任何單一的正確

方法來進行分析，我也不認為存在一個有關最佳自我揭露的「正確」數量。賴爾將「人性的回應和自我揭露」這兩個詞聯繫在一起，可能暗示了不回應或不進行自我揭露就是不人性的，我當然不相信情況總是如此。可能對一些分析師來說相對匿名的基線是最舒服的，但重要的是，即使是這些分析師也要有足夠的靈活性，有時對一些病人要偏離這個基線。可能對另一些分析師來說，保持一個相對的反應性和自我揭露的治療互動的基線更舒適，也更有效。但對這些分析師來說，靈活地偏離這一基線並保持一些私人空間也很重要。

無論在某個案例中做出什麼決定，無論什麼風格最符合某個分析師的個性，都需要保持讓參與者雙方進行反思和分析的開放性。任何一種技術風格都不可能比另一種更人性化或更具臨床效果。為了達到一個對每個人都很有效的明確方案，有太多的變數需要考慮。我相信這就是費倫齊（1928）在描述「精神分析技術的彈性」時所想到的一個方面。在分析師決定何時進行自我揭露到什麼程度的過程中，需要考慮的因素包括病人和分析師就認識和被認識的衝突進行相對的平衡。

在理論和臨床精神分析的當代發展中，最令人激動的是對多元化和多樣性保持新的開放態度。進行精神分析有很多有效的方法，而不是只有一種方法。分析師有許多技術選擇，如果我們的理論和技術方法與我們個人特質相匹配或相輔相成，即使我們每個人選擇不同，仍然能夠有效地進行分析。我不相信我們已經獲得了最終統一的精神分析技術取向，我也希望我們永遠不會獲得一個統一的取向！一個要求自我揭露的技術理論（即揭露是不可避免的）和一個禁止自我揭露的理論一樣具有

局限性。關於分析師應該自我揭露什麼，應該被揭露什麼，或者何時揭露，這些問題沒有正確的答案。不存在一個獨立於個別病人的答案，更重要的是，也不存在一個獨立於分析師性格的答案。正是出於這些原因，我的技術建議是開放式的，而不是具體的。我相信，分析師有意進行自我揭示的程度和性質的問題，可以在每個獨特的精神分析情況下得到處理。沒有任何技術理論可以超越分析師的獨特性格。我認為有一些非常優秀的分析師很少有目的地使用自我揭露，也有一些非常優秀的分析師經常使用自我揭露。如果不考慮自我揭露對分析師個人意味著什麼，以及它對病人和獨特的分析關係意味著什麼，技術理論就無法對自我揭露進行規定。

結束語

海因里希・雷克（Heinrich Racker, 1968）寫了一首可以被稱為當代關係精神分析的「頌歌」：

> 在「分析情境的神話」中，對真理的第一個歪曲是，把分析看作是一位病人和一位健康人之間的互動。事實上，它是兩個人格之間的互動……每個人格都有其內部和外部的依賴性、焦慮和病態防禦；每個人格都是一個孩子，有其內在的父母；被分析者和分析師的這些完整人格中的每一個部分都對分析情境中的每一個事件做出反應（p. 132）。

出於非常充分的理由，這段話經常被引用，因為它概括了相互性原則的大部分精髓，而這是精神分析關係模式的根本所在。雷克在這裡提請我們注意一些原則，其中包括精神分析是兩個人之間的互動，他們各自對分析情境中的每一個事件做出反應。也就是說，雷克把分析中的兩位成員都看作是互動的參與者。此外，雷克在談到病人和分析師之間神經性互動的相互性時，他堅持認為就病人和分析師的功能而言，沒有一人是完全健康、理性或成熟的。

在這個著名段落的一個不太被知道的註腳中，雷克指出：

意識到這種「平等」是很重要的，否則會有很大的危險，「父權秩序」的某些殘餘會汙染分析的情境。缺乏對反移情的科學研究是分析師和被分析者的群體中「社會不平等」的表現，這也意味著需要進行「社會改革」……（p. 132n）。

在雷克的表述中，我們可以聽到社會民主化和新興的女權主義批判的迴響，這種批判在關係理論的發展中起到了重要作用。雷克認識到並警告我們，在分析師和被分析者的健康和判斷現實的能力方面，將他們進行兩極分化是很危險的。他認識到在他們之間存在著權力、支配和權威的問題。當雷克寫到病人和分析師之間的「平等」時，我相信他之所以用了引號是因為他指的並不是真正的平等，而是分析師和病人對健康和神經症的相互遏制。愛德格·列文森（Edgar Levenson）是當代最著名的人際派分析師，他認為雷克的客體關係立場和蘇利文（Sullivan, 1953）的人際箴言，即「我們都不過是簡單的人而已」（p. 32），兩者「在精神分析的概念中交匯，都把精神分析看作是以相互尊重的方式對共同現實進行探索」（Levenson, 1987a, p. 214）。

同樣，備受尊敬的資深佛洛伊德派分析師麥考林（McLaughlin, 1981）寫道，傳統的移情觀點強化了精神分析的模式，這種模式將「患有精神病的病人與掌握治療方法的醫生」截然分開（p. 642）。心理現實和客觀現實被分割開來；移情、心理現實和嬰兒化被歸於病人，而客觀性、外部現實、成熟和健康被歸於分析師。從佛洛伊德派、人際派和克萊

恩派的簡短樣本中，我們可以看到強調相互性的關係立場是如何超越狹義的政治和理論關聯的。

從驅力理論到關係理論的轉變（Greenberg and Mitchell, 1983）以及從客觀主義認識論到建構主義的運動（Hoffman, 1991）都是在更大的社會、政治和經濟變革的大背景下發生的。相比當代精神分析所處的社會，作為精神分析的誕生地，第一次世界大戰前的歐洲處於更為專制的時代。上個世紀的社會變化增加了這種權威受到挑戰和審查的可能性。基於認識論的理由，客觀、「中立」的觀察者的概念已經受到質疑。即使在物理學這樣一門堅硬而精確的科學中，海森堡和愛因斯坦也證明了觀察者的位置和觀察行為會影響收集到資料的性質。

在後現代的世界中，真理的概念到處受到攻擊。諸如德希達（Derrida, 1978, 1981）這樣的後結構主義者們認為意義是多重的、不穩定的、可詮釋的，是相對於特定的社會、政治和歷史背景的，因此他們遠離了大理論，後者聲稱要維護普遍的真理。諸如羅蒂（Rorty, 1979）這樣與後現代主義結盟的哲學家們批評他們的前輩是「本質主義者」，後者假設存在著先天的本質意義，而非歷史上偶然的或局部的意義。後現代心理學家，或社會建構主義者，已經開始解構諸如個人的自主和自我等概念（Cushman, 1991; Gergen, 1991, 1994）。解構主義者對文本的偏見和假設進行去中心化，把邊緣和邊緣化的觀點移到中心位置。傅柯（Faucoult, 1984）揭示了多元觀點如何在文本中被抹去並被壓制，那些被聽到的聲音與權力和維持權力的策略有關。女權主義者，特別是後現代女權主義者已經提醒我

們，當諸如性別、性和種族等基本概念被解構時，是如何作為文化和語言上的慣例揭示了隱藏的權威和權力關係。現有社會秩序所假定的固定性被破壞了，被壓制的聲音得到了重視；例如，在心理健康領域，婦女、兒童、少數民族、同性戀者和病人的呼聲得到重視。

所有這些如何讓分析師們試圖成為病人心理現實的相對中立的詮釋者？分析過程的古典概念首先是把移情作為對現實的扭曲來理解其歷史性。分析師所處的位置必須向病人詮釋在什麼地方、什麼時候以及病人是如何扭曲或誤解分析師的，畢竟分析師是一個相對空白的螢幕。相對的沉默、距離、匿名和封閉，以及假定已接受了徹底的分析訓練和持續細緻的自我分析能力，這些可以使分析師們免於情緒的過度捲入，並被認為處於一個很好的位置，可以分清病人的感知中哪些是真實的，哪些是錯誤或扭曲的。分析師必須有能力判斷什麼是真實的，什麼是不真實的；並且區分移情和現實、移情和聯盟、移情和關係之間的不同。但是，當權威在生活的各個領域受到質疑時，當詮釋本身被看作是權力的運作時；當真理被看作是相對的並受環境約束時；當主導的觀點被去中心化，而邊緣化的聲音被移到前景中時；當意義被看作是社會建構的，而普遍規律被貶低時；當客觀性、現實和真理的概念受到挑戰時；當每一個大理論被攻擊時，精神分析師們所處的位置在哪裡？分析師如何詮釋移情，進行基本的精神分析行為，而這種行為，正如它在傳統上被概念化的那樣，意味著分析師有權力區分真理和歪曲，並分配意義，好像他們沒有通過詮釋行為參與到分析師的權力關係中？

我們對精神分析技術最寶貴的基本信念都受到了質疑。隨著驅力理論被放棄後，挫折和滿足的維度長期以來作為客體功能的唯一最佳指南也已經失去了中心地位。因此，節制、匿名和中立的規則不得不被放棄。我們不認為我們的後設心理學具有理所當然的絕對真理；當我們有這麼多的後設心理學可以選擇的時候，我們怎麼可能將其看作理所當然的呢？因此，我們的詮釋必須建立在這些之外的基礎上。後現代情形不可避免地影響了精神分析，而且它已經對各種標示和流派產生了影響，包括社會結構主義、詮釋學、敘事方法，以及我稱所為的關係－視角主義。

　　關係－視角主義摒棄了認為分析師代表現實和健康的權威角色來瞭解真理的觀點，而傾向於將分析師視為致力於相互不對稱的共同參與者。將分析師－被分析者、治療師－病人、觀察者－被觀察者、健康－精神官能症、科學家－資料、試驗者－被試等概念兩極化的趨勢來自於對傳統主體－客體二分法的接受，反過來，這種二分法與男性－女性的二分法有著複雜的聯繫。男女對立的思想在歷史上一直存在於東方和西方文化中。在西方，女性被認為是所有非男性事物的儲存器；女性被賦予了男性之外的「另類」角色。研究生院煞費苦心教給我們的客觀主義和實證主義的科學研究模式所基於的就是這些區別。在法蘭西斯・培根（Francis Bacon）的科學模式中，自然被描繪成女性，要被具有穿透力的男性目光所征服（Keller, 1985）。在整個西方歷史和文化中，女性關聯的是激情和情感，而男性關聯的是理性、技術和文明。

　　在佛洛伊德將精神分析作為一門科學的積極努力中，他以

陽具的形象描繪了分析師的功能。分析師被認為是無畏的、冒險的男性，他試圖揭開、暴露和穿透女性的「潛意識」。分析師要敏銳洞察、勇敢無畏，無懼於對女性潛意識的「追求」。分析師要「客觀」，因此所有「主觀因素」——情感、激情、主觀性——必須被消除。隨著重點從單人心理學轉向雙人心理學；隨著關係和互為主體精神分析理論的興起；隨著對分析師主體性的承認，我們對精神分析的看法也從將其看作相對疏離的活動轉向個人和情感的參與活動。分析師的主體性，即最廣義的反移情，非但沒有被消除，而是被利用，而病人對分析師主體性的體驗也將被闡明。觀察者和被觀察者、分析師和被分析者、理性和非理性、男性的客觀和女性的主觀，所有這些迄今所接受的區分都不復存在，模糊性、多重性和悖論性取代了清晰和認同所處的中心位置。

當代精神分析是否主張要我們放棄客觀性？後現代理論朝著相對主義的方向發展，出於這個及其他原因，後現代思想產生了激烈的爭議。這關係到我們如何知道我們所知道的，以及在知識方面是否能夠取得意義的進展等根本問題。陳舊的、古典的、實證主義或客觀主義的模式可能具有專制甚至是父權的缺點。但至少在這個模式中，分析師必須接受一定的責任！分析師可能維持著這樣的神話：「他」比病人更健康、更聰明、更理性、更成熟，至少在他作為分析師的時候是這樣。不過，與此同時，「他」也必須承擔倫理和道德責任，進行恰當的分析，保持適當的界限，確保分析框架，給予正確和及時地詮釋，辨別真實和扭曲、進展和退行，區分防禦和阻抗中有意義的真實情感表達。然而，一旦我們從分析中去除這些顯著的

不對稱性，還剩下什麼可以使分析師做出這些區分，從而指導分析過程，就像我們期望任何專家指導一項專業工作一樣？簡而言之，隨著後現代崩解了分析師的權威和權力，分析師的專業知識、職業責任和職業道德將何去何從？

我想用最強烈的語氣提出，放棄後設心理學真理和理論基礎並不意味著必須放棄道德標準、職業責任或臨床判斷。恰恰相反，根據我在第一章中所描述的肯定的後現代敏感性，我相信接受關係－視角主義的方法，也就是在本書中指導我思考的方法，會讓我們認識到分析師必須接受這樣的事實：正是他們自己的個性，他們自己的主體性，支撐著他們的價值觀和信仰，構成他們的理論信念，並形成他們技術介入和臨床判斷的基礎。不可能有任何技術選擇或臨床決定是不受分析師主體性影響的。我同意並希望強調霍夫曼（1995）的有力陳述，不要把反移情看作是分析師在進行任何介入時要考慮的眾多因素中的一個，我們必須承認「分析師主觀的、個人的、反移情的體驗是包括理論在內的其他一切要素的最終情境」（p. 108）。因此，分析師不應否認個人責任並將他們的理解歸於抽象的後設心理學或普遍的理論，而是必須接受他們的詮釋性理解和臨床介入背後的個人責任。我們的理解總是帶有價值的，而我們的價值總是個人的。不存在中立的理解或詮釋。

伯恩斯坦（Bernstein, 1983）描述了在被剝奪了確定知識的可能性之後，我們是如何遭受「笛卡爾式焦慮」，即擔心我們將只剩下基進的相對主義。正是出於我們的笛卡爾式焦慮，我們才渴望根本的知識。比昂（1990）寫道：

當接近潛意識時——即接近我們所不知道的，而不是我們知道的，病人和分析師都一樣，我們肯定都會感到不適。任何明天要去看病人的分析師都應在某些時候感到不安。在每個諮商室裡應該都有兩個相當緊張的人：病人和精神分析師。如果他們不是這樣，人們就會想，他們為什麼要費盡心思去瞭解大家都知道的事情呢（pp. 4-5）。

作為一位精神分析師，就像作為一位被分析者一樣，也不是一件容易的事。而且正如比昂所說，它應該是令人不安的。於是，作為分析師，我們渴望得到可靠的、根本的知識。我們想要一個堅實可靠的理論來指導我們，緩解我們的焦慮。但我們和病人一樣，必須掙扎於沒有簡單解決方案的情況。我們必須持續做出技術性的選擇，以這樣或那樣的方式進行實踐，為我們自己和病人制定某些基本規則，相信某些事情而不相信其他事情。同時，我們必須接受，這些選擇反映了我們自己的主體性；它們是個人化的，而不僅僅是技術或理論的選擇。我們必須做出選擇，但我們不能把我們的選擇說成是由抽象和普遍原則帶來的不可避免的結果。相反地，我們必須接受我們的選擇是以我們的價值觀為基礎的，而這些價值觀又反映了我們是誰。

我們可能會質疑，如果我們放棄了對基本真理的信仰，我們如何能帶著任何意義上的信念與病人交談。霍夫曼（1992a, b），米契爾（1993a）和史騰（1992）提出，悖論的是，在建構主義方法中，分析師可以更自由地說出他們的想法，因為隨著外部真理標準的消除，就為自發地自我表達和個人信念提供

了更多的空間。在強調這種方法如何導致對話而不是教條主義時，斯皮札諾（Spezzanno, 1993）寫道：「這樣說並不是要放棄真理。它放棄的是真理的確定性。藉由放棄確定性，我們接受無止境（endlessness）作為我們討論中最確定的東西。」（p. 29）由於沒有基礎可言，討論便是無止境的。分析師不能僅僅通過權威性來結束討論；相反地，所有的真理都是局部的、視角的和瞬間的，都需要被質疑並接受進一步分析。

我們主張承認臨床精神分析中深刻的相互性，以及我們的實踐和認識論中更大的平等主義，這並不意味著放棄專業的知識或紀律，也不是要放棄病人和分析師之間根本的不對稱性。在權威和專制之間，在基於經驗和訓練的信念和專業知識之間，以及在僵化的確定性之間，存在著關鍵的區別。那些宣導建構主義方法中最有說服力的精神分析作者們（Hoffman, 1991, 1992a, b, c, 1993; Stern, 1992; Mitchell, 1993a）一再指出，建構主義的方法並不減少對智力和專業紀律以及某種分析客觀性的需要。但是，在這裡，對於客觀性我能說什麼呢？從一個視角主義的立場來看，什麼是分析的客觀性？

我在本書中的許多方面都認為，關係精神分析採用的是一種辯證的方法，試圖在看似對立的原則之間保持張力，在心理內部和人際之間、主體內和主體間、個人和社會、自主性和相互性之間保持平衡。與其維持客觀主義與相對主義的兩極分化，指導我在本書中思考的哲學觀點可以被稱為「辯證意義上的客觀性」（dialectical sense of objectivity）（Megill, 1994, p.7）。實證主義的絕對客觀性原則排除了主觀性，就像佛洛伊德所做的那樣，導致了一種非視角的客觀性或「沒有出處

的觀點」，一種「上帝視角的觀點」。在現代主義盛行的時代，客觀性被看作是一種沒有問題的知識。美吉爾（Megill）調查了當前關於客觀性的跨學科辯論，認為它是文化實踐的一個偶然的、變化的且很有問題的產物。他提出了「辯證的客觀性」的概念，其中涉及「對主觀性持有積極的態度，辯證的客觀性所具有的典型特徵是認為主觀性對於物件的構成是不可或缺的」（p. 8）。如果我們對傳統思維的批判導致我們參與到對古典價值的簡單顛覆中，我們就沒有任何收穫。傳統上，客觀性受到珍視，而主觀性受到蔑視。簡單的顛倒兩者只會貶低任何客觀性的嘗試，因為它非但不可能實現，而且會鼓勵基進的相對性和無紀律的主體性。與此相反地，辯證意義上的客觀性認識到這些概念的極端兩極化本身就是問題的一個方面。辯證的客觀性中帶有主觀性，並在其內部包括了對主觀性的反思。

回到我在尾聲開端的那個著名聲明，雷克（1968）繼續說：

> 分析師的客觀性主要包括對他自身主觀性和反移情的某種態度……真正的客觀性是建立在一種內部劃分的形式上的，它使分析師能夠把自己（他的反移情和主觀性）作為持續觀察和分析的物件。這個立場也使他能夠相對「客觀的」對待被分析者（p. 132）。

雷克對於相對客觀性的描述，就像他的其他貢獻一樣，遠遠領先於其所處的時代，並預見到了我剛才描述的辯證意義上

的客觀性的概念，這種客觀性只有透過反思性地包含自己的主觀性而不是消除它來辯證地實現。

傳統上，分析師進行個人受訓分析是為了獲得對自己反移情的「控制」，充分瞭解自己的「個人問題」以便能夠消除它，充分被分析以便不付諸行動或參與病人的互動。而從本書中的關係觀點來看，在我們的訓練中，沒有什麼比對自己進行深度分析更重要了。因為從這裡闡述的觀點來看，我們的主觀性是我們作為分析師所做一切的基礎，而且在我所描述的關係框架內，獲得分析師的情感反應對於他們的有效運作至關重要（無論分析師選擇對這些情感進行維持和控制還是表達或行動），分析師的個人分析仍然是我們專業訓練中最重要的因素。

我們的分析專業性並不在於我們被「徹底分析」後就能對精神官能症免疫，能比我們的病人更健康，並能更好地判斷現實。相反，我們的專業性在於我們獲得和磨練了某些個人的、人際的、專業的技能。這些技能包括反思我們自己參與人際關係的能力，同時認識到這種反思能力在任何時候都是有限的；有能力關注我們自己的情感體驗，反思這種體驗，並將其符號化，同時認識到在任何時候都有大量的自身體驗是沒有被關注的；有能力帶著足夠的靈活性熟練得使用一種分析理論或模型，或者有能力在各種分析模型之間來回穿梭（Mitchell, 1993a），以便幫助病人構建對自己的生活有實際意義的敘述；有能力熟練地解構病人向我們提出的或我們與他們一起構建的任何故事情節，以便我們和他們不會僵化地固守任何的敘事結構。當病人觀察和審視我們與他們的合作，並明示或暗示

地對我們參與他們的性質進行評論時，有能力容忍一定程度的焦慮和憂鬱，並有能力享受、慶祝和自豪於精神分析過程中固有的共同成長、親密關係和相互滿足。這份非常簡短的清單，只是列出了精神分析臨床實踐所必需的眾多技能中的一部分；這些技能中沒有一個需要採用關於真理和現實的基本教義觀念，並且所有這些技能都證明勝任精神分析實踐需要巨大的自律。

關係精神分析認為，病人和分析師所追求的不是真理，而是他們試圖建構的意義（Mitchell, 1993a）。意義是在關係和人與人之間產生的，也就是說，意義是經過協商共同建構的。分析師不能簡單地構建精神分析的敘事，也不能隨心所欲地詮釋病人的聯想；現實結構的約束限制了我們合理構建的可能性。分析的客觀性是具有辯證性和對話性的；我們依賴於我們的主觀性，但我們的主觀性也受到我們調查物件的塑造和制約，畢竟對方是一個獨立的主體。辯證意義上的客觀性包含了我們的主觀性，但也沒有忽視這些約束。分析的客觀性是協商的、關係性的、互為主體的。意義是透過心靈的相遇而達成的。

我想透過重複費倫齊（1931）的觀點來結束本書，因為這個觀點在現在和在當時一樣真實：「分析技術從來都不是，現在也不是，最終確定的東西。」（p.235）儘管許多方法對許多病人來說效果並不理想，但也不存在單一的正確方法來進行精神分析。分析師不應該被教導使用技術性的處方，他們可以被教導對於如何做出明智的臨床決定的過程進行思考；他們可以接受臨床理論的指導，這將為他們帶來很好的指南針作

用，使他們能在臨床精神分析的深海中航行。與其把精神分析技術理論看作一個規定某些行為類型的手冊，我更願意把我們的技術理論看作一個鼓勵在行動中反思的路標系統。分析師們別無選擇，只能進行試驗，進行創新；透過試驗和錯誤來學習什麼可以加深他們自己和病人的分析工作；並在他們自己的道德和專業信念，以及專業團體的道德標準的指導下進行詮釋和介入。這種臨床實踐的觀點使得介入不是基於大理論、技術的規定性理論或「技術理性」（Schon, 1983），而是基於分析師自己的主體性（包括他或她的個人歷史和專業經驗、理論知識和臨床智慧），因為它是在與個別病人的主體性對話中形成的。由於共同對話和無止境的交談是這個意義系統的基礎，分析師在他們的探索中要注意的是，他們在病人身上不應該做任何他們原則上不願意與同事、專業團體和公眾討論的事情。

　　比昂（1990）的教導是：

> 有一種所謂為的「古典精神分析」：分析師有一個分析的情境，他在其中實踐分析；他有合適的病人，並給予他們合適的、經過認證的正確詮釋。我從來不知道存在這種狀態。分析的情境是特定的實踐者認為對他自己來說是合適的情境（p. 139）。

　　關係精神分析遠沒有消除「主觀因素」，它所主張的分析客觀性是辯證性得構成的，根植於互為主體的關係。精神分析的結論可以說是客觀的，因為它在一定程度上是在主體間出現的，在分析師和被分析者之間相互構建的。精神分析理論以及

我們的道德準則同樣可以被稱為客觀的，因為精神分析知識是共同的或關係性的知識，它們起源於社會，是基於實踐者和理論家組成的精神分析團體協商達成的共識。換言之，它基於心靈的相遇。

• 術語

acting in 演繹

actualization 實踐化

actualized 實際化

agency/agent 能動／能動者

analytic dyad 二元配對

antilibidinal ego 反力比多的自我

asymmetrical mutuality 不對稱的
相互性

autonomy 自主

blank-screen model 空白螢幕模式

communion 共融

concrete-operation stage 具體運思
期

constructivism/constructism 建構
主義

contained/container 被函容／函容
者

core self 核心自我

depressive position 憂鬱心理位置

developmental-arrest 發展性－抑
制

disengagement 不捲入

dual-drive 雙驅力

dyadic system 二元配對系統

ego psychology 自我心理學

ego 自我

empathy 共情（同理）

enacted/enactment 共演（活現）

foundationalism 基礎主義

furor sanandi 狂熱治療

id 伊底

individuality 個體性

individuation 個體化

induced countertransference 被誘
導的反移情

instict for communion 共融的本能

Intensive Psychotherapy 強化心理
治療

interaction/interactional 互動／互
動性

intermental 心理間

interpersonal psychoanalysis 人際
精神分析

Interpersonal-Humanistic 人際關
係－人文主義（分軌課程）

interpersonalization 人際化

the naive patient fallacy 天真病人
　謬論
the person point of view 有關人的
　觀點
thinking apparatus 思維裝置
transference 移情
unitary self 統一自我

・人名

A

Abraham 亞伯拉罕
Adler 阿德勒
Altman, Neil 尼爾・奧爾特曼
Altman 奧爾特曼
Angyal 安亞爾
Arlow, Jacob 雅各・阿洛
Atwood 艾特伍

B

Bacal 巴卡爾
Bachant 巴尚
Bader 巴德爾
Bakan 巴坎
Balint, Michael 麥可・巴林特
Balint 巴林特
Ballas 巴拉斯
Barangers 巴拉格斯
Baranger 巴蘭格
Bateson 貝特森
Bavelas 巴維拉斯
Beauvoir, Simone de 西蒙・波娃

Beebe, Beatrice 碧翠絲・畢比
Ben-Avi, Avrum 阿夫魯姆・本－
　阿維
Benjamin, Jessica 潔西卡・班傑明
Bergmann, Martin 馬丁・伯格曼
Bernstein 伯恩斯坦
Betty Joseph 約瑟夫
Bion 比昂
Bird 博多
Blass 巴拉斯
Blatt 巴拉特
Blechner 布萊克納
Bollas, Christopher 克里斯多夫・
　波拉斯
Bowlby 鮑比
Brandschaft 布蘭特沙夫
Brenner 布倫納
Breuer 布洛伊爾
Britton 布里頓
Bromberg, Philip 菲利浦・布隆伯
　格
Brown, Leota 利奧・塔布朗
Bruner 布魯納
Buber 布伯
Burke 伯克
Bushra, Annabella 安納貝拉・布
　希拉

C

Casement 凱斯門
Chodorow, Nancy 南茜・喬多羅

Grolnick 格若尼克
Gross, Otto 奧托‧格羅斯
Guntrip 岡粹普

H

Habermas 哈伯瑪斯
Harris, Adrienne 埃德里安‧哈里斯
Heimann, Paula 保拉‧海曼
Hinshelwood 亨舍伍德
Hirsch 赫希
Hoffer 胡弗
Hoffman, Irwin Z. 艾爾文‧霍夫曼
Holder 霍德
Horney, Karen 凱倫‧霍尼
Hubley 哈伯利

I

Inderbitzen 英德比森

J

Jackson 傑克森
Jacobs 雅各
Jaffe 亞菲
Jocobs, Theodore 西奧多‧雅各
Jones 瓊斯
Joseph 約瑟夫
Jung, Carl 卡爾‧榮格

K

Kalinkowitz, Bernard 伯納德‧卡林科維茨
Kaplan, Donald 唐納德‧卡普蘭
Keller 凱勒
Klauber 克魯伯
Klein 克萊恩
Kriegman 克里格曼

L

Lacan 拉岡
Lachmann 拉赫曼
Laius 拉伊奧斯
Lasky 拉斯科
Leary 李瑞
Lehrer 賴爾
Leveson, Edgar 愛德格‧列文森
Levine 萊文
Levy 萊維
Liang, R. D. 連恩
Lichtenberg 利希滕貝格
Lieberman, E. James 詹姆斯‧利伯曼
Little 利特爾
Loewald, Hans 漢斯‧羅華德
Lomas 洛馬斯
Lynch 林奇

M

Mac-Murray 麥克－莫瑞
Maroda 馬洛達

McDougall 麥克道格

McLaughlin 麥考林

Mead 米德

Megill 美吉爾

Meltzer 梅爾澤

Menaker, Esther 埃斯特‧梅納克

Millet, Kate 凱特‧米列

Mitchell, Juliet 茱麗葉‧米契爾

Mitchell, Stephen A. 史帝芬‧米
契爾

Mocale 邁克爾

Modell 莫德爾

Money-Kyrel 摩尼－凱爾

N

Natterson 納特森

Newman, David 大衛‧紐曼

O

Ogden, Thomas 湯瑪斯‧奧格登

Orange 奧蘭治

Ornstein 奧恩斯坦

Oroddeck 奧羅德克

P

Philipson, Ilene 伊琳‧菲利浦森

Phillips, Adam 亞當‧菲利浦斯

Piaget 皮亞傑

Pizer, Stuart A. 史都華‧皮茲爾

Poland 波蘭德

Protter 波羅特

R

Racker, Heinrich 海因里希‧雷克

Rank, Otto 奧托‧蘭克

Reich, Annie 安妮‧賴希

Renik, Owen 歐文‧雷尼克

Resenau 雷森諾

Richards, Arnold 阿諾德‧理查茲

Rickman, John 約翰‧里克曼

Ricoeur 呂格爾

Rivera 里維拉

Rorty 羅蒂

Rosenfeld 羅森菲爾德

Rothstein 羅斯坦

S

Samuels 沙繆斯

Sandler, Joseph 約瑟夫‧桑德勒

Sandler 桑德勒

Schafer, Roy 羅伊‧沙夫

Schwaber, Evelyne 伊芙琳‧施瓦
布

Sears, Harold 哈洛德‧西爾斯

Severn, Elizabeth 伊莉莎白‧塞文

Shengold 聖歐德

Silverman, Doris 桃莉絲‧西爾弗
曼

Singer, Erwin 埃爾文‧辛格

Slavin 斯拉文

Spence 斯賓塞

Spezzano 斯佩札諾

Spillius 斯皮琉斯

Spitz, Rene 雷尼・斯皮茨

Steiner 史坦納

Stern, Donnel 唐納爾・史騰

Stolorow 史托羅洛

Strachey 史崔奇

Sullivan, Harry Stack 哈里・史塔
克・蘇利文

Summers 薩默斯

Suttie 蘇蒂

Symington 賽明頓

T

Tansey 坦西

Tauber. Edward 愛德華・陶伯

Thompson, Clara 克拉拉・湯普森

Tower, Lucia 露西亞・托維爾

Trevarthan 特雷瓦爾坦

V

Vygotsky 維果斯基

W

Wachtel 瓦赫特爾

Wallerstein, Robert 羅伯特・沃勒
斯坦

Watzlawick 瓦茨拉維克

Wilkinson 威爾金森

Wilson 威爾遜

Winnicott 溫尼考特

Wittgenstein 維根斯坦

Wolfenstein 沃芬斯坦

Wolstein 沃斯坦

Z

Zeligs 澤利格斯

Zucker, Herbert 赫伯特・札克

・重要書刊

Clinical Diary《臨床日記》

Contemporary Psychoanalysis《當
代精神分析》

*Credo: The Dialectics of One-
Person and Two-Person
Psychologies*《信條：單人和雙
人心理學的辯證法》

Imago《意象》

*International Journal of
Psychoanalysis*《國際精神分析
雜誌》

*Internationale Zeitschrift fur
Psychoanalyse*《精神分析國際
期刊》

*Object Relations and
Psychoanalytic Theory*《客體關
係和精神分析理論》

*Psychoanalysis Dialogues:
A Journal of Relational
Perspectives*《精神分析對話：
關係視角期刊》

Psychoanalysis Quarterly《精神分
析季刊》

Psychoanalytic Inquiry《精神分析

探索》

Relational Concepts in Psychoanalysis《精神分析的關係概念》

The Bond of Love《愛的紐帶》

The Development of Psychoanalysis《精神分析的發展》

The Power of Countertransference《反移情的力量》

The Second Sex《第二性》

The Trauma of Birth《出生創傷》

Truth and Reality《真理與現實》

【附錄二】

參考文獻

Ainsworth, M. D. S. (1982), Attachment: Retrospect and prospect. In: *The Place of Attachment in Human Behavior*, ed. C. M. Parkes & J. Stevenson-Hinde. New York: Basic Books, pp. 3–30.

Altman, N. (1995), *The Analyst in the Inner City*. Hillsdale, NJ: The Analytic Press.

Angyal, A. (1965), *Neurosis and Treatment*. New York: Da Capo Press, 1982.

Arlow, J. A. (1980), The genesis of interpretation. In: *Psychoanalytic Explorations of Technique*, ed. H. P. Blum. New York: International Universities Press, pp. 193–206.

—— (1987), The dynamics of interpretation. *Psychoanal. Quart.*, 56:68–87.

Aron, L. (1989), Dreams, narrative, and the psychoanalytic method. *Contemp. Psychoanal.*, 25:108–127.

—— (1990a), Free association and changing models of mind. *J. Amer. Acad. Psychoanal.*, 18:439–459.

—— (1990b), One-person and two-person psychologies and the method of psychoanalysis. *Psychoanal. Psychol.*, 7:475–485.

—— (1991a), The patient's experience of the analyst's subjectivity. *Psychoanal. Dial.*, 1:29–51.

—— (1991b), Working through the past—working toward the future. *Contemp. Psychoanal.*, 27:81–109.

—— (1992a), From Ferenczi to Searles and contemporary relational approaches: Commentary on Mark Blechner's "Working in the Countertransference." *Psychoanal. Dial.*, 2:181–190.

—— (1992b), Interpretation as expression of the analyst's subjectivity. *Psychoanal. Dial.*, 2:475–507.

—— (1993a), Working toward operational thought: Piagetian theory and psychoanalytic method. *Contemp. Psychoanal.*, 29:289–313.

—— (1993b), Discussion of P. J. Pantone's "Transference: Solutions to integrate the past with the present." *Contemp. Psychother. Rev.*, 8:68–76.

—— (1995a), The internalized primal scene. *Psychoanal. Dial.*, 5:195–238.

—— (1995b), "Yours, thirsty for honesty, Ferenczi": Some background to Sándor Ferenczi's pursuit of mutuality. Presented at the International Psychoanalytical Congress of the International Psychoanalytic Association, San Francisco, CA.

—— & Bushra, A. (1995), The mutual regulation of regression in psychoanalysis. Presented at the spring meeting of the Division of Psychoanalysis (39), Santa Monica, CA.

—— & Frankel, J. (1994), Who is overlooking whose reality? Commentary on Tabin's "Freud's Shift from the Seduction Theory: Some Overlooked Reality Factors." *Psychoanal. Psychol.*, 11:291–301.

—— & —— (1995), Response to Tabin. *Psychoanal. Psychol.*, 12:317–319.

———— & Harris, A. (1993), Sándor Ferenczi: Discovery and rediscovery. In: *The Legacy of Sándor Ferenczi*, ed. L. Aron & A. Harris. Hillsdale, NJ: The Analytic Press, pp. 1–36.

———— & Hirsch, I. (1992), Money matters in psychoanalysis. In: *Relational Perspectives in Psychoanalysis*. Hillsdale, NJ: The Analytic Press, pp. 239–256.

Atwood, G. & Stolorow, R. (1984), *Structures of Subjectivity*. Hillsdale, NJ: The Analytic Press.

Bacal, H. A. (1985), Optimal responsiveness and the therapeutic process. In: *Progress in Self Psychology*, Vol. 1, ed. A. Goldberg. Hillsdale, NJ: The Analytic Press, 1995, pp. 202–226.

———— (1995a), The essence of Kohut's work and the progress of self psychology. *Psychoanal. Dial.*, 5:353–366.

———— (1995b), The centrality of selfobject experience in psychological relatedness. *Psychoanal. Dial.*, 5:403–410.

———— & Newman, K. M., ed. (1990), *Theories of Object Relations*. New York: Columbia University Press.

Bach, S. (1985), *Narcissistic States and the Therapeutic Process*. New York: Aronson.

———— (1994), *The Language of Perversion and the Language of Love*. Northvale, NJ: Aronson.

Bachant, J. L., Lynch, A. A. & Richards, A. D. (1995), Relational models in psychoanalytic theory. *Psychoanal. Psychol.*, 12:71–88.

Bader, M. J. (1995), Can we still be selfish after the revolution? *Tikkun*, 10:25–27.

Bakan, D. (1966), *The Duality of Human Existence*. Boston, MA: Beacon Press.

Balbus, I. D. (1982), *Marxism and Domination*. Princeton, NJ: Princeton University Press.

Balint, M. (1950). Changing therapeutic aims and techniques in psychoanalysis. *Internat. J. Psycho-Anal.*, 31:117–124.

———— (1968), *The Basic Fault*. London: Tavistock.

Baranger, M. & Baranger, W. (1966), Insight in the analytic situation. In: *Psychoanalysis in the Americas*, ed. R. E. Litman. New York: International Universities Press, pp. 56–72.

Barratt, B. B. (1993), *Psychoanalysis and the Postmodern Impulse*. Baltimore, MD: Johns Hopkins University Press.

———— (1994), Review essay: *The Intimate Edge* by D. Bregman Ehrenberg. *Psychoanal. Dial.*, 4:275–282.

Basescu, S. (1987), Behind the "scenes": The inner experience of at least one psychoanalyst. *Psychoanal. Psychol.*, 4:255–266.

———— (1990), Show and tell: Reflections on the analyst's self-disclosure. In: *Self-disclosure in the Therapeutic Relationship*, ed. G. Stricker & M. Fisher. New York: Plenum, pp. 47–59.

Bass, A. (1993), Review essay: *Learning from the Patient* by P. Casement. *Psychoanal. Dial.*, 3:151–167.

Bateson, G. (1972), *Steps to an Ecology of Mind*. New York: Ballantine.

Beebe, B. & Lachmann, F. M. (1988a), The contribution of mother–infant mutual influence to the origins of self and object representations. *Psychoanal. Psychol.*, 5:305–337.

———— & ———— (1988b), Mother–infant mutual influence and precursors of psychic structure. In: *Frontiers in Self Psychology: Progress in Self Psychology*, Vol. 3, ed. A. Goldberg. Hillsdale, NJ: The Analytic Press, pp. 3–25.

———— Jaffe, J. & Lachmann, F. M. (1992), A dyadic systems view of communication. In: *Relational Perspectives in Psychoanalysis*, ed. N. J. Skolnick & S. C. Warshaw. Hillsdale, NJ: The Analytic Press, pp. 61–82.

Benjamin, J. (1988), *The Bonds of Love*. New York: Pantheon Books.

———— (1990), An outline of intersubjectivity: The development of recognition. *Psychoanal. Psychol.*, 7:33–46.

———— (1992), Recognition & destruction: An outline of intersubjectivity. In: *Relational Perspectives in Psychoanalysis*, ed. N. J. Skolnick & S. C. Warshaw. Hillsdale, NJ: The Analytic Press, pp. 43–60.

———— (1994), Commentary on papers by Tansey, Davies, and Hirsch. *Psychoanal. Dial.*, 4:193–201.

Berger, P. & Luckmann, T. (1966), *The Social Construction of Reality*. New York: Doubleday/Anchor.

Bergmann, M. S. (1993), Reflections on the history of psychoanalysis. *J. Amer. Psychoanal. Assn.*, 41:929–956.

Bernstein, R. J. (1983), *Beyond Objectivism and Relativism*. Philadelphia: University of Philadelphia Press.

Best, S. & Kellner, D. (1991), *Postmodern Theory*. New York: Guilford Press.

Bion, W. (1959), Attacks on linking. *Internat. J. Psycho-Anal.*, 40:308–315.

———— (1970), *Attention and Interpretation*. London: Heinemann.

———— (1990), *Brazilian Lectures*. London: Karnac Books.

Bird, B. (1972), Notes on transference: Universal phenomenon and hardest part of analysis. *J. Amer. Psychoanal. Assn.*, 20:267–301.

Blatt, S. J. & Blass, R. B. (1992), Relatedness and self-definition: Two primary dimensions in personality development, psychopathology, and psychotherapy. In: *Interface of Psychoanalysis and Psychology*, ed. J. Barron, M. Eagle & D. Wolitsky. Washington, DC: American Psychological Association, pp. 399–428.

Blechner, M. (1992), Working in the countertransference. *Psychoanal. Dial.*, 2:161–180.

Boesky, D. (1982), Acting out: A reconsideration of the concept. *Internat. J. Psycho-Anal.*, 63:39–55.

———— (1990), The psychoanalytic process and its components. *Psychoanal. Quart.*, 59:550–584.

Bollas, C. (1987) *The Shadow of the Object*. London: Free Association Books.

———— (1989), *Forces of Destiny*. London: Free Association Books.

———— (1992), *Being a Character*. New York: Hill & Wang.

———— (1995), *Cracking Up*. New York: Hill & Wang.

Bowlby, J. (1988), *A Secure Base*. New York: Basic Books.

Brabant, E., Falzeder, E. & Giampieri-Deutsch, P., ed. (1993), *The Correspondence of Sigmund Freud and Sándor Ferenczi, Vol. I, 1908–1914*, trans. P. T. Hoffer. Cambridge, MA: Harvard University Press.

Britton, R. (1989), The missing link: Parental sexuality in thè Oedipus complex. In: *The Oedipus Complex Today*, ed. J. Steiner. London: Karnac Books, pp. 83–102.

Bromberg, P. M. (1984), Getting into oneself and out of one's self: On schizoid processes. *Contemp. Psychoanal.*, 20:439–448.

———— (1985), The politics of analytic treatment. *Contemp. Psychol.*, 30:893–894.

———— (1989), Interpersonal psychoanalysis and self psychology: A clinical comparison. In: *Self Psychology*, ed. D. W. Detrick & S. P. Detrick. Hillsdale, NJ: The Analytic Press, pp. 275–292.

———— (1994), "Speak! that I may see you": Some reflections on dissociation, reality, and psychoanalytic listening. *Psychoanal. Dial.*, 4:517–548.

———— (1995), Resistance, object-usage, and human relatedness. *Contemp. Psychoanal.*, 31:173–191.

Bruner, J. (1993), Loyal opposition and the clarity of dissent. *Psychoanal. Dial.*, 3:11–20.

Buber, M. (1923), *I and Thou*, trans. W. Kaufman. New York: Charles Scribner's Sons, 1970.

———— (1947), *Between Man and Man*, trans. R. G. Smith. London: Routledge & Kegan Paul.

———— (1965), *The Knowledge of Man—Selected Essays*, ed. M. Friedman (trans. M. Friedman & R. G. Smith). New York: Harper & Row.

———— (1967), The philosopher replies. In: *The Philosophy of Martin Buber*, ed. P. A. Schilpp & M. Friedman. La Salle, IL: Open Court, pp. 689–746.

Burke, W. F. (1992), Countertransference disclosure and the asymmetry/mutuality dilemma. *Psychoanal. Dial.*, 2:241–271.

———— & Tansey, M. J. (1991), Countertransference disclosure and models of therapeutic action. *Contemp. Psychoanal.*, 27:351–384.

Casement, P. J. (1982), Some pressures on the analyst for physical contact during the re-living of an early trauma. *Internat. Rev. Psycho-Anal.*, 9:279–286.

Chessick, R. D. (1995), Poststructural psychoanalysis or wild analysis? *J. Amer. Acad. Psychoanal.*, 23:47–62.

Chodorow, N. (1978), *The Reproduction of Mothering*. Berkeley: University of California Press.

———— (1989), *Feminism and Psychoanalytic Theory*. New Haven, CT: Yale University Press.

Chomsky, N. (1957), *Syntactic Structures*. The Hague: Mouton.

———— (1968), *Language and Mind*. New York: Harcourt, Brace & World.

Chrzanowski, G. (1977), *Interpersonal Approach to Psychoanalysis*. New York: Gardner Press.

———— (1980), Collaborative inquiry, affirmation and neutrality in the psychoanalytic situation. *Contemp. Psychoanal.*, 16:348–366.

Chused, J. F. (1991), The evocative power of enactments. *J. Amer. Psychoanal. Assn.*, 39:615–640.

———— & Raphling, D. L. (1992), The analyst's mistakes. *J. Amer. Psychoanal. Assn.*, 40:89–116.

Crews, F. (1996), Forward to 1896? A critique of Harris and Davies. *Psychoanal. Dial.*, 6:231–250.

Cushman, P. (1991), Ideology obscured: Political uses of the self in Daniel Stern's infant. *Amer. Psychol.*, 46:206–219.

Davies, J. M. (1994), Love in the afternoon: A relational reconsideration of desire and dread in the countertransference. *Psychoanal. Dial.*, 4:153–170.

———— (1996), Dissociation, repression and reality testing in the countertransference: The controversy over memory and false memory in the psychoanalytic treatment of adult survivors of childhood sexual abuse. *Psychoanal. Dial.*, 6:189–218.

———— & Frawley, M. G. (1994), *Treating the Adult Survivor of Childhood Sexual Abuse*. New York: Basic Books.

de Beauvoir, S. (1949), *The Second Sex*. Harmondsworth, UK: Penguin, 1972.

Derrida, J. (1978), *Writing and Difference*, trans. A. Bass. Chicago: University of Chicago Press.

———— (1981), *Positions*, trans. A. Bass. Chicago: University of Chicago Press.

Detrick, D. W. & Detrick, S. P. ed. (1989), *Self Psychology*. Hillsdale, NJ: The Analytic Press.

Dimen, M. (1991), Deconstructing difference: Gender, splitting, and transitional space. *Psychoanal. Dial.*, 1:335–352.

Dinnerstein, D. (1976), *The Mermaid and the Minotaur*. New York: Harper and Row.

Druck, A. (1989), *Four Therapeutic Approaches to the Borderline Patient*. Northvale, NJ: Aronson.

Dupont, J. (1988), Ferenczi's madness. *Contemp. Psychoanal.*, 24:250–261.

Eagle, M. (1984), *Recent Developments in Psychoanalysis*. New York: McGraw Hill.

———— (1993), Enactments, transference, and symptomatic cure: A case history. *Psychoanal. Dial.*, 3:93–110.

Ehrenberg, D. B. (1992), *The Intimate Edge*. New York: Norton.

———— (1995), Self-disclosure: Therapeutic tool or indulgence? *Contemp. Psychoanal.*, 31:213–228.

Epstein, L. (1995), Self-disclosure and analytic space. *Contemp. Psychoanal.*, 31:229–236.

Etchegoyen, R. H. (1991), *The Fundamentals of Psychoanalytic Technique*. London: Karnac Books.

Fairbairn, W. R. D. (1952), *Psychoanalytic Studies of the Personality*. London: Routledge, 1981.

Farber, L. H. (1967), Martin Buber and psychotherapy. In: *The Philosophy of Martin Buber*, ed. P. A. Schilpp & M. Friedman. La Salle, IL: Open Court, pp. 577–602.

Ferenczi, S. (1913), Taming of a wild horse. In: *Final Contributions to the Problems and Methods of Psycho-Analysis*, ed. M. Balint (trans. E. Mosbacher). London: Karnac Books, 1980, pp. 336–340.

———— (1915), Psychogenic anomalies of voice production. In: *Further Contributions to the Theory and Technique of Psycho-Analysis*, ed. J. Richman (trans. J. Suttie). London: Rarnac Books, 1980, pp. 105–109.

———— (1928), The elasticity of psychoanalytic technique. In: *Final Contributions to the Problems and Methods of Psycho-Analysis*, ed. M. Balint (trans. E. Mosbacher). London: Karnac Books, 1980, pp. 87–101.

———— (1929), The principle of relaxation and neocatharsis. In: *Final Contributions to the Problems and Methods of Psycho-Analysis*, ed. M. Balint (trans. E. Mosbacher). London: Karnac Books, 1980, pp. 108–125.

———— (1931), Child analysis in the analysis of adults. In: *Final Contributions to the Problems and Methods of Psycho-Analysis*, ed. M. Balint (trans. E. Mosbacher). London: Karnac Books, 1980, pp. 126–142

———— (1932), *The Clinical Diary of Sándor Ferenczi*, ed. J. Dupont (trans. M. Balint & N. Z. Jackson). Cambridge, MA: Harvard University Press, 1988.

———— (1933), Confusion of tongues between adults and the child. In: *Final Contributions to the Problems and Methods of Psycho-Analysis*. London: Karnac Books, 1980, pp. 156–167.

———— & Rank, O. (1924), *The Development of Psychoanalysis*. New York: Dover Publications, 1956.

Fiscalini, J. (1994), The uniquely interpersonal and the interpersonally unique. *Contemp. Psychoanal.*, 30:114–134.

Flavell, J. H. (1963), *The Developmental Psychology of Jean Piaget.* Princeton, NJ: D. Van Nostrand.

Flax, J. (1990), *Thinking Fragments.* Berkeley: University of California Press.

Fordham, M. (1969), Technique and countertransference. In: *Technique in Jungian Analysis*, ed. M. Fordham, R. Gordon, J. Hubback & K. Lambert. London: William Heinemann Medical Books.

Fortune, C. (1993a), The case of "RN": Sándor Ferenczi's radical experiments in Psychoanalysis. In: *The Legacy of Sándor Ferenczi*, ed. L. Aron & A. Harris. Hillsdale, NJ: The Analytic Press, pp. 101–120.

———— (1993b) Sándor Ferenczi's analysis of "R.N.": A critically important case in the history of psychoanalysis. *Brit. J. Psychother.*, 9:436–443.

———— (1994), A difficult ending: Ferenczi, "R.N.," and the experiment in mutual analysis. In: *100 Years of Psychoanalysis: Cahiers Psychiatriques Genevois, Special Issue*, ed. A. Haynal & E. Folzeder. pp. 217–223.

Fosshage, J. L. (1992), Psychoanalysis: Versions of blinis with sour cream. *Contemp. Psychother. Rev.*, 7:119–133.

Foucault, M. (1984), *The Foucault Reader*, ed. P. Rabinow. New York: Pantheon.

Fox, R. P. (1984), The principle of abstinence reconsidered. *Internat. Rev. Psycho-Anal.*, 11:227–236.

Frankel, J. B. (1993), Collusion and intimacy in the analytic relationship. In: *The Legacy of Sándor Ferenczi*, ed. L. Aron & A. Harris. Hillsdale, NJ: The Analytic Press, pp. 227–248.

Freud, S. (1900), The interpretation of dreams. *Standard Edition*, 4 & 5. London: Hogarth Press, 1953.

———— (1905), Fragment of an analysis of a case of hysteria. *Standard Edition*, 7:3–122. London: Hogarth Press, 1953.

———— (1910), The future prospects of psychoanalytic therapy. *Standard Edition*, 11:141–151. London: Hogarth Press, 1957.

———— (1912), Recommendations to physicians practicing psychoanalysis. *Standard Edition*, 12:109–120, London: Hogarth Press, 1958.

———— (1913), On beginning the treatment. *Standard Edition*, 12:121–144. London: Hogarth Press, 1958.

———— (1914), Remembering, repeating and working through. *Standard Edition*, 12:145–156. London: Hogarth Press, 1958.

———— (1921), Group psychology and the analysis of the ego. *Standard Edition*, 18:65–143. London: Hogarth Press, 1955.

———— (1923), The ego and the id. *Standard Edition*, 19:3–66. London: Hogarth Press, 1961.

———— (1933), Sándor Ferenczi. *Standard Edition*, 22:227–229. London: Hogarth Press, 1964.

Friedman, M. (1994), *The Healing Dialogue in Psychotherapy.* Northvale, NJ: Aronson.

Fromm, E. (1960), Psychoanalysis and Zen Buddhism. In: *Zen Buddhism and Psychoanalysis*, ed. D. T. Suzuki, E. Fromm & R. DeMartino. New York: Harper & Row.

———— (1964), *The Heart of Man.* New York: Harper & Row.

Gabbard, G. O. (1992), Commentary on "Dissociative Processes and Transference–Countertransference Paradigms" by J. M. Davies & M. G. Frawley. *Psychoanal. Dial.*, 2:37–47.

———— (1994), Commentary on papers by Tansey, Hirsch, and Davies. *Psychoanal. Dial.*, 4:203–213.

——— (1995), Countertransference: The emerging common ground. *Internat. J. Psycho-Anal.*, 76:475–486.

——— & Wilkinson, S. M. (1994), *Management of Countertransference with Borderline Patients.* Washington, DC: American Psychiatric Press.

Gergen, K. (1991), *The Saturated Self.* Basic Books.

——— (1994), *Realities and Relationships.* Cambridge, MA: Harvard University Press.

Gerson, S. (1995), The analyst's subjectivity and the relational unconscious. Presented at the spring meeting of the Division of Psychoanalysis (39), American Psychological Association, Santa Monica, CA.

Ghent, E. (1989), Credo: The dialectics of one-person and two-person psychologies. *Contemp. Psychoanal.*, 25: 169–211.

——— (1990), Masochism, submission, surrender. *Contemp. Psychoanal.*, 26:108–136.

——— (1992a), Foreword In: *Relational Perspectives in Psychoanalysis*, ed. N, J. Skolnick & S. C. Warshaw. Hillsdale, NJ: The Analytic Press, pp. xiii–xxii.

——— (1992b), Paradox and process. *Psychoanal. Dial.*, 2:135–160.

——— (1992c), What's moving, the train or the station? *Contemp. Psychother. Rev.*, 7:108–118.

——— (1993), Wish, need, and neediness: Commentary on Shabad's "Resentment, Indignation, and Entitlement." *Psychoanal. Dial.*, 3:495–508.

——— (1994), Empathy: Whence and whither? *Psychoanal. Dial.*, 4:473–486.

——— (1995), Interaction in the psychoanalytic situation. *Psychoanal. Dial.*, 5:479–491.

Gill, M. M. (1982), *The Analysis of Transference, Vol. I.* New York: International Universities Press.

——— (1983a), The point of view of psychoanalysis: Energy discharge or person? *Psychoanal. Contemp. Thought*, 6:523–552.

——— (1983b), The interpersonal paradigm and the degree of the therapist's involvement. *Contemp. Psychoanal.*, 1:200–237.

——— (1984), Transference: a change in conception or only in emphasis? A response. *Psychoanal. Inq.*, 4:489–524.

——— (1987), The analyst as participant. *Psychoanal. Inq.*, 7:249–259.

——— (1993), Interaction and interpretation. *Psychoanal. Dial.*, 111–122.

——— (1994), *Psychoanalysis in Transition.* Hillsdale, NJ: The Analytic Press.

——— (1995), Classical and relational psychoanalysis. *Psychoanal. Psychol.*, 12:89–108.

Gill, M. & Hoffman, I. Z. (1982), *Analysis of Transference, Vol. II.* New York: International Universities Press.

Goldberg, A. (1986), Reply to Philip M. Bromberg's discussion of "The Wishy-Washy Personality." *Contemp. Psychoanal.*, 22:387–388.

Goldner, V. (1991), Toward a critical relational theory of gender. *Psychoanal. Dial.*, 249–272.

Goldstein, E. G. (1994), Self-disclosure in treatment: What therapists do and don't talk about. *Clinical Soc. Work J.*, 22:417–433.

Gorkin, M. (1987), *The Uses of Countertransference.* Northvale, NJ: Aronson.

Gray, P. (1994), *The Ego and the Analysis of Defense.* Northvale, NJ: Aronson.

Greenacre, P. (1954), The role of transference: Practical considerations in relation to psychoanalytic therapy. In: *Emotional Growth. Volume 2.* New York: International Universities Press, pp. 627–640.

Greenberg, J. R. (1981), Prescription or description: Therapeutic action of psycho-
analysis. *Contemp. Psychoanal.*, 17:239–257.

——— (1986), Theoretical models and the analyst's neutrality. *Contemp. Psychoanal.*,
22:87–106.

——— (1987), Of mystery and motive. *Contemp. Psychoanal.*, 24:689–704.

——— (1991), *Oedipus and Beyond.* Cambridge, MA: Harvard University Press.

——— (1995), Self-disclosure: Is it psychoanalytic? *Contemp. Psychoanal.*, 31:193–
205.

——— & Mitchell, S. A. (1983), *Object Relations in Psychoanalytic Theory.* Cambridge,
MA: Harvard University Press.

Greenson, R. R. (1967), *The Technique and Practice of Psychoanalysis.* New York: Inter-
national Universities Press.

Groddeck, G. (1923), *The Book of the It.* London: Vision Press, 1950.

Grolnick, S. (1990), *The Work and Play of Winnicott.* Northvale, NJ: Aronson.

Grosskurth, P. (1986), *Melanie Klein: Her World and Her Work.* New York: Knopf.

Grotjahn, M. (1966), Georg Groddeck. In: *Psychoanalytic Pioneers,* ed. F. Alexander, S.
Eisenstein & M. Grotjahn. New York: Basic Books.

Grubrich-Simitis, I. (1986), Six letters of Sigmund Freud and Sándor Ferenczi on the
interrelationship of psychoanalytic theory and technique. *Internat. Rev. Psycho-Anal.*,
13:259–277.

Grünbaum, A. (1984), *The Foundations of Psychoanalysis.* Berkeley: University of Cali-
fornia Press.

Guntrip, H. (1969), *Schizoid Phenomena, Object Relations and the Self.* New York: Inter-
national University Press.

——— (1971), *Psychoanalytic Theory, Therapy, and the Self.* New York: Basic Books.

——— (1975), My experience of analysis with Fairbairn and Winnicott. In: *The
Human Dimension in Psychoanalytic Practice,* ed. K. Frank. New York: Grune & Stra-
ton, pp. 49–68.

H. D. (1933), Diary entry for 9 March, In: *Tribute to Freud.* Manchester, UK: Carcanet
Press, 1985.

Habermas, J. (1971), *Knowledge and Human Interests.* Boston: Beacon Press.

Harris, A. (1996), False memory? False memory syndrome? The so-called false mem-
ory syndrome? *Psychoanal. Dial.*, 6:155–187.

——— & Aron, L. (in press), Ferenczi's semiotic theory: Previews of postmodernism.
Psychoanal. Inq.

Heimann, P. (1950), On countertransference. *Internat. J. Psycho-Anal.*, 31:81–84.

Hinshelwood, R. D. (1994), *Clinical Klein.* New York: Basic Books.

Hirsch, I. (1985), The Rediscovery of the advantages of the participant-observation
model. *Psychoanal. & Contemp. Thought*, 8:441–459.

——— (1987), Varying modes of analytic participation. *J. Amer. Acad. Psychoanal.*,
15:205–222.

——— (1992), Extending Sullivan's interpersonalism. *Contemp. Psychoanal.*, 28:732–
747.

——— (1993), Are intersubjectivity theory and interpersonal theory different? *Round
Robin*, 9:25.

——— & Aron, L. (1991), Participant-observation, perspectivism, and counter-
transference. In: *Psychoanalytic Reflections on Current Issues,* ed. H. B. Siegel, L. Bar-

banel, I. Hirsch, J. Lasky, H. Silverman & S. Warshaw. New York: New York University Press.

Hoffer, A. (1990), Ferenczi's search for mutuality: Implications for the free association method: An introduction. *Cahiers Psychiatriques Genevois* (special issue), pp. 199–204.

Hoffman, I. Z. (1983), The patient as interpreter of the analyst's experience. *Contemp. Psychoanal.*, 19:389–422.

——— (1987), The value of uncertainty in psychoanalytic practice. *Contemp. Psychoanal.*, 23:205–215.

——— (1990), In the eye of the beholder: A reply to Levenson. *Contemp. Psychoanal.*, 26:291–299.

——— (1991), Discussion: Toward a social-constructivist view of the psychoanalytic situation. *Psychoanal. Dial.*, 1:74–105.

——— (1992a), Some practical implications of a social-constructivist view of the analytic situation. *Psychoanal. Dial.*, 2:287–304.

——— (1992b), Expressive participation and psychoanalytic discipline. *Contemp. Psychoanal.*, 28:1–15.

——— (1992c), Reply to Orange. *Psychoanal. Dial.*, 2:567–570.

——— (1993), The intimate authority of the psychoanalyst's presence. *Psychol.-Psychoanal.*, 13:15–23.

——— (1994), Dialectical thinking and therapeutic action in the psychoanalytic process. *Psychoanal. Quart.*, 63:187–218.

——— (1995), Review essay; *Oedipus and Beyond* by J. Greenberg, *Psychoanal. Dial.*, 5:93–112.

Inderbitzin, L. B. & Levy, S. T. (1994), On grist for the mill: External reality as defense. *J. Amer. Psychoanal. Assn.*, 42:763–788.

Isakower, O. (1963), Minutes of the faculty meeting of the New York Psychoanalytic Institute, November 20.

Jacobs, T. J. (1986), On countertransference enactments. *J. Amer Psychoanal Assn.*, 34:289–307.

——— (1991), *The Use of the Self.* Madison, CT: International Universities Press.

——— (1995), Discussion of Jay Greenberg's paper. *Contemp. Psychoanal.*, 31:237–245.

Jones, E. (1957), *The Life and Work of Sigmund Freud, Vol. 3.* New York: Basic Books.

Joseph, B. (1989), *Psychic Equilibrium and Psychic Change*, ed. M. Feldman & E. B. Spillius. London: Routledge.

Kaplan, D. M. (1995), *Clinical and Social Realities.* Northvale, NJ: Aronson.

Kaufman, W. (1970), I and you: A prologue. In: *I and Thou* by M. Buber, New York: Charles Scribner's Sons, pp. 7–48.

Keller, E. F. (1985), *Reflections on Gender and Science.* New Haven, CT: Yale University Press.

Kernberg, O. F. (1965), Notes on countertransference. *J. Amer. Psychoanal. Assn.*, 13:38–56.

——— (1987), Projection and projective identification: Developmental and clinical aspects. In: *Projection, Identification, Projective Identification*, ed. J. Sandler. Madison, CT: International Universities Press, pp. 93–116.

King, P. & Steiner, R., ed. (1991), *The Freud-Klein Controversies: 1941–1945.* London: Tavistock: Routledge.

Klauber, J. (1981), *Difficulties in the Analytic Encounter*. London: Free Association Books.

Klein, M. (1932), *The Psycho-Analysis of Children*. Hogarth. Reprinted as *The Writings of Melanie Klein, Volume 2*. London: Hogarth Press, 1975.

——— (1946), Notes on some schizoid mechanisms. In: *The Writings of Melanie Klein, Vol. 3*. London: Hogarth Press, pp. 1–24.

Kohon, G. (1986), Countertransference: An independent view. In: *The British School of Psychoanalysis*, ed. G. Kohon. New Haven: CT: Yale University Press, pp. 51–73.

Kohut, H. (1971), *The Analysis of the Self*. New York: International Universities Press.

——— (1977), *The Restoration of the Self*. New York: International Universities Press.

——— (1984), *How Does Analysis Cure?* ed. A. Goldberg & P. Stepansky. Chicago: University of Chicago Press.

Kris, A. O. (1982), *Free Association*. New Haven, CT: Yale University Press.

Kvale, S. (1992), *Psychology and Postmodernism*. London: Sage.

Lacan, J. (1988), *The Seminar of Jacques Lacan, Book I*, ed. J. A. Miller (trans. J. Forrester). New York: Norton.

Lachmann, F. M. (1993), A self-psychological perspective on Shabad's "Resentment, indignation, entitlement." *Psychoanal. Dial.*, 3:509–514.

——— & Beebe, B. (1992), Reformulations of early development and transference: Implications for psychic structure formation. In: *Interface of Psychoanalysis and Psychology*, ed. J. Barron, M. Eagle & D. Wolitsky. Washington, DC: American Psychological Association, pp. 133–153.

——— & ——— (1995), Self psychology: Today. *Psychoanal. Dial.*, 5:375–384.

Langs, R. (1976), *The Therapeutic Interaction, Vol. I*. New York: Aronson.

——— ed. (1981), *Classics in Psychoanalytic Technique*. New York: Aronson.

Laplanche, J. & Pontalis, J. B. (1973), *The Language of Psychoanalysis*. New York: Norton.

Lasky, R. (1993), *Dynamics of Development and the Therapeutic Process*. Northvale, NJ: Aronson.

Leary, K. (1994), Psychoanalytic "problems" and postmodern "solutions." *Psychoanal. Quart.*, 63:433–465.

Lehrer, R. L. (1994), Some thoughts on self-disclosure and the danger-safety balance in the therapeutic relationship. *Psychoanal. Dial.*, 4:511–516.

Levenson, E. A. (1972), *The Fallacy of Understanding*. New York: Basic Books.

——— (1983), *The Ambiguity of Change*. New York: Basic Books.

——— (1987a), An interpersonal perspective. *Psychoanal. Inq.*, 7:207–214.

——— (1987b), Reply to Greenberg. *Contemp. Psychoanal.*, 24:704–707.

——— (1989), Whatever happened to the cat? Interpersonal perspectives on the self. *Contemp. Psychoanal.*, 25:537–553.

——— (1990), Reply to Hoffman. *Contemp. Psychoanal.*, 26:299–304.

——— (1991), Back to the future: The new psychoanalytic revisionism. *Contemp. Psychotherapy Rev.*, 6:27–43.

——— (1992), Help, I'm a captive in a psychoanalytic dialogue. *Contemp. Psychotherapy Rev.*, 7:133–138.

——— (1993), Shoot the messenger: Interpersonal aspects of the analyst's interpretations. *Contemp. Psychoanal.*, 29:383–396.

Levine, H. B. (1994), The analyst's participation in the analytic process. *Internat. J. Psycho-Anal.*, 75:665–676.

Lichtenberg, J. D. (1983), *Psychoanalysis and Infant Research*. Hillsdale, NJ: The Analytic Press.

────── (1989), *Psychoanalysis and Motivation*. Hillsdale, NJ: The Analytic Press.

Lieberman, E. J. (1985), *Acts of Will*. Amherst: University of Massachusetts Press.

Limentani, A. (1989), *Between Freud and Klein*. London: Free Association Books.

Lipton, S. D. (1977), Clinical observations on resistance to the transference. *Internat. J. Psycho-Anal.*, 58:463–472.

Little, M. (1951), Countertransference and the patient's response to it. *Internat. J. Psycho-Anal.*, 33:32–40.

────── (1957), "R"—the analyst's total response to his patient's needs. *Internat. J. Psycho-Anal.*, 38:240–254.

Loewald, H. W. (1960), On the therapeutic action of psychoanalysis. *Internat. J. Psychoanal.*, 41:16–33.

────── (1970), Psychoanalytic theory and the psychoanalytic process. In: *Papers on Psychoanalysis*. New Haven, CT: Yale University Press, 1980, pp. 277–301.

────── (1980), *Papers on Psychoanalysis*. New Haven, CT: Yale University Press.

────── (1986), Transference–countertransference. *J. Amer. Psychoanal. Assn.*, 34:275–287.

────── (1988), *Sublimation*. New Haven, CT: Yale University Press.

Lomas, P. (1987), *The Limits of Interpretation*. Northvale, NJ: Aronson, 1990.

Lowenstein, R. M. (1951), The problem of interpretation. *Psychoanal. Quart.*, 20:1–14.

Lum, W. B. (1988a), Sándor Ferenczi (1873–1933)—The father of the empathic-interpersonal approach. Part one: Introduction and early analytic years. *J. Amer. Acad. Psychoanal.*, 16:131–153.

────── (1988b), Sándor Ferenczi (1873–1933)—The father of the empathic-interpersonal approach. Part two: Evolving technique, final contributions and legacy. *J. Amer. Acad. Psychoanal.*, 16:317–347.

Mahler, M., S. Pine, F. & Bergman, A. (1975), *The Psychological Birth of the Human Infant*. New York: Basic Books.

Main, M., Kaplan, N. & Cassidy, J. (1985), Security in infancy, childhood and adulthood: a move to the level of representation. In: *Growing Points in Attachment: Theory and Research, Monographs of the Society for Research in Child Development, Serial 209*, ed. I. Bretherton & E. Waters. Chicago: University of Chicago Press, pp. 66–104.

Maroda, K. (1991), *The Power of Countertransference*. Chichester, New York: Wiley.

────── (1995), Show some emotion: Completing the cycle of affective communication. Presented at meeting of the Division of Psychoanalysis (39), American Psychological Association, Santa Monica, CA.

McConkey, K. M. (1992), The effects of hypnotic procedures on remembering: The experimental findings and their implications for forensic hypnosis. In: *Contemporary Hypnosis Research*, ed. E. Fromm & M. R. Nash. New York: Guilford, pp. 405–426.

McDougall, J. (1980), *Plea for a Measure of Abnormality*. New York: International Universities Press.

McGuire, W., ed. (1974), *The Freud-Jung Letters*, trans. R. Manheim & R. F. C. Hull. Princeton, NJ: Princeton University Press.

McLaughlin, J. T. (1981), Transference, psychic reality and countertransference. *Psychoanal. Quart.*, 50:639–664.

———— (1991), Clinical and theoretical aspects of enactment. *J. Amer. Psychoanal. Assn.*, 39:595–614.

Mead, G. H. (1934), *Mind, Self, and Society*. Chicago: Chicago University Press.

Megill, A., ed. (1994), *Rethinking Objectivity*. Durham, NC: Duke University Press.

Menaker, E. (1982), *Otto Rank: A Rediscovered Legacy*. New York: Columbia University Press.

Messer, S. B., Sass, L. A., & Woolfolk, R. L., ed. (1988), *Hermeneutics and Psychological Theory*. New Brunswick, NJ: The State University.

Micale, M. S. (1995), *Approaching Hysteria*. Princeton, NJ: Princeton University Press.

Miller, J. B. (1976), *Toward A New Psychology of Being*. Boston, MA: Beacon Press.

Mitchell, J. (1974), *Psychoanalysis and Feminism*. New York: Pantheon.

Mitchell, S. (1988a), *Relational Concepts in Psychoanalysis*. Cambridge, MA: Harvard University Press.

———— (1988b), The intrapsychic and the interpersonal: Different theories, different domains, or historical artifacts. *Psychoanal. Inq.*, 8:472–496.

———— (1991), Wishes, needs and interpersonal negotiations. *Psychoanal. Inq.*, 11: 147–170.

———— (1992), Response to Edgar Levenson's "Back to the Future: The New Psychoanalytic Revisionism," *Contemp. Psychother. Rev.*, 7:97–107.

———— (1993a), *Hope and Dread in Psychoanalysis*. New York: Basic Books.

———— (1993b), Reply to Bachant and Richards. *Psychoanal. Dial.*, 3:461–480.

———— (1995a), Interaction in the Kleinian and Interpersonal Traditions. *Contemp. Psychoanal.*, 31:65–91.

———— (1995b), Commentary on "Special Section: Contemporary Structural Psychoanalysis and Relational Psychoanalysis." *Psychoanal. Psychol.*, 12:575–582.

Modell, A. H. (1984). *Psychoanalysis in a New Context*. New York: International Universities Press.

Nagel, T. (1986), *The View From Nowhere*. New York: Oxford University Press.

Natterson, J. (1991), *Beyond Countertransference*. Northvale, NJ: Aronson.

Nicholson, L. J. (1990), *Feminism/Postmodernism*. New York: Routledge.

Ogden, T. (1979), On projective identification. *Internat. J. Psycho-Anal.*, 60:357–373.

———— (1986), *The Matrix of the Mind*. Northvale, NJ: Aronson.

———— (1989), *The Primitive Edge of Experience*. Northvale, NJ: Aronson.

———— (1994), *Subjects of Analysis*. Northvale, NJ: Aronson.

Olinick, S. L. (1969), On empathy and regression in service of the other. *Brit. J. Med. Psychol.*, 42:41–49.

Orange, D. M. (1992), Commentary on Irwin Hoffman's, "Discussion: Toward a Social-Constructivist View of the Psychoanalytic Situation." *Psychoanal. Dial.*, 2:561–565.

Ornstein, P. H. & Ornstein, A. (1995), Marginal comments on the evolution of self psychology. *Psychoanal. Dial.*, 5:421–426.

Panel (1992), Enactments in psychoanalysis (M. Johan, reporter). *J. Amer. Psychoanal. Assn.*, 40:827–841.

———— (1995a), Toward a definition of the term and concept of interaction (D. M. Hurst, reporter). *J. Amer. Psychoanal. Assn.*, 43:521–537.

———— (1995b), Interpretive perspectives on interaction (S. D. Purcell, reporter). *J. Amer. Psychoanal. Assn.*, 43:539–551.

Philipson, I. J. (1993), *On the Shoulders of Women*. New York: Guilford.

Phillips, A. (1988), *Winnicott*. Cambridge, MA: Harvard University Press.

———— (1993), *On Kissing, Tickling and Being Bored*. Cambridge, MA: Harvard University Press.

Pick, I. B. (1985), Working through in the countertransference. *Internat. J. Psycho-Anal.*, 66:157–166.

Pizer, S. A. (1992), The negotiation of paradox in the analytic process. *Psychoanal. Dial.*, 2:215–240.

———— (in press), Negotiating potential space: Illusion, play, metaphor and the subjunctive. *Psychoanal. Dial.*

Price, M. (1995), The illusion of theory: Discussion of R. D. Chessick's "Poststructural Psychoanalysis or Wild Analysis?" *J. Amer. Acad. Psychoanal.*, 23:63–70.

Protter, B. (1985), Symposium: "Psychoanalysis and Truth": Toward an emergent psychoanalytic epistemology. *Contemp. Psychoanal.*, 21:208–227.

Racker, H. (1968), *Transference and Counter-transference*. New York: International Universities Press.

Ragen, T. & Aron, L. (1993), Abandoned workings: Ferenczi's mutual analysis. In: *The Legacy of Sándor Ferenczi*, ed. L. Aron & A. Harris. Hillsdale, NJ: The Analytic Press, pp. 217–226.

Rank, O. (1929), *The Trauma of Birth*. New York: Harcourt, Brace.

———— (1945), *Will Therapy and Truth and Reality*. New York: Knopf.

Reich, A. ed. (1973), *Annie Reich*. New York: International Universities Press.

Renik, O. (1993a), Countertransference enactment and the psychoanalytic process. In: *Psychic Structure and Psychic Change*, ed. M. Horowitz, O. Kernberg & E. Weinshel. Madison, CT: International Universities Press, pp. 135–158.

———— (1993b), Analytic interaction: conceptualizing technique in light of the analyst's irreducible subjectivity. *Psychoanal. Quart.*, 62:553–571.

———— (1995), The ideal of the anonymous analyst and the problem of self-disclosure. *Psychoanal. Quart.*, 466–495.

Resenau, P. M. (1992), *Post-Modernism and the Social Sciences*. Princeton, NJ: Princeton University Press.

Ricoeur, P. (1970), *Freud and Philosophy*. New Haven, CT: Yale University Press.

Rivera, M. (1989), Linking the psychological and the social: Feminism, poststructuralism, and multiple personality. *Dissociation*, 2:24–31.

Rorty, R. (1979), *Philosophy and the Mirror of Nature*. Princeton, NJ: Princeton University Press.

Rotenstreich, N. (1967), The right and the limitations of Buber's dialogical thought. In: *The Philosophy of Martin Buber*, ed. P. A. Schilpp & M. Friedman. La Salle, IL: Open Court, pp. 97–132.

Rothstein, A. (1995), Aspects of self-revelation and disclosure: Analyst to patient. Discussion. Presented at symposium of the New York Psychoanalytic Society.

Rudnytsky, P. L. (1991), *The Psychoanalytic Vocation*. New Haven, CT: Yale University Press.

Sameroff, A. J. & Emde, R. N., ed. (1989), *Relationship Disturbances in Early Childhood*. New York: Basic Books.

Samuels, A. (1985), *Jung and the Post-Jungians*. London: Routledge.

Sandler, J. (1976), Countertransference and role-responsiveness. *Internat. Rev. Psycho-Anal.*, 3:43–47.

———— ed. (1987), *Projection, Identification, Projective Identification*. Madison, CT: International Universities Press, pp. 93–115.

——— Dare, C. & Holder, A. (1973), *The Patient and the Analyst*. London: Maresfield Reprints, 1979.

Sarup, M. (1993), *An Introductory Guide to Post-Structuralism and Postmodernism*, (2nd ed.). Athens: University of Georgia Press.

Schafer, R. (1983), *The Analytic Attitude*. New York: Basic Books.

——— (1992), *Retelling A Life*. New York: Basic Books.

Schon, D. (1983), *The Reflexive Practitioner*. New York: Basic Books.

Schwaber, E. (1981), Empathy: A mode of analytic listening. *Psychoanal. Inq.*, 1:357–392.

——— (1983), Listening and psychic reality. *Internat. Rev. Psycho-Anal.*, 10:379–392.

——— (1992), Countertransference: The analyst's retreat from the patient's vantage point. *Internat. J. Psycho-Anal.*, 73:349–362.

——— (1995), Toward a definition of the term and concept of interaction. *Internat. J. Psycho-Anal.*, 76:557–564.

Searles, H. (1975), The patient as therapist to his analyst. In: *Tactics and Techniques in Psychoanalytic Therapy, Vol. 2*, ed. P. Giovacchini. New York: Aronson, pp. 95–151.

——— (1979), *Countertransference and Related Subjects*. New York: International Universities Press.

Severn, E. (1933), *The Discovery of the Self*. London: Rider & Co.

Shengold, L. (1989), *Soul Murder*. New Haven, CT: Yale University Press.

Silberstein, L. J. (1989), *Martin Buber's Social and Religious Thought*. New York: New York University Press.

Singer, I. (1968), The reluctance to interpret. In: *The Use of Interpretation in Treatment*, ed. E. F. Hammer. New York: Grune & Stratton, pp. 364–371.

——— (1971), The patient aids the analyst. In: *In the Name of Life*, ed. B. Landis & E. Tauber. New York: Holt, Rinehart & Winston, pp. 56–68.

——— (1977), The fiction of analytic anonymity. In: *The Human Dimension in Psychoanalytic Practice*, ed. K. Frank. New York: Grune & Stratton, pp. 181–192.

Slavin, M. O. & Kriegman, D. (1992), Psychoanalysis as a Darwinian depth psychology: Evolutionary biology and the classical-relational dialectic in psychoanalytic theory. In: *Interface of Psychoanalysis and Psychology*, ed. J. Barron, M. Eagle & D. Wolitsky. Washington, DC: American Psychological Association, pp. 37–76.

Smith, B. L. (1990), The origins of interpretation in the countertransference. *Psychoanal. Psychol.*, 7:89–104.

Smith, H. F. (1993), Engagements in analysis and their use in self analysis. In: *Self-Analysis*, ed. J. W. Barron. Hillsdale, NJ: The Analytic Press.

Smith, M. B. (1994), Selfhood at risk. *Amer. Psychol.*, 49:405–411.

Spence, D. (1982), *Narrative Truth, Historical Truth*. New York: Norton.

——— (1993), The hermeneutic turn: Soft science or loyal opposition? *Psychoanal. Dial.*, 3:1–10.

Spezzano, C. (1993), *Affect in Psychoanalysis*. Hillsdale, NJ: The Analytic Press.

——— (1995), "Classical" versus "contemporary" theory. *Contemp. Psychoanal.*, 31:20–46.

Spillius, E. B. (1992), Clinical experiences of projective identification. In: *Clinical Lectures on Klein and Bion*, ed. R. Anderson. London: Tavistock.

Spitz, R. A. (1959), *A Genetic Field Theory of Ego Formation*. New York: International Universities Press.

Stanton, M. (1991), *Sándor Ferenczi: Reconsidering Active Intervention*. Northvale, NJ: Aronson.

Steiner, J. (1993), *Psychic Retreats*. London: Routledge.

Stern, D. B. (1983), Unformulated experience. *Contemp. Psychoanal.*, 19:71–99.

———— (1990), Courting surprise: Unbidden perceptions in clinical practice. *Contemp. Psychoanal.*, 23:484–491.

———— (1992), Commentary on constructivism in clinical psychoanalysis. *Psychoanal. Dial.*, 2:331–363.

Stern, D. N. (1983), Implications of infancy research for psychoanalytic theory and practice. In: *Psychiatry Update II*, ed. L. Grinspoon. Washington: American Psychiatric Association., pp. 8–12.

———— (1985), *The Interpersonal World of the Infant*. New York: Basic Books.

———— (1989), The representation of relational patterns: Developmental considerations. In: *Relationship Disturbances in Early Childhood*, ed. A. J. Sameroff & R. N. Emde. New York: Basic Books, pp. 52–69.

———— (1994), Conceptions of structure in interpersonal psychoanalysis. *Contemp. Psychoanal.*, 30:255–300.

Stolorow, R. (1992), Subjectivity and self psychology: A personal odyssey. In: *New Therapeutic Visions: Progress in Self Psychology, Vol. 8*, ed. A. Goldberg. Hillsdale: NJ, pp. 241–250.

———— (1995), An intersubjective view of self psychology. *Psychoanal. Dial.*, 5:393–400.

———— & Atwood, G. E. (1979), *Faces in a Cloud*. New York: Aronson.

———— & ———— (1992), *Contexts of Being*. Hillsdale, NJ: The Analytic Press.

———— ———— & Brandchaft, B. (1994), *The Intersubjective Perspective*. Northvale, NJ: Aronson.

———— ———— & Ross, J. (1978), The representational world in psychoanalytic therapy. *Internat. Rev. Psycho-Anal.*, 5:247–256.

———— Brandchaft, B. & Atwood, G. E. (1987), *Psychoanalytic Treatment*. Hillsdale, NJ: The Analytic Press.

Strachey, J. (1934), The nature of the therapeutic action of psychoanalysis. *Internat. J. Psycho-Anal.*, 15:127–159.

Sugarman, A. & Wilson, A. (1995), Introduction to the section: Contemporary structural analysts critique relational theories. *Psychoanal. Psychol.*, 12:1–8.

Sullivan, H. S. (1938). Editorial. *Psychiat.*, 1:135–143.

———— (1953), *The Interpersonal Theory of Psychiatry*. New York: Norton.

———— (1954), *The Psychiatric Interview*. New York: Norton.

Summers, F. (1994), *Object Relations Theories and Psychopathology*. Hillsdale, NJ: The Analytic Press.

Surrey, J. L. (1985), The "self-in-relation": A theory of women's development. Work in Progress, No. 13. Stone Center, Wellesley College, Wellesley MA.

———— Kaplan, A. G. & Jordan, J. V. (1990), Empathy revisited. Work in Progress, Stone Center, Wellesley College, Wellesley, MA.

Suttie, I. D. (1935), *The Origins of Love and Hate*. London: Free Association Books, 1988.

Swales, P. (1986), Freud, his teacher, and the birth of psychoanalysis. In: *Freud: Appraisals and Reappraisals, Vol. 1*, ed. P.E. Stepansky. Hillsdale, NJ: The Analytic Press, pp. 3–82.

Symington, N. (1983), The analyst's act of freedom as agent of therapeutic change. *Internat. Rev. Psycho-Anal.*, 10:783–792.

——— (1990), The possibility of human freedom and its transmission (with particular reference to the thought of Bion). *Internat. J. Psycho-Anal.*, 71:95–106.

Symposium: What does the analyst know? (1993), *Psychoanal. Dial.*, Vol. 3, Nos. 1 & 2.

Symposium: Self psychology after Kohut (1995), *Psychoanal. Dial.*, Vol. 5, No. 3.

Tabin, J. K. (1993), Freud's shift from the seduction theory: Some overlooked reality factors. *Psychoanal. Psychol.*, 10:291–298.

——— (1995), A bit more light on Ferenczi and Freud. *Psychoanal. Psychol.*, 12:305–315.

Tansey, M. J. & Burke, W. F. (1989), *Understanding Countertransference.* Hillsdale, NJ: The Analytic Press.

Tauber, E. S. (1952), Observations on countertransference phenomena, the supervisor–therapist relationship. *Samiksa*, 6:220–228.

——— (1954), Exploring the therapeutic use of countertransference data. *Psychiat.*, 17:331–336.

Thompson, C. M. (1956), The role of the analyst's personality in therapy. In: *Interpersonal Psychoanalysis*, ed. M. R. Green. New York: Basic Books, 1964.

Tolpin, P. (1988), Optimal affective engagement: The analyst's role in therapy. In: *Learning From Kohut: Progress in Self Psychology, Vol. 4*, ed. A. Goldberg. Hillsdale, NJ: The Analytic Press, pp. 160–168.

Tower, L. E. (1956), Countertransference. In: *Essential Papers on Countertransference*, ed. B. Wolstein. New York: New York University Press, 1988.

Trevarthan, C. and Hubley, P. (1978), Secondary intersubjectivity: Confidence, confiders, and acts of meaning in the first year. In: *Action, Gesture, and Symbol*, ed. A. Lock. New York: Academic.

Wachtel, P. L. (1982). Vicious circles. *Contemp. Psychoanal.*, 18:259–272.

——— (1986), On the limits of therapeutic neutrality. *Contemp. Psychoanal.*, 22:60–70.

——— (1993), *Therapeutic Communication: Principles and Effective Practice.* New York: Guilford.

Wallerstein, R. S. (1988), One psychoanalysis or many? *Internat. J. Psycho-Anal.*, 69:5–22.

——— (1995), *The Talking Cures.* New Haven, CT: Yale University Press.

Watzlawick, P., Bavelas, J. B. & Jackson, D. D. (1967), *Pragmatics of Human Communication.* New York: Norton.

Weedon, C. (1987), *Feminist Practice and Poststructuralist Theory.* Cambridge: Blackwell.

Whiston, S. C. & Sexton, T. L. (1993), An overview of psychotherapy outcome research: implications for practice. *Prof. Psychol.: Res. & Pract.*, 24:43–51.

Wilner, W. (1975), The nature of intimacy. *Contemp. Psychoanal.*, 11:206–226.

Wilson, A. (1995), Mapping the mind in relational psychoanalysis: Some critiques, questions, and conjectures. *Psychoanal. Psychol.*, 12:9–30.

Winnicott, D. W. (1941), The observation of infants in a set situation. In: *Collected Papers.* New York: Basic Books, 1958, pp. 52–69.

——— (1949), Hate in the countertransference. *Internat. J. Psycho-Anal.*, 30:69–75.

——— (1951), Transitional objects and transitional phenomena. In: *Collected Papers.* New York: Basic Books, 1958, pp. 229–242.

———— (1954), Metapsychological and clinical aspects of regression within the psychoanalytical set-up. In: *Collected Papers*. New York: Basic Books, 1958, pp. 278–294.

———— (1954–1955), The depressive position in normal development. In: *Collected Papers*. New York: Basic Books, 1975, pp. 262–277.

———— (1958), The capacity to be alone. In: *The Maturational Process and the Facilitating Environment*. New York: International Universities press, 1965, pp. 29–36.

———— (1960), Ego distortions in terms of true and false self. In: *The Maturational Process and the Facilitating Environment*. New York: International Universities Press. 1965, pp. 140–152.

———— (1963), Communicating and not communicating leading to a study of certain opposites. In: *The Maturational Process and the Facilitating Environment*. New York: International Universities Press, 1965, pp. 179–192.

———— (1969), The use of an object. *Internat. J. Psycho-Anal.*, 50:711–716.

———— (1971a), *Playing and Reality*. Middlesex, UK: Penguin.

———— (1971b), *Therapeutic Consultations in Child Psychiatry*. New York: Basic Books.

———— (1986), *Holding and Interpretation*. London: Hogarth Press.

Wittgenstein, L. (1953), *Philosophical Investigations*. Oxford: Blackwell.

Wolfenstein, E. V. (1993), *Psychoanalytic-Marxism*. New York: Guilford Press.

Wolstein, B. (1964), *Transference*. New York: Grune & Straton.

———— (1975), Countertransference: The psychoanalyst's shared experience and inquiry with his patient. *J. Amer. Acad. Psychoanal.*, 3:77–89.

———— (1981), The psychic realism of psychoanalytic inquiry. *Contemp. Psychoanal.*, 17:399–412.

———— (1983), The pluralism of perspectives on countertransference. *Contemp. Psychoanal.*, 19:506–21.

———— (1988), Introduction. In: *Essential Papers on Countertransference*, ed. B. Wolstein. New York: New York University Press, pp. 1–15.

———— (1990), Five empirical psychoanalytic methods. *Contemp. Psychoanal.*, 26:237–256.

———— (1991), The Hungarian school. *Contemp. Psychoanal.*, 27:167–178.

———— (1994), The evolving newness of interpersonal psychoanalysis: From the vantage point of immediate experience. *Contemp. Psychoanal.*, 30:473–499.

Zeligs, M. A. (1957), Acting in. A contribution to the meaning of some postural attitudes observed during analysis. *J. Amer. Psychoanal. Assn.*, 5:685–706.

Zucker, H. (1989), Premises of interpersonal theory. *Psychoanal. Psychol.*, 6:401–419.

延伸閱讀

- 《精神分析和心理治療的關係性革命》（2023），史蒂芬・庫查克（Steveb Kuchuck），心靈工坊。
- 《人格的精神分析研究》（2022），費爾貝恩（W. R. D. Fairbairn），無境文化。
- 《非科學的心理學：理解人類生活的後現代路徑》（2022），弗雷德・紐曼（Fred Newman）露易絲・賀茲蔓（Lois Holzman），五南。
- 《體驗的世界：精神分析的哲學和臨床雙維度》（2021），羅伯・史托羅洛（Robert D. Stolorow）、喬治・艾特伍（George E. Atwood）、唐娜・奧蘭治（Donna M. Orange），心靈工坊。
- 《三種和多種自體：佛洛伊德、克萊恩、寇哈特，或榮格，與其他共論證》（2021），劉慧卿，心靈工坊。
- 《我們為何彼此撕裂？：從大團體心理學踏出和解的第一步》（2021），沃米克・沃爾肯（Vamık D. Volkan），心靈工坊。
- 《從殊途走向療癒：精神分析躺椅上的四個人生故事》（2021），沃米克・沃爾肯（Vamık D. Volkan），心靈工坊。

- 《精神分析的心智模型：從佛洛伊德的時代說起》（2020），伊莉莎白‧歐青克羅斯（Elizabeth L. Auchincloss），心靈工坊。
- 《當代精神分析導論：理論與實務》（2017），安東尼‧貝特曼（Anthony Bateman）、傑瑞米‧霍姆斯（Jeremy Holmes），心靈工坊。
- 《翻轉與重建：心理治療與社會建構》（2017），席拉‧邁可納米（Sheila McNamee）、肯尼斯‧格根（Kenneth J. Gergen），心靈工坊。
- 《關係的存有：超越自我‧超越社群》（2016），肯尼斯‧格根（Kenneth J. Gergen），心靈工坊。
- 《等待思想者的思想：後現代精神分析大師比昂》（2014），納維爾‧希明頓（Neville Symington）、瓊安‧希明頓（Joan Symington），心靈工坊。
- 《超越佛洛伊德：精神分析的歷史》（2011），史帝芬‧米契爾（Stephen A. Mitchell）、瑪格麗特‧布萊克（Margaret J. Black），心靈工坊。
- 《精神分析實作三景：從言語誕生的現實》（2010），讓–克勞德‧拉維（Jean- Claude Lavie），無境文化。
- 《母性精神分析：女性精神分析大師的生命故事》（2001），珍妮特‧樹爾絲（Janet Sayers），心靈工坊。

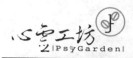

PsychoTherapy 066

【南嘉—心靈工坊 先鋒譯叢】

心靈相遇：精神分析中的相互歷程
A Meeting of Minds: Mutuality in Psychoanalysis

路易斯‧阿隆（Lewis Aron）——著

吳佳佳——譯

出版者—心靈工坊文化事業股份有限公司
發行人—王浩威　總編輯—徐嘉俊
執行編輯—趙士尊　封面設計—高鍾琪
內頁排版—龍虎電腦排版股份有限公司
通訊地址—10684 台北市大安區信義路四段 53 巷 8 號 2 樓
郵政劃撥—19546215　戶名—心靈工坊文化事業股份有限公司
電話—02）2702-9186　傳真—02）2702-9286
Email—service@psygarden.com.tw　網址—www.psygarden.com.tw

製版‧印刷—彩峰造藝股份有限公司
總經銷—大和書報圖書股份有限公司
電話—02）8990-2588　傳真—02）2990-1658
通訊地址—248 新北市新莊區五工五路二號
初版一刷—2023 年 5 月　ISBN—978-986-357-291-6　定價—750 元

本書由南嘉出版基金贊助出版

國家圖書館出版品預行編目資料

心靈相遇：精神分析中的相互性 / 路易斯 . 阿隆 (Lewis Aron) 著；吳佳佳譯 . -- 初版 . --
　臺北市：心靈工坊文化事業股份有限公司 , 2023.05
　　面；　公分 . -- (Psychotherapy ; 66)
　譯自 : A meeting of minds : mutuality in psychoanalysis
　ISBN 978-986-357-291-6(平裝)

1.CST: 精神分析學

175.7
112006372

心靈工坊 PsyGarden 書香家族 讀友卡

感謝您購買心靈工坊的叢書，為了加強對您的服務，請您詳填本卡，
直接投入郵筒（免貼郵票）或傳真，我們會珍視您的意見，
並提供您最新的活動訊息，共同以書會友，追求身心靈的創意與成長。

書系編號—Psychotherapy 066　　　　書名—心靈相遇：精神分析中的相互歷程

姓名

是否已加入書香家族？ □是 □現在加入

電話 (O)　　　　　(H)　　　　　手機

E-mail　　　　生日　年　　月　　日

地址 □□□

服務機構　　　　　職稱

您的性別—□1.女 □2.男 □3.其他

婚姻狀況—□1.未婚 □2.已婚 □3.離婚 □4.不婚 □5.同志 □6.喪偶 □7.分居

請問您如何得知這本書？
□1.書店 □2.報章雜誌 □3.廣播電視 □4.親友推介 □5.心靈工坊書訊
□6.廣告DM □7.心靈工坊網站 □8.其他網路媒體 □9.其他

您購買本書的方式？
□1.書店 □2.劃撥郵購 □3.團體訂購 □4.網路訂購 □5.其他

您對本書的意見？
□ 封面設計　　1.須再改進 2.尚可 3.滿意 4.非常滿意
□ 版面編排　　1.須再改進 2.尚可 3.滿意 4.非常滿意
□ 內容　　　　1.須再改進 2.尚可 3.滿意 4.非常滿意
□ 文筆／翻譯　1.須再改進 2.尚可 3.滿意 4.非常滿意
□ 價格　　　　1.須再改進 2.尚可 3.滿意 4.非常滿意

您對我們有何建議？

廣 告 回 信
台北郵政登記證
台北廣字第1143號
免 貼 郵 票

心靈工坊
|PsyGarden|

10684台北市信義路四段53巷8號2樓
讀者服務組　收

免　貼　郵　票

（對折線）

加入心靈工坊書香家族會員
共享知識的盛宴，成長的喜悅

請寄回這張回函卡（免貼郵票），
您就成為心靈工坊的書香家族會員，您將可以——

⊙隨時收到新書出版和活動訊息

⊙獲得各項回饋和優惠方案